하루 두 시간 두 달 완성~ 입에 착! 시험에 착!

착! 붙는 프랑스어

독학 첫걸음

저 임한나

시사Books

머리말

프랑스어는 프랑스와 유럽 대륙을 비롯해 지구 곳곳의 40여 개 나라에서 공식 언어로 사용되고 있는 '세계적인 언어'입니다. 세계가 점점 가까워지고 있는 만큼 누가 어떤 이유로 프랑스어를 배우든 프랑스어를 익혀 사용할 수 있는 기회는 갈수록 많아질 것이라고 생각합니다. 또 프랑스어는 문화와 예술의 언어이고 사교의 언어로서 비즈니스나 학문, 실용 분야의 공용어로 쓰이는 영어와는 또 다른 위상을 가지고 있습니다.

프랑스인들은 영어로 말하는 것을 좋아하지 않습니다. 그래서 프랑스에서 프랑스어를 하지 못하면 많은 것을 놓칠 수 있습니다. 하지만 서툴더라도 프랑스어로 말을 걸어 온다면 누구나 그 외국인의 말에 귀를 기울여 줄 것입니다. 이 책은 일상생활과 관련된 소재들을 중심으로 언어를 익힘과 동시에 프랑스인들의 문화에 대한 이해를 넓히는 데 주안점을 뒀습니다. 즉 '문화와 사교의 언어'로서의 프랑스어 학습을 목표로 하고 있습니다.

따라서 문법에 대한 설명은 압축하고 말하기와 듣기 중심의 학습서로 구성을 해 놓았으며, 특히 혼자 공부하는 학습자들의 어려움을 고려해 대화 표현에 대한 설명을 자세히 실었습니다. 그리고 대화 표현은 난이도와 사용 빈도를 고려하여 점진적으로 제시하고, 과를 이어 반복학습을 할 수 있도록 연결해 놓았습니다.

욕심만큼 많은 것을 담지 못한 이 책이 부족하나마 독자 여러분에게 프랑스, 그리고 프랑스어로 대표되는 프랑스 문화에 대한 호기심을 북돋고 또 이해를 높이는 데 도움이 된다면 저자로서 더 기쁜 일이 없을 듯합니다. 또 여러분이 전 세계의 각각의 피부색을 가진 프랑스어권 사람들과 만나 프랑스어로 의사소통을 하며 사교의 기회를 갖는데 이 책이 조금이나마 기여할 수 있기를 바라는 마음입니다.

마지막으로 책 작업을 마칠 수 있도록 격려해 주시고 도와주신 주변의 많은 분들에게 마음 깊이 감사를 전합니다. 그리고 프랑스어를 배우며 세계인으로서의 감성을 키우고자 하는 세련된 독자 여러분의 관심과 애정에도 큰 감사를 표합니다.

지은이 씀

이 책의 활용법

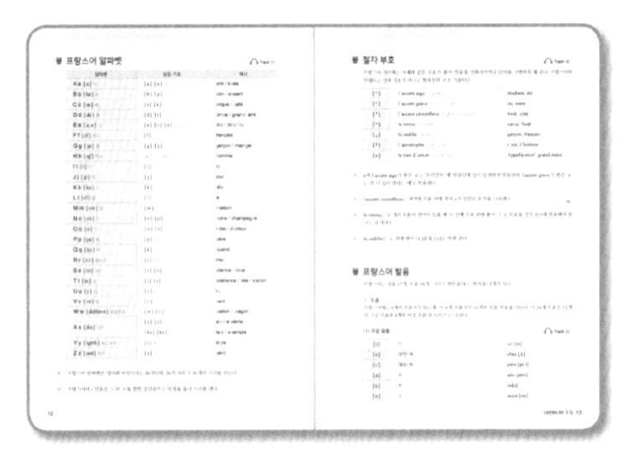

도입과

프랑스어를 학습하는 데 필요한 기본 지식을 담았습니다. 알파벳과 발음 방식 등을 간단 명료하게 설명하였습니다.

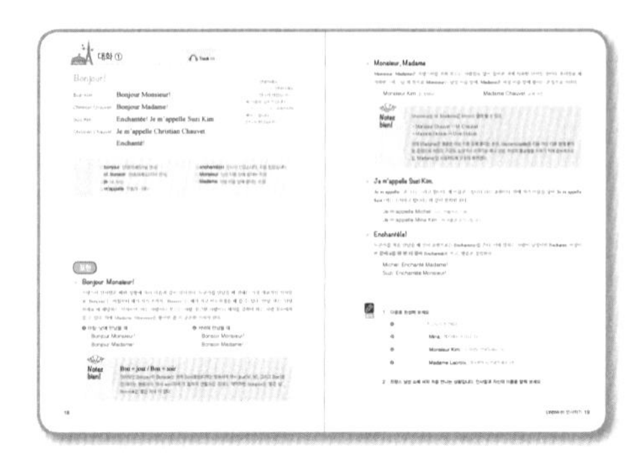

대화

과마다 주제와 관련된 2개의 실용적인 대화문을 구성하였습니다. 대화문의 중요 표현이나 구문을 별도로 설명하였고 이를 충분히 이해했는지를 확인할 수 있도록 확인 문제를 구성하였습니다. [Notez bien!] 부분을 통해 학습 시 주의사항을 확인할 수 있습니다.

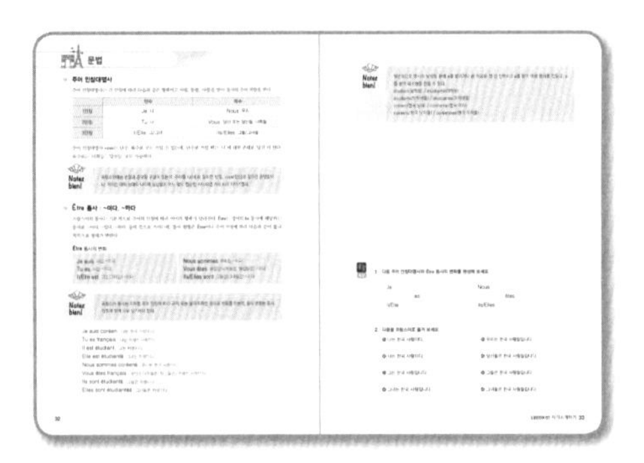

문법

앞의 대화문에서 다룬 문법사항을 학습하기 쉽게 설명하였습니다. 문법을 적용시킨 다양한 예문을 수록하여 문법 이해에 도움을 줍니다.

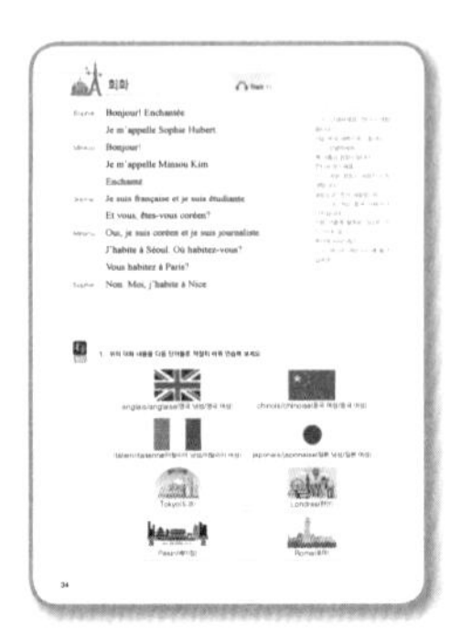

회화

앞에서 배운 대화 구문과 문법을 다룬 회화문을 익히면서 말하기 연습을 할 수 있습니다.

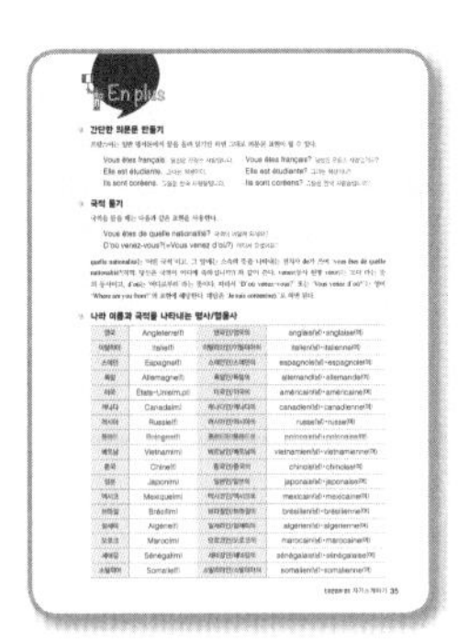

En Plus

좀 더 심화된 프랑스어 학습을 할 수 있도록 각 과의 주제와 관련된 내용을 부가적으로 구성하였습니다.

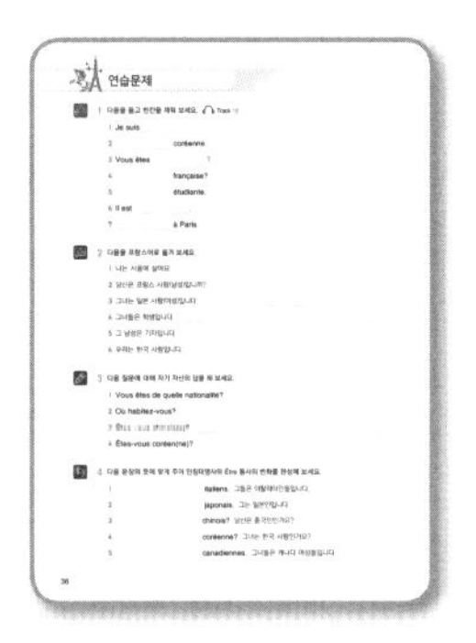

연습문제

듣기, 말하기, 쓰기, 읽기의 능력을 고루 확인해 볼 수 있는 연습문제를 구성하였습니다.

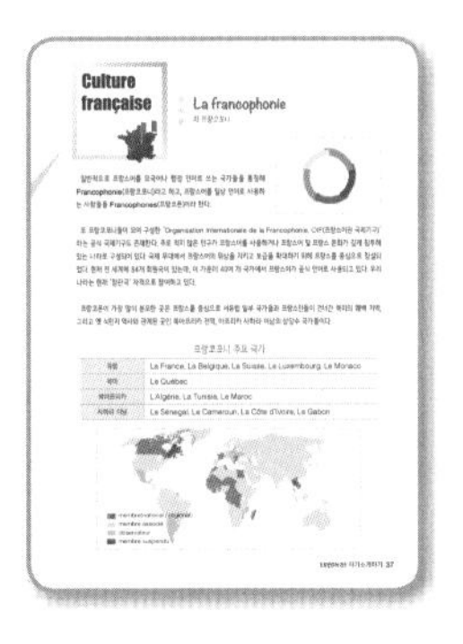

Culture française

프랑스의 문화를 엿볼 수 있는 다양한 문화 이야기를 담았습니다.

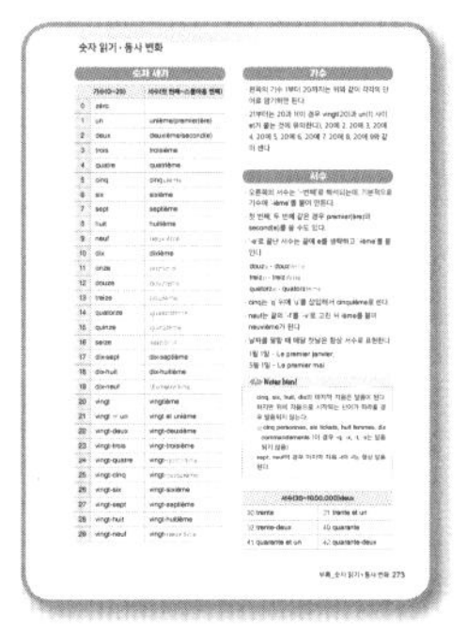

숫자 읽기 · 동사 변화

부록으로 프랑스어를 학습하는 데 까다로운 부분인 동사의 변화 형태를 과별로 정리해 두었고 프랑스어 '숫자 읽기'를 수록하였습니다.

MP3 QR 제공

대화 부분과 듣기 문제를 원어민의 발음으로 들으면서 청취 실력을 기르고 동시에 발음 연습도 해 볼 수 있습니다.

동영상 강의

혼자 학습하기에 어려움이 있는 학습자를 위해 동영상 강의를 무료로 제공합니다.

목차

학습계획표

60일 안에 프랑스어 기초를 완벽하게 익혀 보세요!

날짜	차례	주제	목표	문법	문화
1일차	도입	프랑스어 자모 철자 부호 프랑스어 발음 연음(Liaison) 모음 생략			
2~3일차	Leçon 1	인사하기	만났을 때 인사 이름 말하기 헤어질 때 인사	남성 명사/여성 명사	La bise 볼인사
4~5일차	Leçon 2	자기소개하기	국적 말하기 나는 ~이다 나는 ~에 산다	주어 인칭대명사 Être 동사	La Francophonie 라 프랑코포니
6~7일차	Leçon 3	가족 소개하기	가족 구성원 소개 단수/복수로 말하기	명사의 성/수 부정관사 Avoir 동사	Famille française 프랑스 가족
8일차 Leçon 1~3 복습					
9~10일차	Leçon 4	안부 인사하기	안부 인사 주고받기 감사/사과 표현하기	Aller 동사 강세형 인칭대명사 부정 표현	La classe moyenne en France 프랑스의 중산층
11~12일차	Leçon 5	사람/사물에 대해 묻기	사람/사물에 대한 질문하기 사람/사물 묘사하기	형용사의 여성형/복수형 지시 형용사 소유 형용사	Mon ami(e) 내 친구
13~14일차	Leçon 6	원하는 것/좋아하는 것 말하기	원하는 것/하고 싶은 것 말하기 좋아하는 것 말하기	Vouloir 동사 1군 규칙 동사의 변화 정관사 부분 관사	Paris, la capitale de la mode et du luxe 파리, 유행과 명품의 도시
15일차 Leçon 4~6 복습					
16~17일차	Leçon 7	카페, 레스토랑 가기	음료와 음식 고르기 주문하기 맛 표현하기 계산하기/지불하기	의문문 만들기 Prendre 동사	Restaurant(레스토랑)/ Bistro(t)(비스트로)/ Brasserie(브라스리)/ Café(카페)

18~19일차 Leçon 8	날짜와 시간, 날씨	일과 월 말하기 시간 말하기 날씨 말하기 약속 정하기	비인칭 주어 Il Pouvoir 동사/ Devoir 동사	Les frites 감자튀김
20~21일차 Leçon 9	시내 방문하기	교통수단 이용하기 길 묻기 방문할 곳/볼 것 말하기	Il faut~ 구문 Il y a~ 구문	Les arrondissements de Paris 파리의 구
22일차 Leçon 7~9 복습				
23~25일차 Leçon 10	쇼핑하기	물건에 대해 말하기 가격 물어보기/ 지불하기	Penser 동사	Notre-Dame 노트르담/성모 마리아
26~28일차 Leçon 11	호텔 투숙하기	숙소 예약하기 방 설명하기 필요한 것 말하기	avoir besoin de + q·c 표현 전치사 pour의 쓰임	Le petit déjeuner 아침 식사
29~31일차 Leçon 12	기분, 몸 상태 표현하기	기분 표현하기 몸 상태 표현하기 아픈 데 말하기	Il (me) faut + 명사	Les régions françaises 프랑스의 행정 구역
32일차 Leçon 10~12 복습				
33~35일차 Leçon 13	직업과 직장 묻고 답하기	직업에 대해 묻고 답하기 계획에 대해 묻고 답하기	의문형용사 의문대명사	Les métiers préférés des français 프랑스인들이 선호하는 직업
36~38일차 Leçon 14	은행/우체국 이용하기	환전하기/ 현금 인출하기 우편물 보내기	이유 묻고 답하기 전치사 à의 쓰임	Coq au vin(꼬꼬뱅)/ Pot-au-feu(뽀또푸)/ Bœuf bourguignon (뵈프 부르기뇽)
39~41일차 Leçon 15	놀러 가기/ 외출하기/ 집에 초대하기	제안하기/초대하기 수락하기/거절하기	Savoir 동사와 Connaître 동사	Une soirée 스와레
42일차 Leçon 13~15 복습				

학습계획표

날짜	차례	주제	목표	문법	문화
43~45일차	**Leçon 16**	현재 표현	현재 사실 말하기 규칙적 일상 말하기	대명동사	La baguette 바게트
46~48일차	**Leçon 17**	과거 표현	과거의 사실/ 지나간 일 표현하기	복합 과거 시제: 조동사 + 과거 분사(p.p) 동사의 과거 분사 만들기	Le Midi de la France et la mer Méditerranée 남프랑스와 지중해
49~51일차	**Leçon 18**	근접과거와 근접미래	근접과거 표현 근접미래 표현 단순 가정 표현	venir de + 동사 원형 aller + 동사 원형	Les Gaulois 프랑스인들의 조상, 골루아
52일차	**Leçon 16~18** 복습				
53~55일차	**Leçon 19**	비교 표현	우등 비교/열등 비교 표현하기 최상급 표현하기	형용사의 비교급/최상급 만들기	Marianne 마리안느 : 프랑스를 상징하는 여성상
56~58일차	**Leçon 20**	명령 표현	~해라 / ~하세요 / ~하자, ~합시다	동사의 명령형 만들기	Le coq gaulois 골루아 수탉
59일차	**Leçon 19~20** 복습				
60일차	**Leçon 1~20** 복습				

LEÇON 00 도입

- 프랑스어 자모
- 철자 부호
- 프랑스어 발음
- 연음(Liaison)
- 모음 생략

프랑스어 알파벳

알파벳	발음 기호	예시
A a [ɑ] 아	[a]/[ɑ] 아	ami / base
B b [be] 베	[b]/[p] ㅂ	bon / absent
C c [se] 쎄	[s]/[k] ㅆ / ㄲ	cirque / café
D d [de] 데	[d]/[t] ㄷ / ㅌ	dinde / grand⁀ami
E e [ə, e] 으	[e]/[ɛ]/[ə] 에 / 애 / 으	été / être / le
F f [ɛf] 에ㅍ	[f] ㅍ	français
G g [ʒe] 줴	[g]/[ʒ] ㄱ / ㅈ	garçon / manger
H h [aʃ] 아슈	발음되지 않음	homme
I i [i] 이	[i] 이	ici
J j [ʒi] 쥐	[ʒ] ㅈ	jour
K k [kɑ] 꺄	[k] ㄲ	kilo
L l [ɛl] 엘	[l] ㄹ	la
M m [ɛm] 엠	[m] ㅁ	maison
N n [ɛn] 엔	[n]/[ɲ] ㄴ / 니으	notre / champagne
O o [o] 오	[o]/[ɔ] 오	robe / docteur
P p [pe] 뻬	[p] ㅃ	père
Q q [ky] 뀌	[k] ㄲ	quand
R r [ɛ:r] 에ㄹ흐	[r] ㄹ흐	mer
S s [ɛs] 에쓰	[s]/[z] ㅆ / ㅈ	silence / rose
T t [te] 떼	[t]/[s] ㄸ / ㅌ / ㅆ	tolérance / très / station
U u [y] 위	[y] 위	tu
V v [ve] 베	[v] ㅂ	vent
W w [dubləve] 두블르베	[w]/[v] ㅇ / ㅂ	wallon / wagon
X x [iks] 익스	[s]/[z] ㅆ / ㅈ	six / sixième
	[ks]/[kz] 크ㅆ / 그ㅈ	taxi / exemple
Y y [igrɛk] 이그ㄹ헥	[i] 이	style
Z z [zed] 제ㄷ	[z] ㅈ	zéro

- 프랑스어 알파벳은 영어와 마찬가지로 26개인데, 26개 자모가 36개의 소리를 만든다.
- 프랑스어의 r 발음은 'ㄹ'과 'ㅎ'을 합한 중간음으로 목젖을 울려 소리를 낸다.

철자 부호

프랑스어 자모에는 아래와 같은 부호가 붙어 발음을 변화시키거나 단어를 구별하게 해 준다. 프랑스어의 악센트는 강세 기호가 아니고 철자상의 보조 기호이다.

[´]	l'accent aigu 악썽 떼귀	étudiant, été
[`]	l'accent grave 악썽 그ㄹ하브	où, mère
[^]	l'accent circonflexe 악썽 씨ㄹ흐꽁플렉스	forêt, côté
[¨]	le tréma 트ㄹ헤마	naïve, Noël
[¸]	la cédille 쎄디유	garçon, français
[’]	l'apostrophe 아뽀스트ㄹ호ㅍ	c'est, l'homme
[-]	le trait d'union 트ㄹ헤 뒤니옹	Appelle-moi!, grand-mère

- e에 l'accent aigu가 붙은 'é'는 우리말의 '에' 발음인데 입이 닫히면서 발음되며, l'accent grave가 붙은 'è'는 좀 더 입이 열리는 '애'로 발음된다.
- l'accent circonflexe는 과거에 모음 뒤에 철자 s가 있었던 흔적을 나타낸다.
- le tréma는 두 개의 모음이 연이어 있을 때 두 번째 모음 위에 붙어 그 두 모음을 각각 분리해 발음해야 한다는 표시이다.
- la cédille는 'c' 밑에 붙어 [k]음을 [s]로 바꿔 준다.

프랑스어 발음

프랑스어는 자음 17개, 모음 16개, 그리고 반모음(또는 반자음) 3개가 있다.

1. 모음

프랑스어에는 6개의 모음자가 있는데, 이 6개 모음자가 16개의 모음 발음을 만든다. 이 16개 모음은 12개의 구강 모음과 4개의 비강 모음(콧소리)으로 나뉜다.

(1) 구강 모음

Track 03

[i]	이	ici [isi]
[e]	(닫힌) 에	chez [ʃe]
[ɛ]	(열린) 애	père [pɛ:r]
[a]	아	ami [ami]
[u]	우	où[u]

[o]	오	aussi [osi]
[ɔ]	('오'에 가까운) 어	alors [ɑlɔ:r]
[ɑ]	아(혀 뒤쪽에서 나는 '아')	pas [pɑ]
[y]	위(입 모양은 '우'처럼 하고 소리는 '이'로 낸다.)	tu [ty]
[ø]	외(입 모양은 '오'처럼 하고 소리는 '에'로 낸다.)	heureux [œrø]
[ə]	으(입 모양은 '오'처럼 하고 소리는 '으'로 낸다.)	le [lə]
[œ]	외(입 모양은 '오'처럼 하고 소리는 '애'로 낸다.)	beurre [bœ:r]

(2) 비강 모음

[ɛ̃]	[ɛ]보다 좀 더 입을 벌려 '애'와 '아'의 중간 정도의 발음에 콧소리를 넣는다. pain [pɛ̃] vin [vɛ̃]
[œ̃]	[œ]에 콧소리를 넣는다. lundi [lœ̃di] parfum [parfœ̃]
[ɔ̃]	[ɔ]에 콧소리를 넣는다. bon [bɔ̃] non [nɔ̃]
[ɑ̃]	[ɑ]에 콧소리를 넣는다. chambre [ʃɑ̃:br] entrée [ɑ̃tre]

2. 반모음(반자음)

[j]	이-유	yeux [jø]
[ɥ]	우-이	nuit [nɥi]
[w]	우	oui [wi]

3. 자음

[p]/[t]/[k]/[s] 같은 자음은 [쁘]/[뜨]/[끄]/[쓰]와 같은 경음(된소리)을 기본으로 한다.
[ɲ]는 [n]이 변질된 소리로 champagne(샹빠뉴), cognac(꼬냑) 같은 발음을 할 때 나는 소리인 '니으'에 가깝다.

[r]는 'ㄹ'과 'ㅎ'을 합한 소리와 비슷하다.
(이외 자음은 앞의 프랑스어 자모표 참조)

프랑스어에서 일반적으로 단어 맨 끝에 놓인 자음은 발음이 되지 않는다. 단, c, r, f, l의 경우는 발음이 되기도 한다.

예 lac [lak], jour [ʒu:r] neuf [nœf]

연음

Track 04

프랑스어에서는 일반적으로 단어 끝의 자음 철자가 발음되지 않는데, 뒤에 이어지는 단어의 첫 글자가 모음이나 무음의(음가가 없는) h로 시작되는 경우 뒤의 모음과 이어져 발음된다. 이 같은 현상을 연음 (liaison)이라고 한다.

연음 시 발음의 변화

1. -d, -g는 [t], [k]로 발음된다.
   grand ami [grɑ̃tami]
   long été [lɔ̃kete]

2. -s, -x는 [z]로 발음된다.
   des amis [dezami]
   dix hommes [dizɔm]

3. -f, -s는 [v]로 발음된다.
   neuf heures [nœvœ:r]

모음 생략

프랑스어에서는 모음이 거듭해서 나오는 것을 피한다. 그래서 앞 단어가 모음으로 끝나고 뒤따라 나오는 단어가 모음이나 무음의 h로 시작되면 모음과 모음이 겹치므로 축약을 시킨다.

정관사	le, la	l'hôtel, l'arbre
지시 대명사	ce	c'est
인칭대명사	je	j'habite
	te	je t'aime
전치사	de	d'habitude

약어 설명

f. 여성
m. 남성
pl. 복수
inf. 부정법(동사의 원형)
q.c quelque chose 무엇(사물)
q.n quelqu'un 누구(사람)

LEÇON 01 인사하기

학습 목표

- 만났을 때 인사
- 이름 말하기
- 헤어질 때 인사
- 남성 명사/여성 명사

대화 ①

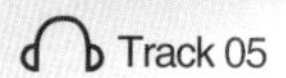

Bonjour! 안녕하세요!

Suzi Kim: Bonjour Monsieur!

Christian Chauvet: Bonjour Madame!

Suzi Kim: Enchantée! Je m'appelle Suzi Kim.

Christian Chauvet: Je m'appelle Christian Chauvet. Enchanté!

김수지: 안녕하세요.
크리스티앙 쇼베: 안녕하세요.
김수지: 만나서 반갑습니다. 제 이름은 김수지입니다.
크리스티앙 쇼베: 크리스티앙 쇼베라고 합니다. 만나서 반갑습니다.

어휘

- □ bonjour 안녕(하세요)(낮 인사)
  cf. bonsoir 안녕(하세요)(저녁 인사)
- □ je 나, 나는
- □ m'appelle 이름이 ~이다
- □ enchanté(e) 만나서 반갑습니다, 처음 뵙겠습니다
- □ Monsieur 남성 이름 앞에 붙이는 존칭
- □ Madame 여성 이름 앞에 붙이는 존칭

표현

Bonjour Monsieur!

프랑스어 인사말은 때와 상황에 따라 다음과 같이 달라진다. 누군가를 만났을 때 건네는 가장 대표적인 인사말로 'Bonjour'는 아침부터 해가 지기 전까지, 'Bonsoir'는 해가 지고 어두워졌을 때 쓸 수 있다. '안녕' 또는 '안녕하세요'에 해당하는 인사이며, 아는 사람이나 모르는 사람, 친근한 사람이나 예의를 갖춰야 하는 사람 모두에게 쓸 수 있다. 뒤에 Madame, Monsieur을 붙이면 좀 더 공손한 인사가 된다.

❶ 아침~낮에 만났을 때
- Bonjour Monsieur!
- Bonjour Madame!

❷ 저녁에 만났을 때
- Bonsoir Monsieur!
- Bonsoir Madame!

Notez bien!

Bon + jour / Bon + soir

인사말인 Bonjour와 Bonsoir는 원래 Bon(좋은)이라는 형용사에 명사 jour(낮, 날), 그리고 Bon(좋은)이라는 형용사에 명사 soir(저녁)가 합쳐져 만들어진 것이다. 직역하면 Bonjour은 '좋은 날', Bonsoir은 '좋은 저녁'이 된다.

Monsieur, Madame

Monsieur, Madame은 프랑스어를 전혀 모르는 사람들도 많이 들어본 귀에 익숙한 단어일 것이다. 우리말로 해석하면 '~씨, ~님'의 뜻으로 Monsieur는 남성 이름 앞에, Madame은 여성 이름 앞에 붙이는 존칭으로 쓰인다.

- Monsieur Kim 김 선생님
- Madame Chauvet 쇼베 부인

Notez bien!

Monsieur는 M, Madame은 Mme로 줄여 쓸 수 있다.

- Monsieur Chauvet → M. Chauvet
- Madame Dubois → Mme Dubois

원래 Madame은 결혼한 여성 이름 앞에 붙이는 존칭, Mademoiselle은 미혼 여성 이름 앞에 붙이는 존칭으로 쓰였다. 지금도 실상에서 쓰이기는 하나 남성, 여성의 불균형을 피하기 위해 공식적으로는 'Madame'만 사용하도록 규정이 바뀌었다.

Je m'appelle Suzi Kim.

'Je m'appelle~'은 '나는 ~라고 합니다, 제 이름은 ~입니다'라는 표현이다. 뒤에 자기 이름을 넣어 'Je m'appelle Suzi.(저는 수지라고 합니다.)'와 같이 말하면 된다.

- Je m'appelle Michel. 나는 미쉘이라고 해.
- Je m'appelle Mina Kim. 제 이름은 김미나입니다.

Enchanté(e)

누군가를 처음 만났을 때 인사 표현으로는 Enchanté(e)를 쓴다. 이때 말하는 사람이 남성이면 Enchanté, 여성이면 끝에 e를 한 번 더 붙여 Enchantée로 쓰고, 발음은 동일하다.

- Michel: Enchanté Madame!
  Suzi: Enchantée Monsieur!

확인

1. 다음을 완성해 보세요.

❶ ____________! 만나서 반가워요!

❷ ____________ Mina. 제 이름은 미나입니다.

❸ ____________ Monsieur Kim. 김 선생님 안녕하세요. (낮)

❹ ____________ Madame Lacroix. 라크루아 씨 안녕하세요. (밤)

2. 프랑스 남성 쇼베 씨와 처음 만나는 상황입니다. 인사말과 자신의 이름을 말해 보세요.

____

대화 ②

Comment vous appelez-vous? 성함이 어떻게 되시죠?

Suzi: Enchantée!

Bernard: Enchanté!

Suzi: Je m'appelle Suzi.
Comment vous appelez-vous?

Bernard: Je m'appelle Bernard Berger.
Bernard est mon prénom
et Berger est mon nom de famille.

Suzi: Mon nom de famille est Kim.

수지: 만나서 반갑습니다!
베르나르: 처음 뵙겠습니다.
수지: 저는 수지라고 해요.
성함이 어떻게 되시나요?
베르나르: 저는 베르나르 베르제라고 하는데요.
베르나르가 이름이고 베르제는 성입니다.
수지: 저는 김 씨입니다.

어휘

- □ comment 어떻게
- □ vous 당신은
- □ vous appelez (당신은) ~라고 이름 불리다, 이름이 ~이다
- □ est ~이다(inf. être)
- □ mon 나의
- □ prénom m. 이름(성을 뺀 이름)
- □ et 그리고
- □ nom m. 이름
- □ famille f. 가족
- □ nom de famille m. 성

Notez bien!

프랑스어의 명사에는 성(남성 명사, 여성 명사)이 존재한다. 명사 앞의 m은 남성, f는 여성임을 표시한다.

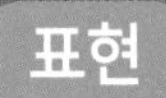

표현

Comment vous appelez-vous?

이름을 묻는 표현으로 예의를 갖춰야 할 상대일 때 쓴다. 보통 초면일 경우 '성함이 어떻게 되십니까?'라는 뜻의 존대 표현이다. 상대가 어린 사람이거나 말을 놓아도 될 때는 'Comment tu t'appelles?(너 이름이 뭐니?)'로 표현한다.

- 질문 Comment vous appelez-vous, Monsieur? 선생님 성함이 어떻게 되시나요?
  답 Je m'appelle Jean Dubois. 저는 장 뒤부이라고 합니다.

- 질문 Comment tu t'appelles? 너 이름이 뭐니?
  답 Je m'appelle Marion. 내 이름은 마리옹이야.

Notez bien!

tu는 '너, 너는'을 의미한다. t'appelles은 주어가 tu일 때 '이름이 ~이다, ~로 이름 불리다'에 해당한다. 주어가 je일 때는 m'appelle, vous일 때는 vous appelez를 쓴다.

Bernard est mon prénom.

est~는 '~이다'라는 뜻이다. 따라서 'mon prénom est~'는 '나의 이름은 ~이다'가 된다. 성명을 말할 때 이름을 앞에, 성을 뒤에 놓는데 보통 부르는 이름이 앞에 나오는 prénom, 성이 뒤에 나오는 nom de famille이다.

- Victor est mon prénom et Hugo est mon nom de famille.
  빅토르는 나의 이름이고 위고는 성입니다.
- Mina est mon prénom et Kim est mon nom de famille.
  미나는 나의 이름이고 김은 성입니다.

확인

1. 다음 이름을 묻는 질문에 자신의 이름으로 답해 보세요.

   질문 Bonjour! Comment vous appelez-vous?

   답 ______________________________.
   안녕하세요! 저는 ○○○라고 합니다(제 이름은 ○○○입니다).

2. 다음 대화를 완성해 보세요.

   질문 Comment ______________? 이름이 뭐니?

   답 ______________ Paul. 나는 Paul이라고 해.

   답 Paul est ______________ et Dubois est ______________.
   이름은 Paul이고 성은 Dubois야.

문법

상대의 이름을 묻는 표현

Comment vous appelez-vous?, Comment tu t'appelles? 외에 '어떤, 무슨, 무엇의'의 뜻인 의문형용사 quel을 이용해 다음과 같이 이름을 묻는 표현을 만들 수도 있다.

- 질문 Quel est votre nom? 당신 성함이 무엇인가요?
  Quel est ton nom? 너 이름이 뭐니?
  답 Mon nom est Michel Legrand. 제 이름은 미쉘 르그랑입니다.
  Je m'appelle Françoise Dubois. 나는 프랑소아즈 뒤부아라고 해.

Notez bien!

est는 영어의 be 동사에 해당하는 동사로 '~이다, ~이 있다'의 뜻이다.
mon은 '나의', ton은 '너의', votre는 '당신의'의 뜻으로 명사 앞에 쓰이는 소유 형용사이다.

헤어질 때 인사

앞에서는 사람을 만났을 때 하는 인사를 알아봤는데, 누군가를 만나고 나서 헤어질 때 쓰는 인사말은 다음과 같다.

- Au revoir! 안녕!, 또 보자!, 잘 가요!, 다음에 봐요!
- À bientôt! 곧 또 만나!, 곧 또 봅시다!
- À demain! 내일 봐!, 내일 만나요!

Monsieur, Madame의 복수형

- Monsieur - Messieurs
- Madame - Mesdames

- Bonjour, Messieurs! 안녕하십니까 신사 여러분!
- Bonsoir, Mesdames! 부인들 안녕하세요!
- Au revoir, Mesdames et Messieurs! 안녕히 가십시오. 신사 숙녀 여러분!

회화

Track 07

Françoise Dubois:	Bonjour, Monsieur! Enchantée!
Jiho Lee:	Enchanté, Mademoiselle! Je m'appelle Jiho Lee. Comment vous appelez-vous?
Françoise Dubois:	Je m'appelle Françoise Dubois. Mon prénom est Françoise, et mon nom de famille est Dubois.
Jiho Lee:	Françoise, c'est un joli prénom!
Françoise Dubois:	Merci!

프랑소아즈 뒤부아: 안녕하세요! 만나서 반가워요!
이지호: 만나서 반갑습니다! 제 이름은 이지호입니다. 성함이 어떻게 되시나요?
프랑소아즈 뒤부아: 저는 프랑소아즈 뒤부아라고 합니다. 제 이름은 프랑소아즈이고, 성은 뒤부아입니다.
이지호: 프랑소아즈, 예쁜 이름이네요.
프랑소아즈 뒤부아: 고마워요.

어휘

□ C'est 이것(저것)은 ~이다
□ un 하나의(부정관사)
□ joli(e) 예쁜
□ merci 감사합니다, 고마워요

Notez bien!

C'est~는 '이것은(저것은) ~이다'의 뜻인데, 영어의 This is…, That is…에 해당하는 표현으로 사람, 사물 등을 제시하고 소개할 때 'C'est~.'로 말할 수 있다.

연습문제

1 다음 인사말을 듣고 빈칸을 알맞게 채워 보세요. Track 08

1 __________ Monsieur.
2 __________ Madame Chauvet.
3 __________ Madame.
4 __________ Michel.

2 다음 질문 내용에 알맞게 자신의 답을 해 보세요.

1 질문 Comment vous appelez-vous?
답 __________

2 질문 Quel est votre nom de famille?
답 __________

3 질문 Quel est votre prénom?
답 __________

4 질문 Comment tu t'appelles?
답 __________

3 다음 내용을 프랑스어로 써 보세요.

1 만나서 반갑습니다. __________
2 김 선생님 안녕하세요. (낮에 때 만났을 때) __________
3 Lacroix 씨 안녕하세요. (저녁 때 만났을 때) __________
4 잘 가 마리옹! __________
5 곧 또 만나요. __________
6 내일 보자. __________

4 Monsieur, Madame 등을 써서 그림에 맞게 프랑스어로 인사해 보세요.

1

2

3

4

La bise

볼 인사

프랑스 사람들은 첫 대면 자리나 공적인 관계로 만나는 사람들끼리는 보통 악수를 한다. 그러나 서로 얼굴을 익히고 어느 정도 가까운 사이가 됐을 때는 비즈(Bise: 볼 인사)를 한다. 가족이나 친구 사이에는 당연히 만나면 볼 인사부터 한다.

볼 인사 방법은 상대방의 얼굴에 자신의 얼굴을 가볍게 맞댄 채 입으로는 '쪽~' 하고 소리만 내는 식이다. 실제로 얼굴에 입술을 대고 뽀뽀를 하는 것은 아니다.

프랑스 지역마다 비즈(Bise)의 횟수가 달라지기도 하는데, 파리에서는 양쪽 볼에 한 번씩만 하고, 남쪽 지중해 지역으로 내려가면 양쪽 볼을 오가는 비즈를 두 번 씩, 즉 네 번 볼 인사를 하기도 한다.

LEÇON 02 자기소개하기

학습 목표

- 국적 말하기
- 나는 ~이다, 나는 ~에 산다
- 주어 인칭대명사
- Être 동사

대화 ①

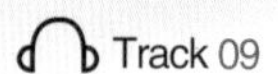
Track 09

Je suis coréen(ne). 저는 한국 사람입니다.

Mina: Bonjour!
Je m'appelle Mina Kim.

Christian: Bonjour!
Je m'appelle Christian Chauvet.
Enchanté!

Mina: Enchantée!
Je suis coréenne.
Et vous, vous êtes français?

Christian: Oui, je suis français.

미나: 안녕하세요.
저는 김미나라고 합니다.
크리스티앙: 안녕하세요.
제 이름은 크리스티앙 쇼베입니다. 만나서 반가워요.
미나: 저도 만나서 반가워요.
저는 한국 사람입니다.
당신은요? 프랑스 사람인가요?
크리스티앙: 네, 저는 프랑스 사람입니다.

- □ suis (나는) ~이다
- □ coréen/coréenne 한국 남성/한국 여성
- □ vous 당신, 당신은(주어 인칭대명사)
- □ êtes (당신은) ~이다
- □ français/française 프랑스 남성/프랑스 여성
- □ oui 네, 그렇습니다(Yes)

표현

Je suis coréenne.

주어 인칭대명사 je는 '나, 나는'의 뜻으로 뒤에 '~이다'라는 뜻의 동사 suis를 붙이면 '나는 ~이다, 나는 ~입니다'가 된다. 주어로 vous(당신)를 쓸 때는 êtes가 붙어 'vous êtes~(당신은 ~입니다)'로 쓴다.

- Je suis français. 저는 프랑스 사람(프랑스 남성)입니다.
- Vous êtes coréenne? 당신은 한국 사람(한국 여성)인가요?
- Oui, je suis coréenne. 네, 저는 한국 사람(여성)입니다.
- Je suis coréen. 나는 한국 사람(한국 남성)입니다.
- Vous êtes française? 당신은 프랑스 사람(프랑스 여성)이신가요?
- Oui, je suis française. 네, 저는 프랑스 사람(프랑스 여성)입니다.

Notez bien!

• 국적 말하기

'나는 ~(어느 나라) 사람입니다.'라고 국적을 말할 때는 **'Je suis + 국적을 나타내는 명사'**로 말하면 되는데, 주어가 남성일 때와 여성일 때 다음과 같이 형태가 달라진다.
프랑스어 명사에는 남성 명사(m), 여성 명사(f)의 성 구별이 있기 때문이다.

한국 : La Corée
한국 사람 : coréen(한국 남성) / coréenne(한국 여성)
Je suis coréen. 저는 한국 남성입니다. / Je suis coréenne. 저는 한국 여성입니다.

프랑스 : La France
프랑스 사람 : français(프랑스 남성) / française(프랑스 여성)
Je suis français. 저는 프랑스 남성입니다. / Je suis française. 저는 프랑스 여성입니다.

일반적으로 명사의 여성형은 남성형의 끝에 e를 붙이거나(français → française), 끝 자음을 한 번 반복하고 e를 붙이는(coréen → coréenne) 형태이다.

1. 다음 단어를 이용해 국적을 말해 보세요.

❶ 

_____________ coréen/coréenne.
나는 한국 사람(한국 남성/한국 여성)입니다.

❷ 

_____________ chinois/chinoise?
당신은 중국 사람(중국 남성/중국 여성)입니까?

❸ 

_____________ japonais/japonaise?
당신은 일본 사람(일본 남성/일본 여성)입니까?

❹ 

_____________ anglais/anglaise.
저는 영국 사람(영국 남성/영국 여성)입니다.

❺

_____________ italien/italienne?
당신은 이탈리아 사람(이탈리아 남성/이탈리아 여성)입니까?

대화 ②

J'habite à Séoul. 저는 서울에 살아요.

Mina: Je suis coréenne et je suis étudiante.
Et vous?

Christian: Moi, je suis français et je suis ingénieur.

Mina: Moi, j'habite à Séoul.
Où habitez-vous? Vous habitez à Paris?

Christian: Non, j'habite à Lyon.

미나: 저는 한국 사람이고 학생입니다. 당신은요?
크리스티앙: 저는 프랑스 사람이고 엔지니어입니다.
미나: 저는 서울에 살고 있어요. 당신은 어디 사시나요? 파리에 사시나요?
크리스티앙: 아니요, 저는 리옹에 살아요.

어휘

- □ **étudiant(e)** 남학생(여학생)
- □ **moi** 나, 나는(주어 인칭대명사 je를 강조하는 강세형 인칭대명사)
- □ **ingénieur** m. 엔지니어
- □ **vous** 당신, 당신은
- □ **j'habite** 나는 ~에 산다
- □ **à** ~에(장소 앞에 쓰이는 전치사)
- □ **vous habitez** 당신은(너희들은, 당신들은) ~에 산다
- □ **où** 어디에(의문대명사)
- □ **non** 아닙니다, 그렇지 않습니다(No)

Je suis étudiante.

국적을 말할 때와 마찬가지로 Je suis~, Vous êtes~ 뒤에 직업을 나타내는 단어를 붙이면 '나는 ~이다/입니다', '당신은 ~이다/입니다'라는 표현이 된다.

- Je suis étudiant(e). 나는 학생(여학생)입니다.
- Je suis journaliste. 저는 기자입니다.
- Vous êtes ingénieur? 당신은 엔지니어이신가요?

J'habite à Seoul.

J'habite는 주어 인칭대명사 je(나는)와 '~에 살다'라는 뜻의 동사인 habite가 축약된 형태이다(Je + habite → j'habite). J'habite 뒤에 장소를 말하면 되는데, '~에'의 뜻인 전치사 à를 도시 이름 앞에 붙이면 'J'habite à Paris(나는 파리에 산다)', 'J'habite à Séoul(나는 서울에 산다)'가 된다.

- J'habite à Londres. 저는 런던에 삽니다.
- Où habitez-vous?(=Vous habitez où?) 당신은 어디에 사시나요?
- Vous habitez à Paris? 당신은 파리에 사시나요?
- Oui, j'habite à Paris. 네, 저는 파리에 살아요.
- Non, j'habite à Lyon. 아니요, 저는 리옹에 살아요.

확인

1. 다음을 완성해 보세요.

❶ Je suis ____________ et ____________ étudiante. 저는 한국 사람이고 학생입니다.

❷ Vous êtes ____________ ? 당신은 프랑스 사람인가요?

❸ ____________ ingénieur? 당신은 엔지니어이신가요?

❹ Je suis ____________ et ____________ journaliste 나는 프랑스 사람이고 기자입니다.

❺ Vous ____________ Paris? 당신은 파리에 사시나요?

❻ ________________________ Marseille. 아니요, 저는 마르세유에 살고 있어요.

2. 자신에 대해 다음 내용을 설명해 보세요.

이름 국적 직업 사는 도시

문법

주어 인칭대명사

주어 인칭대명사는 각 인칭에 따라 다음과 같은 형태이고 사람, 동물, 사물을 받아 동사의 주어 역할을 한다.

	단수	복수
1인칭	Je 나	Nous 우리
2인칭	Tu 너	Vous 당신 또는 당신들, 너희들
3인칭	Il/Elle 그/그녀	Ils/Elles 그들/그녀들

주어 인칭대명사 vous는 단수, 복수로 모두 쓰일 수 있는데, 단수로 쓰일 때는 '너'에 대한 존대로 '당신'이 된다. 복수로는 '너희들', '당신들' 모두 가능하다.

Notez bien!

프랑스어에는 반말과 존댓말 구별이 있는데, 주어를 tu(너)로 말하면 반말, vous(당신)로 말하면 존댓말이다. 하지만 대화 상대의 나이에 상관없이 어느 정도 친근한 사이라면 서로 tu로 이야기한다.

Être 동사 : ~이다, ~하다

프랑스어의 동사는 기본적으로 주어의 인칭에 따라 어미의 형태가 달라진다. Être는 영어의 be 동사에 해당하는 동사로 '~이다, ~있다, ~하다' 등의 뜻으로 쓰이는데, 동사 원형은 Être이나 주어 인칭에 따라 다음과 같이 불규칙적으로 형태가 변한다.

■ Être 동사의 변화

Je suis 나는 ~이다
Tu es 너는 ~이다
Il/Elle est 그는(그녀는) ~이다

Nous sommes 우리는 ~이다
Vous êtes 당신은(너희들은, 당신들은) ~이다
Ils/Elles sont 그들은(그녀들은) ~이다

Notez bien!

프랑스어 동사는 이처럼 주어 인칭에 따라 규칙 또는 불규칙적인 형태로 변화를 하는데, 동사 변화는 동사원형과 함께 모두 암기해야 한다.

- Je suis coréen. 나는 한국 사람이다.
- Tu es français. 너는 프랑스 사람이다.
- Il est étudiant. 그는 학생이다.
- Elle est étudiante. 그녀는 학생이다.
- Nous sommes coréens. 우리는 한국 사람이다.
- Vous êtes français. 당신은(너희들은, 당신들은) 프랑스 사람이다.
- Ils sont étudiants. 그들은 학생이다.
- Elles sont étudiantes. 그녀들은 학생이다.

일반적으로 명사의 남성형 끝에 e를 붙이거나 끝 자음을 한 번 반복하고 e를 붙여 여성 명사를 만들고, s를 붙여 복수형을 만들 수 있다.
étudiant(남학생) / étudiante(여학생)
étudiants(남학생들) / étudiantes(여학생들)
coréen(한국 남자) / coréenne(한국 여자)
coréens(한국 남자들) / coréennes(한국 여자들)

1. 다음 주어 인칭대명사와 Être 동사의 변화를 완성해 보세요.

Je ___________	Nous ___________
___________ es	___________ êtes
Il/Elle ___________	Ils/Elles ___________

2. 다음을 프랑스어로 옮겨 보세요.

❶ 나는 한국 사람이다.
____

❷ 너는 한국 사람이다.
____

❸ 그는 한국 사람입니다.
____

❹ 그녀는 한국 사람입니다.
____

❺ 우리는 한국 사람들입니다.
____

❻ 당신들은 한국 사람들입니다.
____

❼ 그들은 한국 사람들입니다.
____

❽ 그녀들은 한국 사람들입니다.
____

회화

Track 11

Sophie: Bonjour! Enchantée.
Je m'appelle Sophie Hubert.

Minsou: Bonjour!
Je m'appelle Minsou Kim.
Enchanté.

Sophie: Je suis française et je suis étudiante.
Et vous, êtes-vous coréen?

Minsou: Oui, je suis coréen et je suis journaliste.
J'habite à Séoul. Où habitez-vous?
Vous habitez à Paris?

Sophie: Non. Moi, j'habite à Nice.

쏘피: 안녕하세요. 만나서 반갑습니다.
저는 쏘피 위베르라고 합니다.
민수: 안녕하세요.
제 이름은 김민수입니다.
만나서 반가워요.
쏘피: 저는 프랑스 사람이고 학생입니다.
당신은요? 한국 사람인가요?
민수: 네, 저는 한국 사람이고 기자입니다.
저는 서울에 살아요. 당신은 어디 사시나요?
파리에 사시나요?
쏘피: 아니요. 저는 니스에 살고 있어요.

1. 위의 대화 내용을 다음 단어들로 적절히 바꿔 연습해 보세요.

anglais/anglaise(영국 남성/영국 여성)

chinois/chinoise(중국 여성/중국 여성)

italien/italienne(이탈리아 남성/이탈리아 여성)

japonais/japonaise(일본 남성/일본 여성)

Tokyo(도쿄)

Londres(런던)

Pékin(베이징)

Rome(로마)

간단한 의문문 만들기

프랑스어는 일반 평서문에서 끝을 올려 읽기만 하면 그대로 의문문 표현이 될 수 있다.

- Vous êtes français. 당신은 프랑스 사람입니다.
- Elle est étudiante. 그녀는 학생이다.
- Ils sont coréens. 그들은 한국 사람들입니다.
- Vous êtes français? 당신은 프랑스 사람인가요?
- Elle est étudiante? 그녀는 학생이니?
- Ils sont coréens? 그들은 한국 사람들입니까?

국적 묻기

국적을 물을 때는 다음과 같은 표현을 사용한다.

- Vous êtes de quelle nationalité? 국적이 어떻게 되세요?
- D'où venez-vous?(=Vous venez d'où?) 어디서 오셨어요?

quelle nationalité는 '어떤 국적'이고, 그 앞에는 소속의 뜻을 나타내는 전치사 de가 쓰여 'vous êtes de quelle nationalité?(직역: 당신은 국적이 어디에 속하십니까?)'와 같이 쓴다. venez(동사 원형 venir)는 '오다'라는 뜻의 동사이고, d'où는 '어디로부터'라는 뜻이다. 따라서 'D'où venez-vous?' 또는 'Vous venez d'où?'는 영어 'Where are you from?'의 표현에 해당한다. 대답은 'Je suis coréen(ne).'로 하면 된다.

나라 이름과 국적을 나타내는 명사/형용사

영국	Angleterre(f)	영국인/영국의	anglais(남)·anglaise(여)
이탈리아	Italie(f)	이탈리아인/이탈리아의	italien(남)·italienne(여)
스페인	Espagne(f)	스페인인/스페인의	espagnole(남)·espagnole(여)
독일	Allemagne(f)	독일인/독일의	allemand(남)·allemande(여)
미국	États-Unis(m.pl)	미국인/미국의	américain(남)·américaine(여)
캐나다	Canada(m)	캐나다인/캐나다의	canadien(남)·canadienne(여)
러시아	Russie(f)	러시아인/러시아의	russe(남)·russe(여)
폴란드	Pologne(f)	폴란드인/폴란드의	polonais(남)·polonaise(여)
베트남	Vietnam(m)	베트남인/베트남의	vietnamien(남)·vietnamienne(여)
중국	Chine(f)	중국인/중국의	chinois(남)·chinoise(여)
일본	Japon(m)	일본인/일본의	japonais(남)·japonaise(여)
멕시코	Mexique(m)	멕시코인/멕시코의	mexicain(남)·mexicaine(여)
브라질	Brésil(m)	브라질인/브라질의	brésilien(남)·brésilienne(여)
알제리	Algérie(f)	알제리인/알제리의	algérien(남)·algérienne(여)
모로코	Maroc(m)	모로코인/모로코의	marocain(남)·marocaine(여)
세네갈	Sénégal(m)	세네갈인/세네갈의	sénégalais(남)·sénégalaise(여)
소말리아	Somalie(f)	소말리아인/소말리아의	somalien(남)·somalienne(여)

연습문제

1 다음을 듣고 빈칸을 채워 보세요. Track 12

1 Je suis ________.

2 ________ coréenne.

3 Vous êtes ________?

4 ________ française?

5 ________ étudiante.

6 Il est ________.

7 ________ à Paris.

2 다음을 프랑스어로 옮겨 보세요.

1 나는 서울에 살아요. ________

2 당신은 프랑스 사람(남성)입니까? ________

3 그녀는 일본 사람(여성)입니다. ________

4 그녀들은 학생입니다. ________

5 그 남성은 기자입니다. ________

6 우리는 한국 사람입니다. ________

3 다음 질문에 대해 자기 자신의 답을 해 보세요.

1 Vous êtes de quelle nationalité? ________

2 Où habitez-vous? ________

3 Êtes-vous chinois(e)? ________

4 Êtes-vous coréen(ne)? ________

4 다음 문장의 뜻에 맞게 주어 인칭대명사와 Être 동사의 변화를 완성해 보세요.

1 ________ ________ italiens. 그들은 이탈리아인들입니다.

2 ________ ________ japonais. 그는 일본인입니다.

3 ________ ________ chinois? 당신은 중국인인가요?

4 ________ ________ coréenne? 그녀는 한국 사람인가요?

5 ________ ________ canadiennes. 그녀들은 캐나다 여성들입니다.

La francophonie

라 프랑코포니

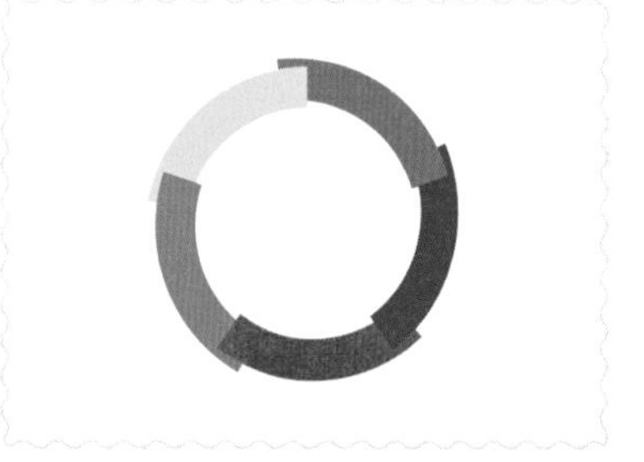

일반적으로 프랑스어를 모국어나 행정 언어로 쓰는 국가들을 통칭해 Francophonie(프랑코포니)라고 하고, 프랑스어를 일상 언어로 사용하는 사람들을 Francophones(프랑코폰)이라 한다.

또 프랑코포니들이 모여 구성한 'Organisation Internationale de la Francophonie, OIF(프랑스어권 국제기구)'라는 공식 국제기구도 존재한다. 주로 적지 않은 인구가 프랑스어를 사용하거나 프랑스어 및 프랑스 문화가 깊게 침투해 있는 나라로 구성되어 있다. 국제 무대에서 프랑스어의 위상을 지키고 보급을 확대하기 위해 프랑스를 중심으로 창설되었다. 현재 전 세계에 84개 회원국이 있는데, 이 가운데 40여 개 국가에서 프랑스어가 공식 언어로 사용되고 있다. 우리나라는 현재 '참관국' 자격으로 참여하고 있다.

프랑코폰이 가장 많이 분포한 곳은 프랑스를 중심으로 서유럽 일부 국가들과 프랑스인들이 건너간 북미의 퀘백 지역, 그리고 옛 식민지 역사와 관계된 곳인 북아프리카 전역, 아프리카 사하라 이남의 상당수 국가들이다.

프랑코포니 주요 국가

유럽	La France, La Belgique, La Suisse, Le Luxembourg, Le Monaco
북미	Le Québec
북아프리카	L'Algérie, La Tunisie, Le Maroc
사하라 이남	Le Sénegal, Le Cameroun, La Côte d'Ivoire, Le Gabon

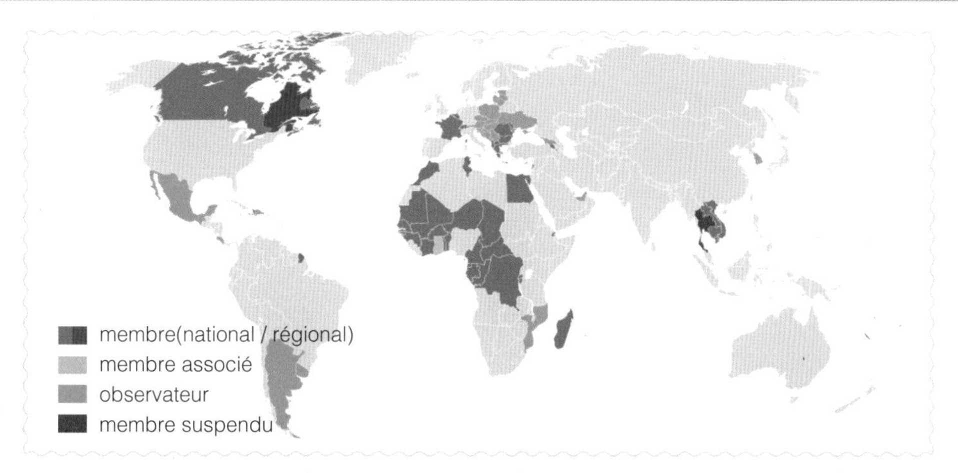

LESSON 03

가족 소개하기

학습 목표

- 가족 구성원 소개
- 단수/복수로 말하기
- 명사의 성/수
- 부정관사
- Avoir 동사

대화 ①

Tu as des frères (et sœurs)? 형제(자매)가 있니?

Céline: Suzi, tu as des frères?

Suzi: Oui, j'ai un frère.
Et toi Céline, tu as des frères?

Céline: Oui, moi aussi j'ai un frère.

Suzi: Tu as des sœurs aussi?

Céline: Oui, j'ai deux sœurs.

셀린: 수지, 너 남자 형제 있어?
수지: 응, 오빠(또는 남동생) 한 명 있어.
너는? 너도 남자 형제 있어?
셀린: 응. 나도 오빠(또는 남동생) 한 명 있어.
수지: 여자 형제도 있어?
셀린: 응. 여자 형제(언니 또는 여동생) 두 명 있어.

어휘

- □ as ~을 가지고 있다(동사 원형 avoir)
- □ un 하나, 하나의(남성 명사 앞에 쓰임)
- □ une 하나, 하나의(여성 명사 앞에 쓰임)
- □ des 몇몇의, 여러 개의(복수 명사 앞에 쓰임)
- □ j'ai~ 나는 ~을 가지고 있다
- □ frère m. 형제(형, 오빠, 남동생)
- □ aussi 역시, 또한
- □ sœur f. 여자 형제(누이, 여동생, 언니, 자매)
- □ deux 둘, 둘의

Notez bien!

여성 명사는 f, 남성 명사는 m, 복수 명사는 pl로 표시한다.

표현

형제자매 관계 표현

'나는(너는) 형제/자매가 있다'라는 표현은 avoir(영어의 have : ~을 가지고 있다/소유하다) 동사를 써서 직역하면 '형제/자매를 가지고 있다'라고 말한다.

❶ 단수

- J'ai un frère. 나는 남자 형제(형, 오빠, 남동생)가 한 명 있다.
- J'ai une sœur. 나는 여자 형제(누이, 여동생, 언니, 자매)가 한 명 있다.
- J'ai un frère et une sœur. 나는 남자 형제 한 명과 여자 형제 한 명이 있다.

❷ 복수

- Tu as des frères? 너는 남자 형제(형, 오빠, 남동생)들이 있니?
- Tu as des sœurs? 너는 여자 형제(누이, 여동생, 언니, 자매)들이 있니?
- J'ai deux frères et une sœur. 나는 남자 형제 두 명과 여자 형제 한 명이 있어.
- J'ai deux sœurs et un frère. 나는 여자 형제 두 명과 남자 형제 한 명이 있어.

Notez bien!

프랑스어 명사는 원래 단어 자체에 남성 명사, 여성 명사 성의 구별이 있다. 예를 들면 frère는 남성 명사, sœur는 여성 명사이며, 명사 앞에 쓰이는 관사나 형용사도 명사의 성에 따라 남성형, 여성형을 일치시켜 사용해야 한다.
그래서 frère 앞에는 부정관사 남성 단수형인 un을, sœur 앞에는 부정관사 여성 단수형인 une를 써서 un frère(남자 형제 한 명), une sœur(여자 형제 한 명)가 된다. 복수일 때는 남성 복수, 여성 복수 모두 부정관사 복수형 des를 써서 des frères, des sœurs가 된다.

확인

1. 다음을 알맞게 완성해 보세요.

❶ J'ai __________ frère.

❷ J'ai __________ sœur.

❸ Tu as __________ frères.

❹ Tu as __________ sœurs.

❺ J'ai __________ frère et __________ sœur.

❻ Tu as deux ______________ et une ______________.

2. 다음 그림을 보고 형제자매 관계를 프랑스어로 써 보세요.

대화 ②

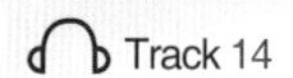 Track 14

Je vous présente ma femme. 제 아내를 소개합니다.

Madame Kim: Bonjour, Monsieur Chauvet!

Monsieur Chauvet: Bonjour, Madame Kim!
Je vous présente ma femme Céline.
Céline, voici, Madame Kim.

Madame Chauvet: Enchantée, Madame!

Madame Kim: Oh! Enchantée! Je m'appelle Suzi Kim.

Monsieur Chauvet: Madame Kim, avez-vous des enfants?

Madame Kim: Oui, j'ai trois enfants, un fils et deux filles.
Voici, mes enfants.

Mme 김: 쇼베 선생님 안녕하세요!
M. 쇼베: 김 선생님 안녕하세요! 제 아내 셀린을 소개드립니다. 셀린, 이쪽은 김 선생님이셔.
Mme 쇼베: 반갑습니다!
Mme 김: 아! 반갑습니다. 저는 김수지라고 합니다.
M. 쇼베: 김 선생님, 자녀가 있으신가요?
Mme 김: 네, 셋이 있는데 아들 하나와 딸 둘입니다. 여기 제 아이들입니다.

어휘

- □ **vous** 당신은(tu에 대한 경칭), 너희들은, 당신들은; 당신에게
- □ **présente** 소개하다(동사 원형 présenter)
- □ **ma** 나의(소유 형용사 여성 단수형)
- □ **femme** f. 여성, 아내
- □ **ici** 여기, 이쪽
- □ **avez** 가지고 있다(동사 원형 avoir)
- □ **enfant** m. 아이, 어린이, 자녀(아들, 딸)
- □ **trois** 셋, 셋의
- □ **fils** m. 아들
- □ **fille** f. 딸, 소녀
- □ **voici** 여기(저기) ~이 있다, 이것(저것)이 ~이다
- □ **mes** 나의(소유 형용사 복수형)

표현

Je vous présente ma femme Céline.

'~를 소개하다'라는 뜻의 présenter(동사 원형) 동사를 써서 'Je vous présente ma femme.' 하면 '나는 당신에게 내 아내를 소개한다.'라는 표현이 되는데, 이때 vous는 '당신에게'의 의미이다.

- Je vous présente mon mari Christian. 제 남편 크리스티앙을 소개드립니다.
- Je vous présente ma copine Marion. 제 여자 친구 마리옹을 소개드려요.
- Je vous présente mon fils Thomas. 제 아들 또마를 소개합니다.

Avez-vous des enfants?

'Vous avez des enfants?'과 같은 표현으로 주어와 동사를 도치시켜 '자녀가 있으신가요?'라는 의문문을 만든 것이다.

Voici, mes enfants.

사람이나 물건을 제시하며 voici 또는 voilà를 쓸 수 있는데, 'Voici/Voilà~' 뒤에 명사를 붙이면 '이것(저것)은 ~이다, 이 사람은 ~이다, 여기 ~이 있다'와 같은 표현이 된다.

- Voici, ma carte. 제 카드 여기 있습니다.
- Voici, mon mari. 이쪽은 제 남편이에요.
- Voilà, mon fils. 여기 제 아들이 있습니다.
- Voici, ma femme. 제 아내입니다.
- Voici, ma fille. 제 딸아이입니다.
- Voilà, mes livres. 이것은 저의 책들입니다.

원래 voici는 화자에게 가까운 것, voilà는 화자에게서 먼 것을 가리켰지만 현재는 voici와 voilà의 구별은 모호하게 됐으며, 일상에서는 voici를 대신해 voilà를 많이 쓰기도 한다.

Notez bien!

나의(소유 형용사) + 명사(사람, 사물)에서 뒤에 오는 명사의 성·수에 따라 소유 형용사도 다음과 같이 성·수 일치를 시켜야 한다.

mon + 남성 단수 명사 : mon fils
ma + 여성 단수 명사 : ma fille
mes + 복수 명사 : mes enfants

확인

1. 다음을 알맞게 완성해 보세요.

❶ ________________ des enfants? 아이들이 있으신가요?

❷ ________________ mes enfants. 여기 제 아이들입니다.

❸ ________________ ma fille Mina. 이쪽은 제 딸 미나입니다.

❹ J'ai ________________, ________________ fille et ________________ fils.
저는 아이가 둘 있는데, 딸 하나, 아들 하나입니다.

2. Présenter 동사를 이용해서 다음 그림 속 인물을 상대방(vous)에게 소개해 보세요.

❶ 남편: ________________________________

❷ 아내: ________________________________

❸ 딸: ________________________________

❹ 아들: ________________________________

문법

명사의 성

앞서 언급한 것처럼 고유 명사를 제외한 프랑스어의 모든 명사에는 남·녀 성이 있어서 남성 명사, 여성 명사로 구분된다. 예를 들면 livre(책)은 남성 명사, voiture(자동차)는 여성 명사이다. 그리고 명사의 성에 따라 앞에 붙는 관사도 남성형, 여성형을 구별해 쓴다.

남성 명사(m)	여성 명사(f)
arbre 나무	fleur 꽃
vélo 자전거	voiture 자동차
fils 아들	fille 딸
livre 책	table 테이블
pantalon 바지	jupe 치마
appartement 아파트	maison 집
mari 남편	femme 여성, 아내

부정관사

남성 단수	여성 단수	남녀 복수
un	une	des

부정관사는 '특정하지 않은 하나' 또는 '여럿'을 가리킬 때 쓰인다. 남성 단수 명사 앞에서는 un을 써서 un vélo(자전거 한 대), 여성 단수 명사 앞에서는 une를 써서 une voiture(자동차 한 대), 복수 명사 앞에서는 des를 써서 des vélos(자전거들), des voitures(자동차들)과 같이 쓴다.

- un homme 남자
- une femme 여자
- un livre 책
- un arbre 나무 한 그루
- une fleur 꽃 한 송이
- une table 테이블

- des hommes 남자들
- des femmes 여자들
- des livres 책들
- des arbres 나무들
- des fleurs 꽃들
- des tables 테이블들

Avoir 동사 + 명사: ~을 가지고 있다

Avoir는 영어 'Have'에 해당하는 동사로 주어의 인칭에 따라 다음과 같이 불규칙하게 어미 변화를 한다. Avoir 동사 뒤에 명사를 목적어로 붙이면 '~을 가지고 있다'라는 표현이 된다.

■ Avoir 동사의 변화

J'ai 나는 ~을 가지고 있다
Tu as 너는 ~을 가지고 있다
Il/Elle a 그는(그녀는) ~을 가지고 있다

Nous avons 우리는 ~을 가지고 있다
Vous avez 당신은(너희들은/당신들은) ~을 가지고 있다
Ils/Elles ont 그들은(그녀들은) ~을 가지고 있다

- J'ai un frère. 나는 형(오빠, 남동생)이 한 명 있다.
- Tu as une sœur. 너는 언니(누나, 여동생)가 한 명 있다.
- Il a des enfants. 그는 아이들이 있어요.
- Elle a une fille. 그녀는 딸 하나가 있어요.
- Nous avons une voiture. 우리는 차 한 대가 있습니다.
- Vous avez une maison. 당신은(당신들은, 너희들은) 집이 한 채 있습니다.
- Ils ont des livres. 그들은 책들을 가지고 있다.
- Elles ont des fleurs. 그녀들은 꽃들을 가지고 있다.

Notez bien!

***모음 생략**

프랑스어에서는 모음이 거듭해서 나오는 것을 피한다. 그래서 앞 단어가 모음으로 끝나고 뒤따라 나오는 단어가 모음이나 무음의 h로 시작되면 모음과 모음이 겹치므로 앞의 모음을 생략하고 축약을 시킨다. 예를 들어 J'ai는 je와 ai가 모음끼리 겹쳐지면서 j'ai의 형태로 축약된 것이다.

Je + habite → j'habite. (무음 h)

Ce + est → C'est (모음 e)

확인

1. 다음 단어 앞에 알맞은 부정관사를 넣고 단어의 뜻을 써 보세요.

❶ ____________ fleur
❷ ____________ arbres
❸ ____________ livre
❹ ____________ voiture
❺ ____________ jupes
❻ ____________ maison
❼ ____________ vélos
❽ ____________ pantalon

2. Avoir 동사의 변화를 완성해 보세요.

____________ 나는 ~을 가지고 있다	____________ 우리는 ~을 가지고 있다
____________ 너는 ~을 가지고 있다	____________ 당신은(너희들은, 당신들은) ~을 가지고 있다
____________ 그는(그녀는) ~을 가지고 있다	____________ 그들은(그녀들은) ~을 가지고 있다

3. 다음을 목적어로 avoir 동사를 이용해 문장을 만들어 보세요. (부정관사 사용 유의)

❶ 책 / 책들 ____________________________

❷ 누이 / 누이들 ____________________________

❸ 집 / 집들 ____________________________

회화

Track 15

Madame Chauvet:	Bonjour, Monsieur Kim. Je vous présente mon mari Christian.
Monsieur Chauvet:	Bonjour, Monsieur Kim, enchanté!
Monsieur Kim:	Oh, enchanté Monsieur! Je m'appelle Jisou Kim. Avez-vous des enfants, M. et Mme Chauvet?
Madame Chauvet:	Oui, nous avons trois enfants. Une fille et deux fils. Et vous?
Monsieur Kim:	J'ai une fille. Voilà, c'est ma fille. (Il montre la photo de sa fille)
Monsieur Chauvet:	Elle est très mignonne!

Mme 쇼베: 안녕하세요, 김 선생님. 제 남편 크리스티앙을 소개드려요.
M. 쇼베: 안녕하세요. 만나서 반갑습니다!
M. 김: 아, 만나서 반갑습니다! 저는 김지수라고 합니다. 두 분은 자녀가 있으신가요?
Mme 쇼베: 네, 우리는 세 명의 아이들이 있습니다. 딸 하나 아들 둘이죠. 당신은요?
M. 김: 저는 딸 하나 있습니다. 여기 제 딸이에요.
(딸의 사진을 보여 주며)
M. 쇼베: 아주 귀엽네요!

어휘

- □ mari m. 남편
- □ très 매우, 아주
- □ mignon(ne) 귀여운

가족 호칭

- grand-père m. 할아버지
- grand-mère f. 할머니
- père m. 아버지
- mère f. 어머니
- parents m/pl. 부모님(부모 양친을 말할 때는 복수가 된다.)
- frère m. 남자 형제
- sœur f. 여자 형제
- fils m. 아들
- fille f. 딸
- mari m. 남편
- femme f. 아내
- oncle(tonton) m. 삼촌
- tante(tata) f. 숙모
- cousin m. 남자 사촌
- cousine f. 여자 사촌

숫자 1~10

1	2	3	4	5
un(e) 남성(여성)	deux	trois	quatre	cinq
6	7	8	9	10
six	sept	huit	neuf	dix

Je te(vous) présente~: ~를 소개합니다

어떤 사람을 소개할 때 '~를 소개합니다.'라는 표현은 'Je vous présente + 소개할 사람' 또는 'Je te présente + 소개할 사람'으로 말하면 된다. 이때 vous는 '당신에게(당신들에게, 너희들에게)', te는 '너에게'의 뜻이다.

- Michel, je te présente ma sœur. 미쉘, 너에게 내 여동생을 소개할게.
- M. Chauvet, je vous présente ma mère. 쇼베 씨, 당신께 제 어머니를 소개드립니다.
- Mina, je te présente mes enfants. 미나, 우리 아이들을 소개할게.
- Madame Kim, je vous présente mon mari. 김 선생님, 제 남편을 소개드립니다.

연습문제

1 다음을 듣고 빈칸을 채워 보세요. Track 16

1 Suzi, tu ______ des frères?

2 Oui, j'ai ______.

3 M. Chauvet, ______ des enfants?

4 Oui, j'ai ______. Et vous?

5 Moi, j'ai ______.

6 Bonjour Madame Kim, ______ mon mari Christian.

7 Bonjour M. Chauvet, ______ ma fille Mina.

8 Bonsoir Céline, ______ ma sœur Léa.

2 다음을 프랑스어로 옮겨 보세요.

1 자녀가 있으십니까? ______

2 네, 아들 하나 딸 둘이 있습니다. ______

3 너는 형제가 있니? ______

4 응, 한 명 있어. ______

5 당신들은 차가 있으십니까? ______

6 그들은 책들을 가지고 있다. ______

3 Avoir 동사의 변화와 목적어 앞의 (부정)관사를 완성해 보세요.

J' ______ ______ livre.	Nous ______ ______ maison.
Tu ______ ______ enfants.	Vous ______ ______ sac.
Il(Elle) ______ ______ fleurs.	Ils(Elles) ______ ______ voitures.

4 다음 표현을 활용해 자신의 가족을 소개해 보세요.

1 Voici, mon ______.

2 C'est ma ______.

3 Je vous présente mes ______.

4 Je te présente mes ______.

Famille française

프랑스의 가족

프랑스의 가족 형태에 대한 프랑스 국립통계청(INSEE)의 2016년 조사를 보면 다음과 같다.

프랑스 전체 성인 인구 약 5,000만 명의 3분의 2인 3,200만 명이 커플로 지내고 있으며 이들 가운데 73%는 법적 혼인을 한 부부 사이이다. 그리고 23%는 'Union Libre(자유 결합 관계)', 나머지 4% 정도는 'Pacsés(시민연대협약 관계)'인 것으로 나타났다.

전통적 가족 형태라 할 수 있는 결혼한 커플 관계의 부모 형제로 구성된 가족이 70% 이상으로 여전히 가장 높은 비중을 차지한다.

한편 결혼은 하지 않지만 부부처럼 함께 사는 커플들도 많은데, 이런 관계를 가리켜 'Union Libre'라고 한다. 이런 'Union Libre'는 프랑스 사회 계층 전반에 나타나며, 이 같은 자유로운 관계에서 태어난 자녀들 역시 결혼한 커플들 사이에서 태어난 아이들과 똑같은 법적 권리를 가지며 사회적 지원을 받는다.

그리고 PACS(Pacte Civile de Solidarité) 관계가 있는데, PACS는 시민연대협약(또는 공동생활협약)으로 프랑스에서 시행 중인 두 이성 또는 동성 성인 간의 시민 결합 제도이다. PACS를 선택한 동거 커플은 법적 혼인 관계가 없지만 결혼한 부부와 같은 사회 보장을 받을 수 있다. 법적 절차를 거쳐야 하는 혼인 관계와 달리 PACS는 문서 한 장만 제출하여 신고만 하면 된다. PACS를 체결했다 해지하는 과정 또한 마찬가지이다. 말하자면 '동반자 등록'인 셈인데, 혼인 관계로 형성되는 전통적인 가족 형태 외에도 다양한 가족 형태를 인정하기 위한 상징적인 제도이기도 하다.

안부 인사하기

학습 목표

- 안부 인사 주고받기
- 감사/사과 표현하기
- Aller 동사
- 강세형 인칭대명사
- 부정 표현

대화 ①

Track 17

Comment ça va? 어떻게 지내?

Philippe: Oh, salut Mina!

Mina: Salut Philippe! Comment ça va?

Philippe: Ça va très bien. Et toi?

Mina: Moi aussi, je vais bien.
Je suis contente de te voir.

Philippe: Moi aussi, je suis très content de te voir, Mina.

필립: 아, 안녕 미나!
미나: 안녕 필립! 어떻게 지내?
필립: 아주 잘 지내. 너는?
미나: 나도 역시 잘 지내.
널 봐서 기뻐.
필립: 나도 미나 너를 봐서 아주 좋아.

어휘

- □ salut! 안녕!
- □ ça va? 안녕?, 잘 지내?, 괜찮아?
- □ très 아주, 매우
- □ bien 잘
- □ toi 너, 너는(tu를 강조할 때 쓰는 강세형 인칭대명사)
- □ moi 나, 나는(je를 강조할 때 쓰는 강세형 인칭대명사)
- □ vais 가다, 지내다(inf. aller)
- □ content(e) 만족스러운, 기분 좋은
- □ content(e) de + inf ~해서 기쁜/좋은
- □ te 너를, 너에게
- □ voir 보다

Notez bien!

inf는 infinitif(부정법)의 약어로 동사 원형을 의미한다.

표현

얼굴을 익힌 사이이거나 가까운 관계의 사람들끼리 만났을 때 다음과 같은 표현으로 안부 인사를 나눈다.

Salut!

낮과 밤 상관없이, 만날 때나 헤어질 때 언제든 사용할 수 있는 간단한 인사말이다. '안녕!' 또는 '잘 가!'의 뜻인 'Salut!'는 격식을 차리지 않아도 되는 가까운 사이에 쓴다. 예의를 갖춰야 할 상대라면 'Bonjour(안녕하세요)', 'Au revoir(다음에 또 봬요)'로 인사한다.

Comment ça va?

'Ça va?'는 상황에 따라 다양한 의미로 쓰일 수 있다. 대표적으로는 안부를 묻는 인사말인 '잘 지내?'의 뜻이다. 이밖에 '괜찮다, 좋다'의 의미로도 쓰인다. ça va 앞에 의문사 Comment(어떻게)을 붙여 'Comment ça va?'로 말하면 '어떻게 지내?'라는 질문이 된다.

Ça va (très) bien!

'Ça va très bien!'은 Ça va?로 물었을 때 '응, 아주 잘 지내!'라는 대답으로, 뒤에 부사구 très bien(아주 잘)을 넣어 Ça va를 강조한 것이다.

Je vais (très) bien!

'나는 (아주) 잘 지내!'라는 뜻으로 'Ça va très bien!'과도 같은 표현이다. 'Je vais bien!'에서 동사는 aller(가다)가 쓰이는데, aller는 원래 '가다'라는 뜻이지만 '~하게 지내다'의 의미도 있다.

Je suis content(e) de te voir.

être content(e) de + inf는 '~을 해서 기쁘다/좋다/만족스럽다'의 표현이다. te voir의 te는 직접 목적보어로 '너를'의 뜻이고, '보다' 동사 voir를 붙여 '너를 봐서 기쁘다'가 된다. 이때 형용사 content(만족스러운)은 그 주체인 주어의 성·수와 일치시켜야 한다. 즉 주어가 남성 단수이면 content, 여성 단수이면 contente, 남성 복수이면 contents, 여성 복수이면 contentes로 쓴다.

- Je suis content(e) de vous voir. 당신을 만나서 기뻐요.
- Tu es content(e) d'aller à l'école? 학교에 가서 좋니?
- Elle est très contente de partir en vacances. 그녀는 바캉스를 떠나게 돼서 무척 기쁘다.
- Ils sont très contents d'être ici. 그들은 여기 있게 돼 매우 만족스러워한다.

1. 친구와 만나 인사를 나누는 대화를 알맞게 완성해 보세요.

❶ A: ____________ Philippe! 안녕 필립!

❷ B: ____________ Suzi! 안녕 수지!

❸ A: Comment ____________? 잘 지내?

❹ B: ____________ et toi? 잘 지내. 너는 어때?

❺ A: Moi aussi, ____________. 나도 아주 잘 지내고 있어.

2. être 동사와 형용사 content를 문장에 알맞게 변화시켜 보세요.

Je ________ content( )	Nous ________ content( )
Tu ________ content( )	Vous ________ content( )
Il ________ content( )	Ils ________ content( )
Elle ________ content( )	Elles ________ content( )

Comment allez-vous? 어떻게 지내세요?

Madame Kim: Monsieur Dubois comment allez-vous!

Monsieur Dubois: Je vais bien, merci!

Et vous, ça va bien?

Madame Kim: Moi aussi, je vais bien, merci!

Et, votre femme Sophie?

Elle va bien, elle aussi?

Monsieur Dubois: Ah, ma femme, elle ne va pas très bien en ce moment.

Elle est enrhumée.

Mme 김: 뒤부아 선생님, 어떻게 지내세요?
M. 뒤부아: 저는 잘 지냅니다. 감사합니다!
당신은요? 잘 지내시죠?
Mme 김: 네, 저 역시 잘 지내고 있어요. 감사합니다.
부인 쏘피 씨는요? 역시 잘 지내고 계신가요?
M. 뒤부아: 제 아내는 요즘 좀 몸이 안 좋아요.
감기에 걸렸거든요.

- □ allez 가다, 지내다(inf. aller)
- □ votre 당신의
- □ va 가다, 지내다(inf. aller)
- □ ne ~ pas ~아니다, ~하지 않다
- □ moment m. 순간
- □ en ce moment 지금, 현재
- □ enrhumé(e) 감기에 걸린

표현

앞의 〈대화 1〉은 얼굴을 익힌 사이이거나 가까운 관계의 사람들끼리 나누는 안부 인사라면, 예의를 갖춰야 하는 상대에게 안부를 물을 때는 다음과 같이 말한다.

Comment allez-vous?

존댓말을 써야 하고 예의를 갖춰야 하는 상대에게 안부를 물을 때는 'Comment allez-vous?'를 쓴다. 대답은 'Je vais bien, merci!'로 한다.

Ça va bien?

'Comment allez-vous?' 또는 'Vous allez bien?'과 같은 안부를 묻는 표현으로 '잘 지내고 계신가요?'의 뜻이다. 대답은 마찬가지로 'Je vais bien, merci!'로 한다.

- 질문 Comment allez-vous? 어떻게 지내십니까?
  Vous allez bien? 잘 지내고 계신가요?
  답 Je vais bien, merci! 잘 지내고 있어요, 감사합니다!

Elle ne va pas très bien en ce moment.

프랑스어의 부정문(~하지 않다, ~아니다)은 기본적으로 동사 앞뒤에 ne~pas를 넣어 만들 수 있다. 'Elle va très bien.(그녀는 잘 지낸다.)'은 부정문으로 바꾸면 동사 va의 앞뒤에 ne~pas를 넣어 'Elle ne va pas très bien.(그녀는 잘 지내고 있지 않다.)'이 된다.

1. 안부 인사를 나누는 다음 대화를 적절히 완성해 보세요.

❶ Madame Dubois, Comment ____________ ? 뒤부아 부인, 어떻게 지내세요?

❷ Je ____________, merci! 잘 지내고 있습니다. 감사합니다!

❸ Et vous, Monsieur Kim? ________________________? 김 선생님은요? 잘 지내고 계시죠?

❹ Oui, je ____________! 네, 아주 잘 지냅니다!

Et, votre mari? Il ____________? 남편께서도 안녕하시죠?

❺ Oui, il ____________! 네, 아주 잘 지내고 있어요!

2. 다음 être 동사를 부정형으로 변화시켜 보세요.

Je ____________ suis pas	Nous ____________ sommmes ____________
Tu n'es ____________	Vous n'etes ____________
Il n'est ____________	Ils ____________ sont ____________
Elle ____________ pas	Elles ____________ sont ____________

ne 뒤에 모음으로 시작되는 단어가 올 경우 n'~로 축약된다.
ne + es → n'es / ne + est → n'est

문법

Aller 동사

'가다'를 의미하는 aller 동사는 불규칙 동사로 다음과 같이 불규칙적으로 변한다. '가다'의 뜻도 있지만 aller 동사는 '지내다, (옷, 신발 따위가) 어울리다'의 표현에도 쓰인다.

■ Aller 동사의 변화

Je vais 나는 간다	Nous allons 우리는 간다
Tu vas 너는 간다	Vous allez 당신은(너희들은, 당신들은) 간다
Il/Elle va 그는(그녀는) 간다	Ils/Elles vont 그들은(그녀들은) 간다

aller 동사 뒤 장소를 나타내는 명사 앞에 '~에'의 뜻인 전치사 à를 써서 '~에 가다'라는 표현을 만들 수 있다.

- Je vais à Paris. 나는 파리에 간다.
- Tu vas où? 너 어디 가니?
- Elle va à Séoul. 그녀는 서울에 간다.
- Nous allons à la maison. 우리는 집에 간다.
- Vous allez où? 어디 가시나요?
- Ils vont à l'hôtel. 그들은 호텔로 간다.

강세형 인칭대명사

강세형 인칭대명사는 주어를 강조할 때 사용한다. 상대방에게 되물을 때도 'Et toi?(너는 어때?)', 'Et vous?(당신은 어때요?)'처럼 강세형 인칭대명사가 쓰인다.

■ 강세형 인칭대명사

je 나	moi	nous 우리	nous
tu 너	toi	vous 당신(너희들, 당신들)	vous

- Louis: Je m'appelle Louis. Et toi? 내 이름은 루이야. 너는?
- Aude: Moi, je m'appelle Aude. 나, 나는 오드라고 해.

Ne ~ pas 부정문: ~아니다, ~하지 않다

부정문은 주어 + ne + 동사 + pas의 형태로 동사 앞뒤에 ne와 pas를 넣어 만든다.

긍정 Je suis content. 나는 만족한다.
부정 Je ne suis pas content. 나는 만족하지 않는다.
긍정 Je vais à la maison. 나는 집에 간다.
부정 Je ne vais pas à la maison. 나는 집에 가지 않는다.
긍정 Je suis coréenne. 나는 한국 사람입니다.
부정 Je ne suis pas coréenne. 나는 한국 사람이 아닙니다.

Aller 동사를 부정형으로 변화시키면 다음과 같다.

Je ne vais pas	Nous n'allons pas
Tu ne vas pas	Vous n'allez pas
Il ne va pas	Ils ne vont pas
Elle ne va pas	Elles ne vont pas

- Je ne vais pas à Paris. 나는 파리에 가지 않는다.
- Tu ne vas pas à l'école? 너 학교 안 가니?
- Nous n'allons pas à l'aéroport. 우리는 공항에 안 가요.
- Elles ne vont pas en Corée. 그녀들은 한국에 가지 않는다.

확인

1. Aller 동사 변화를 완성하고 우리말로 옮겨 보세요.

Je ___________ à Séoul.	Nous ___________ au café.
Tu ___________ à la maison.	Vous ___________ à l'aéroport.
Il ___________ à l'école.	Elles ___________ à l'hôtel.

2. 위의 Aller 동사 문장을 부정문으로 바꿔 보세요.

Je ______________________	Nous ______________________
Tu ______________________	Vous ______________________
Il ______________________	Elles ______________________

3. 빈칸에 알맞은 강세형 인칭대명사를 넣어 완성해 보세요.

❶ Salut, Michel! Tu vas bien, _________?

❷ Salut, Anne! _________, je vais bien, merci! Et _________?

❸ Enchanté! Je m'appelle Jean. Et _________, Madame?

❹ Enchantée! _________ je m'appelle Mina.

❺ Nous allons à Séoul. Et _________, vous allez où?

❻ _________ aussi, nous allons à Séoul.

회화

Track 19

Madame Dubois:	Oh! Bonjour, Jina!
Jina Lee:	Bonjour, Madame Dubois!
	Comment allez-vous?
Madame Dubois:	Je vais bien, merci!
	Et vous, ça va bien?
Jina Lee:	Très bien, merci!
	Salut Nicolas! Comment ça va, toi?
Nicolas:	Moi aussi, je vais bien, merci!
Jina Lee:	Je suis contente de vous voir!
Madame Dubois:	Moi aussi, je suis très contente de vous voir.

Mme 뒤부아: 아! 안녕하세요.
이지나: 안녕하세요, 뒤부아 부인! 어떻게 지내세요?
Mme 뒤부아: 잘 지내고 있어요. 감사합니다! 선생님은요? 잘 지내시죠?
이지나: 네, 아주 잘 지내요. 감사합니다! 안녕 니꼴라! 너는 어떻게 지내니?
니꼴라: 저도요, 아주 잘 지내고 있어요! 감사합니다!
이지나: 이렇게 부인과 니꼴라를 만나서 기쁩니다.
Mme 뒤부아: 저도요, 이렇게 이 선생님을 보니 아주 좋아요.

1. 다음 안부 인사와 답을 프랑스어로 써 보세요.

❶ 안녕!

____

❷ 어떻게 지내시나요?

____

❸ 너 잘 지내니?

____

❹ 어떻게 지내?

____

❺ 잘 지내시죠?

____

❻ 저는 잘 지냅니다.

____

❼ 저도요.

____

❽ 저는 그리 잘 지내지 못해요.

____

감사의 표현

감사의 표현은 'Merci!'이며 Merci에 대해 'Je vous en prie!(별 말씀을요, 천만에요)'로 예의를 갖춰 답할 수 있다. 'De rien!' 역시 '아니에요, 별거 아닌 걸요!'의 의미로 간단히 쓸 수 있다. Merci 뒤에 beaucoup(많이, 매우)를 붙이면 더 강조하는 표현이 된다.

- Merci! 감사합니다.
- Merci beaucoup! 대단히 감사합니다.
- Je vous en prie! 별말씀을요.
- De rien! 별거 아닌 걸요.

'Non, merci!'는 영어의 'No, thank you!'와 같은 뜻으로 정중한 사양, 거절, 즉 '아니요, 고맙지만 됐어요!'가 된다.

- Non, merci! 괜찮습니다. 됐습니다.

사과의 표현

실례가 되거나 미안한 행동을 했을 때는 다음과 같은 사과의 말을 할 수 있다. 'Pardon!'은 '실례합니다, 죄송합니다!'라는 표현으로 영어의 'Sorry!'에 해당한다. 모르는 사람에게 무엇을 부탁하거나 물어볼 때도 쓸 수 있다. 또 끝을 올려 'Pardon?'이라고 하면 상대의 말을 되물을 때 쓰는 표현으로 '뭐라고 말씀하셨죠?'의 뜻이 된다.

- Pardon! 실례합니다. 미안합니다.
- Je suis désolé(e)! 미안합니다. 유감스럽습니다.
- Excusez-moi! 미안합니다. 죄송합니다.
- Pardon? (미안하지만) 다시 한 번 말씀해 주시겠어요?

누군가 미안하다고 사과의 말을 할 때 '괜찮습니다, 상관없습니다, 별거 아닙니다!'라고 답할 수 있는데, 이를 구어에서는 보통 줄여서 'C'est pas grave!'로 한다. 'Ce n'est pas grave!'에서 부정어 ne를 생략한 것이다.

- Oh, excusez-moi! 오, 죄송합니다!
- Ce n'est pas grave! 괜찮습니다!
- C'est pas grave! 괜찮아요!, 별거 아닌걸요!

연습문제

1 다음을 듣고 빈칸을 채워 보세요. Track 20

1. Oh! ______ Michel! ______ bien?
2. ______ Anne! ______ merci! Et toi?
3. ______ Monsieur! Vous allez où?
4. ______, je vais à Londres. Et ______?
5. Moi, je ______ à Londres. Je ______ à Paris.

2 다음을 프랑스어로 옮겨 보세요.

1. 다시 한 번 말씀해 주시겠어요? ______
2. 부인께서는 잘 지내고 계신가요? ______
3. 네, 제 아내는 아주 잘 지냅니다. 감사합니다. ______
4. 너 학교 가니? ______
5. 아니, 나 학교 안 가. ______

3 Aller 동사 변화와 뒤에 장소에 해당하는 단어를 완성해 보세요.

Je ______ à la ______. 나는 집에 간다.	Nous ______ à ______. 우리는 런던에 간다.
Tu ______ ______? 너 어디 가니?	Vous ______ à l' ______. 당신들은 호텔로 간다.
Il ______ au ______. 그는 식당에 간다.	Elles ______ au ______. 그녀들은 카페에 간다.

4 다음 단어들을 적절히 조합해 감사의 표현과 사과의 표현을 만들어 보세요.

je merci non de en prie vous pardon grave suis
beaucoup rien désolé(e) moi excusez ne ~ pas

______

______

Culture française

La classe moyenne en France
프랑스의 중산층

프랑스어에서 Classe moyenne(중산층)는 말 그대로 사회의 중간층을 형성하고 있는 50%의 시민을 의미한다.

프랑스의 중산층은 물질적·경제적인 기준으로 봤을 때 수입 수준이 상위 20%와 하위 30%를 뺀 중간 계층으로 정의하고 있다. 월수입으로 분류하면 세금을 모두 제하고 난 뒤 혼자일 때 1245~2259유로, 두 명일 때 2435~4378유로, 자녀가 둘 있는 4인 가족일 때 3253~5609유로 수준에 분포된다(프랑스 국립통계청 2015년 자료).

한편 정신적·사회적인 부분에 중점을 두고 봤을 때는 다음과 같은 것들이 프랑스 중산층의 기준으로 꼽힌다.

* 외국어를 하나 정도는 할 수 있다.
* 직접 즐기는 스포츠가 있다.
* 다룰 줄 아는 악기가 있다.
* 남들과는 다른 맛을 낼 수 있는 요리를 만들 줄 안다.
* '사회적 공분(公憤)'에 의연히 참여한다.
* 약자를 도우며 봉사활동을 꾸준히 한다.

05 사람/사물에 대해 묻기

학습 목표

- 사람/사물에 대한 질문하기
- 사람/사물 묘사하기
- 형용사의 여성형/복수형
- 지시 형용사
- 소유 형용사

대화 ①

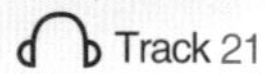

Qu'est-ce que c'est? 이게 뭐야?

Mina: Marion, qu'est-ce que c'est?

Marion: C'est un vase.

Mina: Oh, il est très grand, mais il est joli!

Marion: C'est le cadeau d'anniversaire pour ma mère.
Son anniversaire est demain.

Mina: Ah bon! Les couleurs sont vraiment superbes!

Marion: Ce sont les couleurs préférées de ma mère.

미나: 마리옹, 이게 뭐야?
마리옹: 그건 꽃병이야.
미나: 아, 엄청 크긴 한데 예쁘네.
마리옹: 그거 엄마를 위한 생일 선물이야.
내일 엄마 생신이시거든.
미나: 아 그렇구나! 색깔이 정말 멋져.
마리옹: 엄마가 좋아하는 색깔들이야.

어휘

- □ qu'est-ce que 무엇(의문 대명사)
- □ vase m. 꽃병
- □ grand(e) 큰
- □ mais 그러나
- □ cadeau m. 선물
- □ de ~의
- □ anniversaire m. 생일, 기념일
- □ pour ~에게, ~를 위해(전치사)
- □ son 그의, 그녀의(소유 형용사)
- □ demain 내일
- □ Ah bon! 그래? 그렇구나!(상대의 말에 맞장구치며 주의를 환기시키는 표현)
- □ couleur f. 색깔
- □ vraiment 정말로, 실제로, 매우, 대단히
- □ superbe 멋진, 훌륭한, 아주 좋은
- □ ce 이것, 저것, 그것(지시 대명사)
- □ ce sont 이것, 저것, 그것은 ~이다(+ 복수 명사가 옴)
- □ préféré(e) 선호하는, 좋아하는

표현

Qu'est-ce que c'est?

'이것은 무엇입니까?'의 의미로 사물에 대한 질문 표현이다. 의문대명사 Qu'est-ce que(무엇)에, c'est(이것은 ~이다)를 붙여 만든 의문문이다. 'Qu'est-ce que c'est?'로 물었을 때는 보통 c'est~(단수), 또는 ce sont~(복수)으로 답한다.

- 질문 Qu'est-ce que c'est? 이것은 무엇인가요?
  답 C'est une baguette. 그것은 바게트입니다.
  답 Ce sont des croissants. 그것들은 크루아상입니다.

C'est~ /Ce sont~

'이것(저것)은 ~이다, 이것(저것)들은 ~이다'이다. 뒤에 복수 명사가 따라올 때는 être 동사의 복수형인 sont을 써서 'Ce sont~'이 된다. 여성 단수 명사 baguette(바게트)를 붙여 'C'est une baguette.(그것은 바게트이다.)', 남성 복수 명사 croissants이 올 경우 'Ce sont des croissants.(이것들은 크루아상들이다.)'로 쓴다.

- C'est un foulard. 그것은 스카프이다.
- Ce sont des foulards. 그것들은 스카프들입니다.
- C'est une maison. 그것은 집입니다.
- Ce sont des maisons. 그것들은 집들입니다.

C'est le cadeau d'anniversaire pour ma mère.

C'est 뒤에 le cadeau d'anniversaire pour ma mère(엄마를 위한 생일 선물)처럼 특정한 것이 올 때는 부정관사 대신 정관사를 쓴다. 모음이나 무음 h로 시작되는 단수 명사 앞에서는 d'anniversaire처럼 de가 d'로 축약된다.

- C'est le cadeau d'anniversaire pour ma mère. 그건 우리 엄마 생일 선물이야.
- C'est la Seine. 저건 센 강이야.
- Ce sont les couleurs préférées de ma fille. 그게 제 딸이 좋아하는 색깔들입니다.

대화 ②

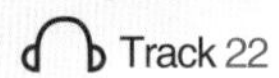

Track 22

Il est comment ton petit ami? 네 남자 친구 어때?

Mina: Marion, il est comment ton petit ami?

Marion: Il est très grand et mince.

C'est un anglais.

Mina: Il a les cheveux blonds?

Marion: Non, il a les cheveux châtain.

Je te montre sa photo, si tu veux.

Mina: Oui, je veux bien.

Il a les yeux bleus.

Il est beau, ton petit ami!

Mais… qui est cette fille à côté de lui.

Marion: Voyons Mina, c'est moi ça!

미나: 마리옹, 네 남자 친구 어때?
마리옹: 키가 아주 크고 날씬해.
영국 남자야.
미나 : 금발이야?
마리옹: 아니, 갈색 머리야.
원하면 사진 보여 줄게.
미나: 응, 보고 싶어.
눈동자가 푸른색이네.
남자 친구가 미남이네.
그런데… 남자 친구 옆에 이 여자는 누구야?
마리옹: 미나, 그건 나잖아!

어휘

- □ ton 너의(남성 단수 명사 앞에 씀)
- □ petit(e) 작은, 어린, 귀여운, 사랑스러운
- □ ami(e) 친구
- □ petit(e) ami(e) 애인, 연인
- □ homme m. 남자
- □ anglais(e) 영국인
- □ grand(e) 큰, 키가 큰
- □ mince 날씬한, 가는
- □ cheveux m.pl. 머리카락
- □ blond(e) 금발의
- □ châtain(e) 밤색의, 갈색의
- □ montre 보여 주다(inf. montrer)
- □ sa 그의(여성 단수 명사 앞에 씀)
- □ photo f. 사진
- □ si ~라면
- □ veux 원하다, 바라다(inf. vouloir)
- □ yeux m.pl. 눈
- □ bleu(e) 파란, 푸른색의
- □ beau(bel, belle) 아름다운, 예쁜, 잘생긴
- □ qui 누가, 누구
- □ ce(cet, cette) 이, 그, 저(지시형용사)
- □ fille f. 젊은 여자
- □ à côté de~ ~의 옆에
- □ voyons! 자, 자아(주의 환기)

표현

Il est comment ton petit ami?

사람에 대해 물을 때 '어떤, 어떻게'의 뜻인 comment을 써서 'Il est comment?(그는 어때?)' 또는 'Elle est comment?(그녀는 어때?)'로 말한다. ami(e) 앞에 petit(e)라는 형용사를 붙이면 '작은 친구'가 아니라 '애인'의 뜻이다.

- Elle est comment, ta petite amie? 너의 여자 친구는 어때?
- Elle est jolie et très drôle. 그녀는 예쁘고 아주 재미있어.
- Il est comment, ton chat? 너의 고양이는 어때?
- Il est petit et marron. 내 고양이는 작고 갈색이야.

Il a les cheveux blonds?

cheveux는 남성 복수 명사로 프랑스어에서는 이를 수식하는 형용사도 남성 복수형으로 빈드시 성·수 일치를 시켜야 한다. 그리고 국적, 형태, 색깔 등을 나타내는 일반 형용사들은 한국어나 영어와 달리 명사 뒤에 놓는다.

- Cheveux blonds 금발
- Table ronde 원탁
- Voiture anglaise 영국 자동차
- Chat noir 검은 고양이

Je te montre sa photo, si tu veux.

si는 '~라면'으로 뒤에 주어 + 동사를 붙여 단순 가정문을 만들 수 있다.

1. 대화 내용에 알맞게 빈칸을 채워 보세요.

질문 Il est comment, ton petit ami?

답 ❶ Il est ___________ et ___________. 그는 매우 키가 크고, 잘생겼어.

❷ Il a ______________________. 그는 푸른 눈을 가지고 있어.

❸ Il a ___________. 그는 갈색 머리야.

2. 다음 단어를 활용해 문장을 적절히 완성해 보세요. (성·수 일치 유의)

C'est Il les long très yeux Elle blond belle cheveux
grand a est ma noir petit moi qui drôle ce marron

질문 Qui est-ce?

❶ 그녀는 저의 여자 친구입니다.
그녀는 머리카락이 검은색이고 깁니다.
그녀의 눈동자는 갈색입니다.

❷ 그는 내 남자 친구에요.
그는 금발입니다.
그는 아주 재미있어요.

문법

형용사의 여성형

프랑스어에서는 명사를 수식해 주는 형용사도 수식을 받는 명사에 따라 남성형, 여성형을 구별해 써야 한다. 형용사의 여성형은 일반적으로 남성형 형용사 끝에 여성형 어미 'e'를 붙여 만든다.

- petit - petite (작은)
- joli - jolie (예쁜)
- grand - grande (큰)
- content - contente (만족스러운)

그러나 -en이나 -on으로 끝나는 형용사의 경우 끝에 n을 한 번 더 반복하고 e를 붙인다.

- bon - bonne (좋은)
- coréen - coréenne (한국의)
- mignon - mignonne (귀여운)
- italien - italienne (이탈리아의)

-er로 끝나는 경우 -ère가 되고, -eux로 끝나는 경우 -euse가 된다.

- cher - chère (비싼, 귀중한)
- heureux - heureuse (행복한)
- premier - première (첫 번째의)
- courageux - courageuse (용감한)

-e로 끝나는 형용사의 경우 그대로 여성형이 된다. 즉 남성형, 여성형이 같다. -f로 끝나는 경우 -ve가 된다.

- pauvre - pauvre (가난한)
- actif - active (활동적인)
- malade - malade (아픈)
- neuf - neuve (새것의)

또 남성형이 두 가지인 형용사가 있는데, 아래 형용사는 모음이나 무음의 h로 시작되는 남성 명사 앞에서 남성 제2형을 사용한다. 여성형은 남성 제2형을 가지고 만든다.

남성 제1형	남성 제2형	여성형
beau	bel	belle (아름다운)
nouveau	nouvel	nouvelle (새로운)
vieux	vieil	vieille (늙은, 오래된)

- beau visage 아름다운 얼굴
- nouveau monde 새로운 세계
- vieux chat 늙은 고양이
- bel homme 아름다운 남자
- nouvel an 새해
- vieil ami 오랜 친구
- belle femme 아름다운 여자
- nouvelle vague 새로운 물결
- vieille maison 오래된 집

형용사의 복수형

일반적으로 형용사의 복수는 남성, 여성 형용사 단수형 끝에 -s를 붙인다.

- Il est content. 그는 만족한다.
- Elle est triste. 그녀는 슬프다.
- Je suis jeune. 나는 젊다.
- Ils sont contents. 그들은 만족한다.
- Elles sont tristes. 그녀들은 슬프다.
- Nous sommes jeunes. 우리는 젊다.

하지만 일부 형용사는 다음과 같은 규칙을 따른다. -s, -x로 끝나면 그대로, -eau로 끝나면 -eaux로, -al로 끝나면 -aux로 복수형을 만든다. 여성 복수형의 경우 예외 없이 여성 단수형에 '-s'만 붙이면 된다.

남성 단수	남성 복수	여성 단수	여성 복수
français	français	française	françaises
heureux	heureux	heureuse	heureuses
beau	beaux	belle	belles
nouveau	nouveaux	nouvelle	nouvelles
national	nationaux	nationale	nationales
original	originaux	originale	originales

형용사의 성 · 수 일치

수식을 받는 명사의 성과 수에 따라 형용사의 성·수도 일치를 시켜야 한다.

- Il est fatigué. 그는 피곤하다.
- Elle est fatiguée. 그녀는 피곤하다.
- Ils sont fatigués. 그들은 피곤하다.
- Elles sont fatiguées. 그녀들은 피곤하다.
- Il est heureux. 그는 행복하다.
- Elle est heureuse. 그녀는 행복하다.
- Ils sont heureux. 그들은 행복하다.
- Elles sont heureuses. 그녀들은 행복하다.

주어가 남성(Il)일 때는 형용사의 남성형 heureux가 쓰였지만, 주어가 여성(Elle)일 때는 형용사 heureux의 여성형 heureuse를 써야 한다. 여성 복수일 때는 복수형 어미 s를 더 붙인다. heureux처럼 -s나 -x로 끝나는 형용사의 경우는 남성 단수와 남성 복수가 똑같다. 수식 받는 명사에 남성 여성이 섞여 있을 경우 남성 복수로 취급한다.

- Il est courageux. 그는 용감하다.
- Elle est courageuse. 그녀는 용감하다.
- Ils sont courageux 그들은 용감하다.
- Elles sont courageuses. 그녀들은 용감하다.
- Paul et sa femme sont courageux. 폴과 그의 아내는 용감하다.

형용사의 위치

한국어나 영어와는 달리 프랑스어에서는 일반적으로 형용사를 명사 뒤에 놓는다. 즉 '명사 + 형용사'의 순서이다.

- un ami français 프랑스 친구(남성)
- une amie anglaise 영국 친구(여성)
- un pantalon long 긴 바지
- une table ronde 동그란 테이블
- Le Moulin Rouge 물랑루즈(빨간 풍차)
- La Maison Blanche 백악관(하얀 집)

이처럼 국적, 형태, 색깔 등을 나타내는 일반 형용사는 명사 뒤에 놓는다. 그러나 'bon(ne)(좋은), mauvais(e)(나쁜), grand(e)(큰), petit(e)(작은), beau(bel, belle)(예쁜, 잘생긴), nouveau(nouvel, nouvelle)(새로운)' 같이 아주 흔히 쓰이는 몇몇 형용사는 예외적으로 명사 앞에 놓는다.

- un bon souvenir 좋은 추억
- une mauvaise réputation 나쁜 평판
- un petit garçon 작은 소년
- une grande voiture 큰 차
- un beau matin 멋진 아침
- une belle robe 아름다운 드레스

1. 다음 형용사를 여성형으로 바꿔 쓰세요.

❶ Marc est beau. → Céline est ____________.

❷ Mon fils est mignon. → Ma fille est ____________.

❸ Il est heureux. → Elle est ____________.

2. (　　) 안의 형용사를 알맞게 바꿔 보세요.

❶ une (beau) histoire d'amour

❷ un (nouveau) appartement

❸ des chiens (noir)

❹ des amies (français)

❺ des hommes (courageux)

❻ une femme (actif)

회화

Track 23

Mina:	Bonjour, Madame!
Vendeuse:	Bonjour!
Mina:	Qu'est-ce que c'est?
	En fait, je cherche un cadeau d'anniversaire pour ma sœur.
Vendeuse:	C'est un foulard en soie.
Mina:	Oh, c'est joli!
Vendeuse:	Oui, c'est très joli!
	Les couleurs sont vraiment magnifiques!
Mina:	C'est vrai!
	Mais c'est un peu grand pour ma sœur.
Vendeuse:	Comment est-elle?
Mina:	Elle est petite et mince.
Vendeuse:	Ah bon!
	Alors, je vous montre le même foulard d'une taille plus petite.

미나: 안녕하세요!
판매원: 안녕하세요!
미나: 이게 뭐죠?
실은 제가 제 여동생의 생일 선물을 찾고 있는데요.
판매원: 그건 실크 스카프입니다.
미나: 아, 예쁘네요!
판매원: 네, 아주 예뻐요!
색깔이 정말 멋지죠.
미나: 정말 그렇네요! 그런데 제 여동생에게는 좀 크겠네요.
판매원: 여동생분이 어떻죠?
미나: 키가 작고 날씬해요.
판매원: 그렇군요!
그럼 제가 같은 스카프의 더 작은 사이즈를 보여 드릴게요.

어휘

- □ en fait 실은, 실제는
- □ cherche 찾다 (inf. chercher)
- □ foulard m. 스카프
- □ en ~로, ~로 된(재료, 재질)
- □ soie f. 실크
- □ magnifique 멋진, 화려한
- □ vrai 사실의, 진짜의
- □ un peu 약간
- □ alors 그러면
- □ même 같은
- □ taille f. 크기, 키
- □ plus 더 ~한

지시 형용사

우리말 '이/저/그'에 해당하는 지시어로 쓰이는데, 이때는 명사 앞에 붙어 뒤에 오는 명사의 성·수에 따라 다음과 같이 변한다. 모음이나 무음 h로 시작되는 남성 단수 명사 앞에서는 ce 대신 cet를 쓴다.

남성 단수	여성 단수	남녀 복수
ce/cet	cette	ces

- Ce garçon est beau. 저 소년은 잘생겼다.
- Cet homme est gentil. 저 남성은 친절하다.
- Cette fille est intelligente 저 여자아이는 똑똑하다.
- Ces hommes sont courageux. 저 남성들은 용감하다.
- Ces femmes sont belles. 저 여성들은 아름답다.

시간을 나타내는 명사 앞에서는 현재와 가까운 시간을 나타낸다.

- ce matin 오늘 아침
- cet après-midi 오늘 오후
- ce soir 오늘 저녁
- cette nuit 오늘 밤
- ce dimanche 이번 주 일요일
- cet été 올여름

Notez bien!

Ce는 위에서처럼 지시 형용사로 쓰이거나 또는 아래와 같이 지시 대명사로도 쓰인다.
- C'est mon fils. 그는 내 아들이다.
- C'est bon! 이거 맛있네!
- C'est une très belle maison. 그것은 아주 아름다운 집입니다.

소유 형용사

	나의	너의	그의(그녀의)
남성 단수	mon	ton	son
여성 단수	ma	ta	sa
남녀 복수	mes	tes	ses

소유 형용사 역시 뒤에 따라오는 명사에 성·수 일치를 시켜야 한다. 예를 들어 mère(어머니) 앞에 '나의'라는 소유 형용사를 붙이려면 여성 단수형인 ma를 써서 ma mère로 쓰고, 남성 명사인 père(아버지) 앞에 소유 형용사 '너의'를 붙이려면 남성 단수형인 ton을 써서 ton père(너의 아버지)로 쓴다.

아버지	mon père(나의 아버지)	ton père(너의 아버지)	son père(그의 아버지)
어머니	ma mère(나의 어머니)	ta mère(너의 어머니)	sa mère(그의 어머니)
형제들	mes frères(나의 형제들)	tes frères(너의 형제들)	ses frères(그의 형제들)
자매들	mes sœurs(나의 자매들)	tes sœurs(너의 자매들)	ses sœurs(그의 자매들)
남편	mon mari(나의 남편)	ton mari(너의 남편)	son mari(그의 남편)
아내	ma femme(나의 아내)	ta femme(너의 아내)	sa femme(그의 아내)

연습문제

1 다음을 듣고 빈칸을 채워 보세요. Track 24

1. ______ c'est?
2. ______ bouteille de parfum.
3. ______ ce?
4. C'est ______ !
5. ______ comment ton petit ami?
6. ______ très ______ !

2 다음 그림을 보고 알맞게 답해 보세요.

1. Il est comment ton chat?
2. Elle est comment sa fille?

3 올바른 지시 형용사를 골라 쓰세요.

ce   cet   cette   ces

1. ______ homme est très gentil.
2. ______ fille a 7 ans.
3. ______ couleurs sont vraiment superbes.
4. ______ foulard est un peu cher.

4 다음을 프랑스어로 옮겨 보세요.

1. 저 작은 강아지는 아주 착하네요. ______ .
2. 너는 프랑스 친구(여성 단수)가 있니? ______ .
3. 그녀들은 매우 행복합니다. ______ .
4. 저것은 오래된 집입니다. ______ .
5. 이것은 나의 새 차입니다. ______ .
6. 그의 아이들은 귀여워요. ______ .

Mon ami(e)

내 친구

Mon ami, 말 그대로의 의미는 '내 친구'이다. 그러나 프랑스 사람들이 말하는 Mon ami 또는 Mon amie(여자일 경우)는 그냥 친구가 아닌 '애인' 관계임을 뜻한다. 이성 간에 그냥 친구일 경우에는 소유 형용사 Mon(나의) 대신 부정관사를 써서 Un ami('남자 사람 친구'), 또는 Une amie('여자 사람 친구')로 표현한다. 애인 관계임을 더 확실히 밝히고자 할 때는 형용사 'petit(e)'를 붙인다. 즉 Mon petit ami(남자일 경우), 또는 Ma petite amie(여자일 경우)가 되는데, 이는 '나의 작은 친구'가 아니라 '나의 애인', '나의 연인'의 뜻이다.

그래서 남자가 여자를 소개하며 Mon amie(또는 Ma petite amie)라고 하면 '사귀는 여자 친구', 여자가 남자를 소개하며 Mon ami(또는 Mon petit ami)라고 하면 '사귀는 남자 친구'인 것이다. 그러므로 Mon ami(e)라는 소개를 받았을 때는 상대방의 애인임을 인식하고 그에 맞는 응대를 해 주는 것이 예의이다. 혹 그냥 친구인 사람을 소개하면서 un(e) ami(e)라고 해야 할 것을 Mon ami(e)로 잘못 말하면 오해를 유발할 수도 있다.

LEÇON 06

원하는 것/ 좋아하는 것 말하기

학습 목표

- 원하는 것/하고 싶은 것 말하기
- 좋아하는 것 말하기
- Vouloir 동사
- 1군 규칙 동사의 변화
- 정관사
- 부분 관사

대화 ①

Track 25

Je veux voir un bon film français.

프랑스 영화 한 편 보고 싶어.

Devant le cinéma>

Paul: Tu veux voir quel film Jina?

Jina: Je veux voir un bon film français.

Paul: Et toi Minho, tu veux voir quel film?

Il y a un film français.

C'est une histoire d'amour.

Et il y a aussi un film d'action.

Minho: Moi, je veux voir un film d'action.

Et toi, Paul?

Paul: Euh… moi, en fait…

je veux d'abord aller manger quelque chose.

영화관 앞에서〉

뽈: 지나, 너는 어떤 영화 보고 싶어?

지나: 나는 좋은 프랑스 영화 한 편 보고 싶어.

뽈: 민호 너는 어떤 영화 보고 싶어?

프랑스 영화가 있어, 사랑 이야기야.

그리고 액션 영화도 있고.

민호: 나는 액션 영화 보고 싶어. 뽈 너는?

뽈: 으… 나는 사실… 먼저 뭐 좀 먹으러 가고 싶어.

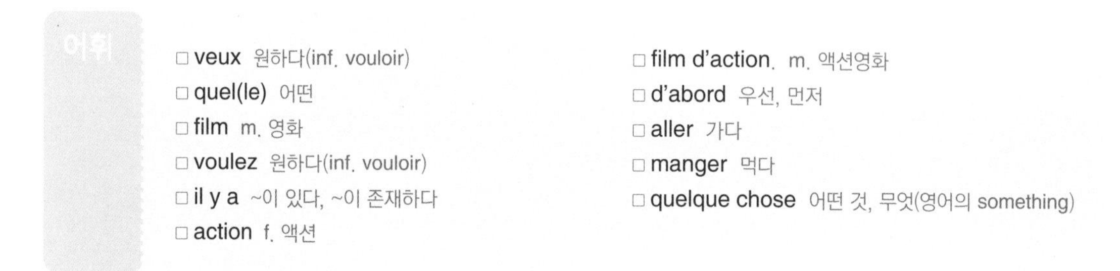

어휘

- □ veux 원하다(inf. vouloir)
- □ quel(le) 어떤
- □ film m. 영화
- □ voulez 원하다(inf. vouloir)
- □ il y a ~이 있다, ~이 존재하다
- □ action f. 액션
- □ film d'action. m. 액션영화
- □ d'abord 우선, 먼저
- □ aller 가다
- □ manger 먹다
- □ quelque chose 어떤 것, 무엇(영어의 something)

표현

Je veux voir un bon film français.

'나는 ~을 원한다, 나는 ~을 하고 싶다'는 vouloir(원하다) 동사로 표현할 수 있다. vouloir 동사 뒤에 명사를 쓰면 '~을 원한다', 동사 원형을 쓰면 '~을 하고 싶다'가 된다.

- Je veux du fromage. 나는 치즈를 원해. (또는 치즈 좀 줘.)
- Je veux un verre d'eau. 나는 물 한 잔을 원해요.
- Je veux des chaussures noires. 저는 검은색 신발을 원합니다.
- Je veux aller à Paris. 나는 파리에 가고 싶어.
- Je veux manger du pain. 나는 빵을 먹고 싶어요.
- Je veux dormir. 나는 자고 싶어요.

또 '나는 무엇을 원합니다, ~ 좀 주세요, ~을 하고 싶어요'는 vouloir 동사의 조건법 형태인 voudrais를 써서 Je voudrais + 명사(또는 동사 원형)으로 말할 수 있다. 이렇게 'Je veux~' 대신에 'Je voudrais~'로 말하면 좀 더 완곡하고 공손한 표현이 된다.

- Je voudrais du fromage. 저는 치즈를 원해요. / 치즈 좀 주세요.
- Je voudrais un verre d'eau. 나는 물 한 잔을 원해요. / 물 한 잔만 주세요.
- Je voudrais des chaussures noires. 저는 검은색 신발을 원합니다. / 검은색 신발 좀 주시겠어요.
- Je voudrais aller à Paris. 저는 파리에 가고 싶어요.
- Je voudrais manger du pain. 나는 빵을 먹고 싶어요. / 빵 좀 주시겠어요.
- Je voudrais dormir. 잠 좀 자고 싶습니다.

Notez bien!

~좀 주세요!

무엇이든 원하는 것이 있을 때는 'Je voudrais + 명사, s'il vous plaît!'로 말하면 된다.

Je voudrais une baguette, s'il vous plaît! 바게트 하나만 주세요!

Il y a un film français.

'Il y a~'는 '~이 있다'라는 뜻의 비인칭 구문으로 'Il y a~' 뒤에 사람, 사물 등의 명사를 쓰면 '그것이 있다'라는 표현이 된다.

- Il y a un chat noir dans le jardin. 정원에 검은 고양이 한 마리가 있다.
- Il y a une petite fille à la maison. 집안에 작은 소녀가 있다.

확인

1. 다음 단어를 활용해 원하는 것과 하고 싶은 것을 말해 보세요.

veux　croissant　film　voir　action　avoir　un(e)　sandwich
la　dormir　baguette　coréen(ne)　manger　bon(ne)
Paris　français(e)　le　aller　cinéma　du　chaussures
café　des　prendre　à　concert　je　de la　boire　vin

❶ 

❷ 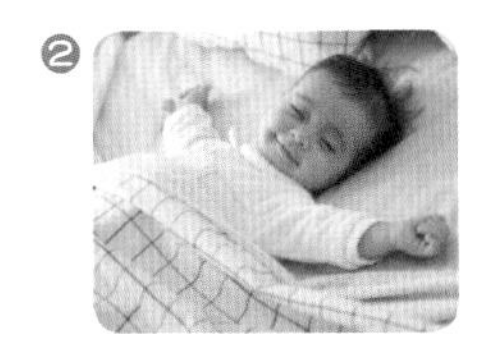

❸ 

2. 다음을 공손하고 완곡한 표현으로 바꿔 보세요.

❶ Je veux aller aux Champs-Élysées. ____________________

❷ Je veux du vin blanc. ____________________

❸ Je veux réserver une chambre. ____________________

대화 ②

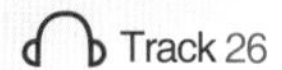
Track 26

J'adore la cuisine française! 나는 프랑스 요리가 좋아!

Suzi: Je vais en France pendant mes vacances.

Jina: Ah bon? Qu'est-ce que tu vas faire là-bas?

Suzi: Je vais faire un tour gastronomique.

Jina: Tu aimes la cuisine française?

Suzi: Oui, j'adore la cuisine française.
Et puis, j'aimerais bien voyager dans le Midi.

Jina: C'est superbe!
Moi aussi, j'aimerais bien aller en France,
et puis, j'aimerais bien voir la Méditerranée.

Suzi: Tu veux venir avec moi en vacances?

Jina: J'aimerais bien, mais je n'ai pas de vacances.

수지: 나 바캉스 동안 프랑스에 가.
지나: 아 그래? 프랑스에서 뭐 할 거야?
수지: 식도락 여행을 할 거야.
지나: 프랑스 요리 좋아하니?
수지 : 그럼, 프랑스 요리 아주 좋아해. 그리고 남프랑스에서 여행을 좀 하고 싶어.
지나: 와 멋지다!
나도 프랑스에 가고 싶고, 지중해도 보고 싶다.
수지: 휴가 나랑 같이 갈래?
지나: 그러고 싶지만 나는 휴가가 없어.

- □ en ~에(여성 국가명 앞에 쓰이는 전치사)
- □ pendant ~동안에
- □ mes 나의(소유 형용사 복수)
- □ vacances f.pl. 휴가, 바캉스
- □ faire ~을 하다
- □ là-bas 거기, 거기서
- □ tour m. 한 바퀴 돌기, 투어
- □ gastronomique 식도락의
- □ aimes 좋아하다, 사랑하다(inf. aimer)
- □ cuisine f. 요리
- □ adore 좋아하다, 많이 아끼다(inf. adorer)
- □ aimerais 좋아하다(aimer 동사의 조건법 형태)
- □ voyager 여행하다
- □ dans ~안에, ~안에서
- □ Midi m. 프랑스 남부
- □ Méditerranée f. 지중해
- □ partir 떠나다
- □ avec ~와 함께

Qu'est-ce que tu vas faire?

Qu'est-ce que는 '무엇을'이라는 뜻의 의문대명사이고, tu vas faire의 vas faire는 **aller + faire 동사 원형**으로 가까운 미래를 표현한다. 즉 'tu vas faire~'는 '너는 (곧) ~을 할 것이다'가 된다.

- Je fais 나는 한다
- Tu fais 너는 한다
- Il/Elle fait 그는(그녀는) 한다
- Nous faisons 우리는 한다

- Je vais faire 나는 할 것이다
- Tu vas faire 너는 할 것이다
- Il/Elle va faire 그는(그녀는) 할 것이다
- Nous allons faire 우리는 할 것이다

- Vous faites 당신은(당신들은, 너희들은) 한다
- Ils/Elles font 그들은(그녀들은) 한다
- Vous allez faire 당신은(당신들은, 너희들은) 할 것이다
- Ils/Elles vont faire 그들은(그녀들은) 할 것이다

Tu aimes la cuisine française?

aimer + 명사일 때 목적어인 명사 앞에는 정관사를 쓴다. 여기서 정관사는 '총체적인 대상'을 가리킨다. aimer와 같은 의미의 동사인 **adorer + 명사**일 때도 마찬가지이다.

- J'aime le café. 나는 커피가 좋아.
- Tu aimes le sport? 너 스포츠 좋아해?

J'adore la cuisine française.

J'adore는 je + adore가 j'adore로 축약된 형태이다. 'J'adore~'는 'J'aime~'와 마찬가지로 '~을 매우 좋아하다/사랑하다/아끼다'의 뜻이다. 뒤에 명사나 동사가 올 수 있는데 **J'adore + 명사**는 '~이 너무 좋다, ~을 무척 좋아한다'이고, **J'adore + 동사 원형**은 '~하는 것을 무척 좋아한다'이다.

- J'adore la musique classique. 나는 고전음악을 좋아해.
- Elle adore faire la cuisine. 그녀는 요리하는 것을 좋아한다.

J'aimerais bien voyager dans le Midi.

J'aime 대신에 aimer 동사의 조건법 형태인 **j'aimerais (bien) + 동사 원형**으로 말하면 '~을 하고 싶다'는 뜻을 좀 더 완곡하게 표현하는 것으로 **Je voudrais + 동사 원형**과 같은 의미가 된다.

- J'aimerais bien boire du vin. 포도주 좀 마시고 싶네요.
- J'aimerais bien dormir un peu. 잠 좀 잤으면 해.

Notez bien!

~좀 했으면 해/~좀 하면 좋겠어요.

'~을 하고 싶다'는 표현은 대표적으로 **vouloir + 동사 원형**을 이용해 말할 수 있다. 'je veux~' 대신에 vouloir 동사의 조건법 형태인 **Je voudrais~** 또는 **J'aimerais bien + 동사 원형**으로 말하면 좀 더 완곡하고 공손한 표현이 된다.

Je n'ai pas de vacances.

'J'ai des vacances.(나는 바캉스가 있다.)'를 부정문으로 바꾸려면 avoir 동사 앞뒤에 부정어 ne~pas를 넣으면 된다. 즉 'Je n'ai pas~'가 된다. 그리고 부정관사 des는 부정문에서 de(부정의 de)로 바뀌어 'je n'ai pas de vacances.'가 된다.

확인

1. 다음 문장을 프랑스어로 옮겨 보세요.

❶ 나는 물을 좀 마시고 싶습니다.

____

❷ 너는 고전음악을 좋아하니?

____

❸ 저는 한국 영화를 한 편 보고 싶어요.

____

❹ 너 프랑스에 가고 싶어?

____

문법

Vouloir 동사의 변화

프랑스어 동사의 90% 이상은 어미가 -er로 끝나며 주어 인칭에 따라 규칙적으로 변화를 하는데, 이처럼 규칙적인 형태로 어미 변화를 하는 동사들을 1군 동사라고 한다. 그러나 앞에서 본 être나 avoir 동사처럼 불규칙하게 변화하는 동사들이 있다. 이 같은 불규칙 동사는 3군 동사로 분류해 부르기도 한다.
불규칙 동사인 vouloir와 faire는 주어 인칭에 따라 다음과 같이 불규칙 변화를 한다.

■ Vouloir 동사

Je veux 나는 원한다
Tu veux 너는 원한다
Il/elle veut 그는(그녀는) 원한다
Nous voulons 우리들은 원한다
Vous voulez 너희들은(당신은, 당신들은) 원한다
Ils/Elles veulent 그들은(그녀들은) 원한다

■ Faire 동사

Je fais
Tu fais
Il/Elle fait
Nous faisons
Vous faites
Ils/Elles font

1군 규칙 동사의 변화

Aimer나 Adorer 동사처럼 동사 원형이 -er로 끝나고 일정하게 어미 변화를 하는 동사들이 1군 규칙 동사이다.
-er로 끝나는 1군 동사의 경우 다음과 같이 규칙적으로 어미 변화를 한다.

■ 1군 규칙 동사의 어미 변화

Je ________e
Tu ________es
Il/Elle ________e
Nous ________ons
Vous ________ez
Ils/Elles ________ent

■ Aimer 동사

J'aime
Tu aimes
Il/Elle aime
Nous aimons
Vous aimez
Ils/Elles aiment

■ Adorer 동사

J'adore
Tu adores
Il/Elle adore
Nous adorons
Vous adorez
Ils/Elles adorent

정관사

남성 단수	여성 단수	남녀 복수
le(l')	la(l')	les

정관사는 명사가 특정의 의미로 쓰이거나 그 종류 전체를 나타낼 때 쓴다. 뒤에 오는 명사가 모음으로 시작해 모음이 겹칠 경우 le와 la는 l'로 축약된다.

단수	복수
le pain 빵 la maison 집 l'orange 오렌지 l'arbre 나무	les pains 빵들 les maisons 집들 les oranges 오렌지들 les arbres 나무들

다음과 같이 세상에 유일한 것을 나타내는 명사 앞이나, 사물을 총체적인 의미로 이야기할 때 정관사를 쓴다.

- C'est la Tour Eiffel. 저것은 에펠탑이다.
- J'adore le thé. 나는 차가 너무 좋아.
- Elle adore Les Beatles. 그녀는 비틀즈를 아주 좋아해.
- J'aime le champagne. 나는 샴페인을 좋아해요.

부분관사

전체의 일부, 약간의 의미를 갖는 관사이며 셀 수 없는 명사나 추상 명사 앞에 쓰인다.

남성	여성
du(de l')	de la(de l')

- Je mange du pain. 나는 빵을 먹는다.
- Il a de la chance. 그는 운이 좋다.
- Vous voulez de l'eau? 물 좀 마시고 싶으세요?
- Je voudrais du vin rouge. 포도주 좀 마시고 싶습니다.

Notez bien!

모음이나 무음 h로 시작되는 단수 명사 앞에서 부분관사 du, de la는 de l'가 된다.
- Il a de l'argent. 그는 돈이 좀 있다.
- Je bois de l'eau minérale. 나는 미네랄 워터를 마셔요.

단, 커피 한 잔, 맥주 한 컵처럼 어떤 단위로 말을 할 때는 다음과 같이 부정관사나 수형용사를 쓴다.

- Je bois **un café**. 나는 **커피 한 잔**을 마신다.
- Je voudrais **deux baguettes**, s'il vous plaît! **바게트 두 개** 주세요.
- Il veut **une bière**. 그는 **맥주 한 잔**을 원한다.

확인

1. Aimer 또는 Adorer 동사를 사용해 다음 문장을 프랑스어로 옮겨 보세요.

❶ 나는 테니스 치는 것을 좋아한다.

______

❷ 너는 커피 좋아하니?

______

❸ 당신은 프랑스를 좋아하나요?

______

❹ 그들은 에펠탑을 좋아합니다.

______

❺ 그는 Victor Hugo 소설을 좋아한다.

______

회화

 Track 27

Paul: Salut Léa! Ça va? Tu es en forme?

Léa: Salut Paul! Oui, merci! Je suis en forme.

Paul: Super! Dis Léa,
qu'est-ce que tu veux faire aujourd'hui?

Léa: Je veux aller marcher sur les Champs-Élysées.

Paul: Tu aimes marcher?

Léa: Oui, j'adore marcher! Et toi?
Qu'est-ce que tu aimes faire?

Paul: Moi, j'aime faire du sport,
comme par exemple, faire du vélo, du tennis etc.
Et puis… j'aime écouter de la musique classique.
Ah aussi, j'aime lire, en particulier des romans.

뽈: 레아 안녕! 컨디션 좋아?
레아: 안녕 뽈! 나는 몸 컨디션 좋아.
뽈: 잘됐네! 그럼 오늘 뭐 하고 싶은지 말해 봐, 레아.
레아: 샹젤리제 거리 걷고 싶은데.
뽈: 걷는 거 좋아해?
레아: 응, 걷는 거 아주 좋아해! 뽈, 너는 뭐 하는 거 좋아해?
뽈: 나는 운동하는 거 좋아해. 예를 들면 자전거 타는 것도 좋아하고, 테니스 치는 것도 좋아하고.
그리고… 클래식 음악 듣는 것도 좋아하고.
그리고 또 독서도 좋아해, 특히 소설을.

어휘

- □ être en forme 컨디션이 좋다
- □ dis 말하다(inf. dire)
- □ marcher 걷다
- □ un peu 조금, 약간
- □ sur ~위에
- □ sport m. 운동
- □ vélo m. 자전거
- □ faire du vélo 자전거 타다
- □ tennis m. 테니스
- □ faire du tennis 테니스 치다
- □ etc 등등
- □ écouter 듣다
- □ musique classique f. 클래식 음악
- □ lire 읽다, 독서하다
- □ aussi 또한, 역시
- □ en particulier 특히
- □ roman m. 소설

Il y a~ : 이 있다

'Il y a~'는 '~이 있다'라는 문장을 이끌어 뒤에 명사만 넣어 주면 '그것이 있다'라는 뜻이 된다. 'Il y a~' 뒤에 **beaucoup de + 복수 명사**가 오면 **'~이 많다, 많은 ~이 있다'**이다.

- Il y a un film français. 프랑스 영화 한 편이 있어.
- Il y a une chaise là-bas. 저기 의자가 있네요.
- Il y a beaucoup de personnes. 사람이 많아.
- Il y a beaucoup de choses à voir. 볼만한 것이 많이 있어요.

Qu'est-ce qu'on fait? : 우리 뭐 할까?

'하다' 동사 faire와 '무엇을'에 해당하는 의문사 qu'est-ce que를 이용해 할 일 또는 무엇을 하는지를 묻는 표현을 만들 수 있다. Qu'est-ce que 뒤에 **주어 + faire 동사**를 붙이면 된다.

- Qu'est-ce que tu fais? 너 뭐 해?
- Qu'est-ce que vous faites? 뭐 하세요?
- Qu'est-ce qu'elle fait? 그녀는 뭐 하나요?
- Qu'est-ce qu'on fait? 우리 뭐 해?, 뭐 할까?

Notez bien!

On은 주어 인칭대명사의 대용으로 우리, 사람들 또는 어떤 사람, 누구 등 막연한 주어의 의미로 쓰이는데, 여기서는 '우리'의 의미이다. 그래서 주어를 On(3인칭 단수 취급)으로 하면 다음과 같은 표현이 된다.

질문 Qu'est-ce qu'on fait? 우리 뭐 할까?, 뭐 하고 싶어?
답 On va au cinéma. 영화관 가자.
On mange quelque chose. 우리 뭐 좀 먹자.

Non merci! : 괜찮습니다. 됐습니다. 원하지 않아요.

'~을 원하느냐'는 질문에 '아닙니다. 원하지 않습니다'라고 할 때 공손하게 거절을 하는 표현으로 'Non merci!'를 쓴다.

- Tu veux boire du vin? 포도주 마시고 싶어?
- Non merci! 아니, 괜찮아!
- Voulez-vous encore du pain? 빵 좀 더 드시겠어요?
- Non, ça va, merci. 아니요, 괜찮습니다.

연습문제

1 다음을 듣고 맞는 그림과 연결하세요. Track 28

1 2 3 4 5 6

2 다음 질문에 알맞게 답해 보세요.

1 Q: Qu'est-ce qu'on fait demain?

A: ______________________________

2 Q: Qu'est-ce que tu aimes faire?

A: ______________________________

3 Q: Qu'est-ce que vous allez faire en France?

A: ______________________________

4 Q: Qu'est-ce qu'ils veulent boire?

A: ______________________________

3 다음 문장의 문맥에 맞게 '정관사/부정관사/부분관사'를 완성하고 우리말로 옮겨 보세요.

1 Je voudrais (   ) verre d'eau, s'il vous plaît.

2 Elle adore manger (   ) pain avec du beurre.

3 Il aime (   ) Seine.

4 Vous voulez (   ) vin?

5 Tu veux (   ) tasse de thé?

4 다음과 관계된 자신의 취미 또는 좋아하는 것, 원하는 것을 프랑스어로 소개해 보세요.

1 Sport   2 Musique   3 Cuisine   4 Livre   5 Voyage

Culture française

Paris, la capitale de la mode et du luxe

파리, 유행과 명품의 도시

멋의 도시 파리에서 열리는 패션쇼는 'Haute Couture(오뜨 꾸뛰르)' 쇼와 'Prêt-à-porter(프레따-뽀르떼)' 쇼, 두 가지로 나눌 수 있다. 유명 디자이너들이 디자인해 제작한 고가의 맞춤 의상을 통칭해 'Haute Couture'라고 하고, 일반 대중을 겨냥해 대량 생산되는 기성복을 'Prêt-à-porter'라고 한다. 이른바 명품으로 분류되는 브랜드의 라벨을 달고 나오는 Prêt-à-porter 컬렉션도 있는데, 이 경우 기성복이라 해도 일반 소비자들이 접근하기는 어려운 가격의 옷들이다. 프랑스의 대표적인 Haute couture maison(오뜨 꾸뛰르 디자이너 숍)으로는 2차 대전 이전까지 그 역사를 거슬러 올라가는 Chanel, Christian Dior 그리고 Yves Saint Laurent 같은 이름을 들 수 있다. 이런 Haute couture maison들은 의상뿐 아니라 향수 제조로도 유명했는데, 샤넬의 전설적인 향수 'Chanel N5'는 1920년 대 출시돼 지금까지 전 세계 여성들의 사랑을 받고 있는 제품이다. 그런가 하면 Hermès나 Louis Vuitton 같은 브랜드는 가방, 지갑 등의 피혁 제품에서부터 그 명성이 시작됐다. 프랑스의 명품에 대해 이야기를 하자면 끝이 없을 것이다. 하지만 아이러니하게도 명품의 나라 프랑스에 사는 보통 사람들 가운데 정작 이런 명품 애호가들을 찾아보기는 쉽지 않다.

LEÇON 07

카페, 레스토랑 가기

학습 목표

- 음료와 음식 고르기
- 주문하기
- 맛 표현하기
- 계산하기/지불하기
- 의문문 만들기
- Prendre 동사

대화 ①

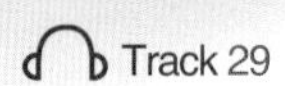

Je vais prendre un jus d'orange. 오렌지 주스 한 잔 할게요.

Dans un café>

Garçon: Bonjour! Que désirez-vous?

Louise: Je voudrais un café au lait,
avec un verre d'eau, s'il vous plaît!

François: Une bière pour moi, s'il vous plaît!

Suzi: Moi, je vais prendre un jus d'orange.

Garçon: D'accord! C'est tout?

Suzi: Vous avez des croissants?

Garçon: Oui, bien sûr!

Suzi: Alors, deux croissants, s'il vous plaît.
Ça fait combien?

Garçon: Quatre euros pour les croissants.

카페에서〉

서빙 직원: 안녕하세요! 무엇을 원하시나요?

루이즈: 저는 밀크커피 한 잔 주세요.
물 한 잔 하고요.

프랑소아: 저는 맥주 한 잔 주세요.

수지: 저는 오렌지 주스 할게요.

서빙 직원: 알겠습니다. 이게 다 인가요?

수지: 크루아상 있나요?

서빙 직원: 네, 물론이죠!

수지: 그럼 크루아상 두 개 주세요. 얼마죠?

서빙 직원: 4유로입니다.

어휘

- □ garçon m. (식당, 카페 등에서) 서빙하는 남자 직원
- □ que 무엇을
- □ désirez 원하다(inf. désirer)
- □ café m. 커피, 카페
- □ café au lait m. 밀크커피
- □ lait m. 우유
- □ verre m. 유리, 컵
- □ eau f. 물
- □ pour ~을 위하여
- □ bière f. 맥주
- □ prends ~을 취하다, 먹다(inf. prendre)
- □ jus m. 주스
- □ orange f. 오렌지
- □ d'accord 알겠습니다, 그러겠습니다
- □ tout(e) 모든, 전부
- □ croissant m. 크루아상
- □ bien sûr 물론, 물론이죠
- □ alors 그럼, 그러면

표현

Que désirez-vous?

'무엇을 원하세요?, 무엇을 드릴까요?' 하는 표현으로 que는 여기서 '무엇, 어떤 것'을 뜻하는 의문대명사이다. '**Vous désirez?**' 혹은 '**Qu'est-ce que vous désirez?**'도 같은 표현이다. 이때 역시 공손하게 무엇을 주문하거나 달라고 할 때는 **Je voudrais + 명사**를 써서 '~ 좀 주세요, ~ 좀 부탁해요'라고 말하면 된다.

• 질문 Que désirez-vous? 무엇을 원하세요?
답 Je voudrais un thé. 차 한 잔 주세요.

• 질문 Qu'est-ce que vous désirez? 무엇을 드릴까요?
답 Je voudrais un chocolat chaud. 핫초코 한 잔 주세요.

• 질문 Vous désirez? 뭐 드릴까요?
답 Je voudrais une bouteille d'eau. 물 한 병 주세요.

Je vais prendre~

상점이나 음식점 같은 곳에서 '나는 ~로 할래요', '~을 살게요'라고 할 때는 '~을 취하다'의 뜻인 prendre 동사를 써서 **Je vais prendre + 명사** 또는 **Je prends + 명사**로 표현한다. 이때 vais prendre는 'aller + 동사 원형'으로 '~할 것이다'라는 근접미래 표현을 쓴 것이다.

- Je prends un jus de fruits. 저는 과일 주스 한 잔 할게요.
- Elle prend une jupe rouge. 그녀는 빨간 치마를 산다.
- Nous allons prendre des croissants. 우리는 크루아상을 사려고 합니다.

D'accord!

'알겠습니다, 좋습니다, 그러죠'의 뜻으로 상대의 말에 동의를 표하는 말이다. 'OK'와 같은 표현으로 쓰일 수 있다.

Ça fait combien?

가격을 묻는 대표적인 표현이다. 대답은 **C'est + 물건 값**, 또는 faire 동사를 써서 **Ça fait + 물건 값**으로 할 수 있다.

• 질문 C'est combien? = Ça fait combien? 얼마인가요?
답 C'est 10 euros. = Ça fait 10 euros. 10유로입니다.

확인

1. 다음을 알맞게 완성해 보세요.

❶ Bonjour! ____________ désirez-vous?
안녕하세요, 무엇을 드릴까요?

❷ Moi, je ____________ un thé au jasmin, s'il vous plaît! 저는 자스민티로 할게요.

❸ Vous ____________ des baguettes? 바게트 있나요?

❹ Je ____________ une bière. 저는 맥주 한 잔 할게요.

❺ Je ____________ un verre d'eau. 저는 물 한 잔 주세요.

대화 ②

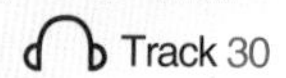

Qu'est-ce que vous me conseillez?

무엇을 추천해 주시겠어요?

Dans un restaurant>

M. Kim: Bonjour! On voudrait une table pour 2 personnes, s'il vous plaît.

Garçon: D'accord, Monsieur.
Il y a une table pour 2 personnes sur la terrasse.

M. Kim: Très bien!

Garçon: Vous allez prendre le menu ou à la carte?

M. Kim: À la carte, s'il vous plaît.
Et, qu'est-ce que vous me conseillez pour commencer?

Garçon: Je vous conseille du foie gras. Il est excellent!

M. Kim: Bon, je prends du foie gras, alors. Et toi?

Mme Kim: Moi, je vais commencer par la salade.
Et ensuite, je vais prendre du homard rôti.

M. Kim: Moi, je prends du poisson.

Garçon: Et comme dessert?

Mme Kim: Le gâteau au chocolat, s'il vous plaît.

M. Kim: Pour moi, la tarte aux pommes.

레스토랑에서〉

M. 김: 안녕하세요. 두 사람 앉을 테이블을 원하는데요.

서빙 직원: 알겠습니다.
테라스에 두 분 앉을 테이블이 있습니다.

M. 김: 좋습니다!

서빙 직원: 세트 메뉴로 하시겠어요. 아니면 알라 카르트(선택식)로 하시겠어요?

M. 김: 알라 카르트로 할게요.
무엇으로 시작할지 추천 좀 해 주시겠어요?

서빙 직원: 푸아그라를 추천합니다. 아주 맛있어요!

M. 김: 그럼 나는 푸아그라로 하고요.
당신은?

Mme 김: 나는 샐러드로 시작하고요.
이어서 바다가재 구이 할게요.

M. 김: 저는 생선 요리 할게요.

서빙 직원: 디저트로는요?

Mme 김: 초콜릿 케이크요.

M. 김: 나는 사과 파이요.

어휘

- □ personne f. 사람
- □ sur ~위에
- □ terrasse f. 테라스
- □ menu m. 코스가 한 묶음으로 된 정식 세트 메뉴
- □ carte f. 카드, 지도, 메뉴판(식당에서)
- □ à la carte 메뉴판을 보고 요리를 선택해 먹는 식(알라 카르트)
- □ conseiller 조언하다, 추천하다
- □ commercer 시작하다
- □ commencer par ~로 시작하다
- □ foie gras m. 거위간
- □ excellent(e) 훌륭한
- □ salade f. 샐러드
- □ ensuite 이어서, 계속해서
- □ homard m. 가재
- □ rôti(e) 불에 구워진
- □ poisson m. 생선
- □ comme ~로, ~처럼
- □ dessert m. 디저트
- □ gâteau m. 케이크
- □ chocolat m. 초콜릿
- □ gâteau au chocolat m. 초콜릿 케이크
- □ tarte f. 파이
- □ pomme f. 사과
- □ tarte aux pommes f. 사과 파이

On voudrait une table pour 2 personnes.

식당이나 카페에 가서 일행의 자리를 요구할 때 '**On voudrait une table pour + 숫자 personnes**'라고 말하면 된다. 이때 on은 함께 있는 사람들을 가리키는 것으로 '우리'의 의미이다.

Vous allez prendre le menu ou à la carte?

à la carte(알라 카르트)는 직역하면 '메뉴판에서'인데, '메뉴판에서 보고 고르시겠어요?'의 뜻이다. à la carte는 메뉴판을 보고 원하는 코스대로 먹고 싶은 음식을 골라 주문하는 것을 말한다.

Qu'est-ce que vous me conseillez?

(음식을) 추천해 달라는 표현이다. qu'est-ce que는 '무엇을', me는 '나에게'로 '당신은 나에게 무엇을 추천해 주시겠어요?'인데, 어떤 물건, 음식 등을 사거나 고를 때 점원에게 이렇게 물어볼 수 있다.

Je vais commencer par la salade.

commencer 동사는 1군 규칙 동사로 '시작하다'의 뜻인데, 전치사 par를 쓰면 '~로 시작하다'의 표현이 된다.

Comme dessert?

comme는 원래 '~처럼', '~같이'의 뜻이지만 '~로써'의 의미로도 쓰여 'comme dessert?'는 '디저트로는요?', 그리고 comme boisson은 '음료로', comme apéritif는 '에피타이저로'와 같이 된다.

1. 식당에서 음식을 주문하는 대화입니다. 다음을 알맞게 완성해 보세요.

❶ Je voudrais une table pour ____________. 3명 앉을 테이블 주세요.

❷ Qu'est-ce que vous me ____________? 무엇을 추천해 주시겠어요?

❸ Vous allez prendre ____________? 세트 메뉴로 하실 건가요?

❹ Nous allons prendre ____________. 알라 카르트로 할게요.

❺ Qu'est-ce que vous voulez ____________? 디저트로는 뭘 원하세요?

문법

prendre 동사

prendre는 영어의 'take'에 해당하는 동사로 매우 다양한 의미로 쓰이는 중요한 동사이다. 다음과 같이 불규칙 변화를 한다.

■ Prendre 동사

Je prends	Nous prenons
Tu prends	Vous prenez
Il/elle prend	Ils/Elles prennent

❶ ~을 잡다/들다/취하다
- Il prend son parapluie. 그는 그의 우산을 집는다.
- Elle prend son enfant dans ses bras 그녀는 아이를 팔에 안는다.

❷ 음식을 먹다, 마시다
- Je prends une soupe à l'onion. 나는 양파 수프를 먹을게.
- Tu prends un thé? 차 한 잔 할래?

❸ 탈것(교통수단)을 타다
- Tu prends le métro tous les matins? 너는 매일 아침 지하철을 타니?
- Mon fils prend le bus pour aller à l'école. 내 아들은 학교에 가기 위해 버스를 탄다.

전치사 à + 정관사

❶ 전치사 à 뒤에 정관사 le, la, les가 따라올 경우 다음과 같이 형태가 변한다.

· à + le → au	Café au lait 밀크커피
	On va au cinéma? 극장에 갈까?
· à + la → à la	Il va à la gare. 그는 역에 간다.
	Je prends à la carte. 알라 카르트로 할게요.
· à + les → aux	Vous habitez aux États-Unis? 미국에 사시나요?
	Ella va au marché aux puces. 그녀는 벼룩시장에 간다.

❷ 정관사 뒤에 모음이나 무음 h로 시작되는 명사가 올 경우 à l'의 형태가 된다.

· à + l'	Soupe à l'onion 양파 수프
	Je vais à l'aéroport. 나는 공항에 간다.
	Elles vont à l'hôtel. 그녀들은 호텔로 간다.

의문문 만들기

평서문에서 그대로 억양만 올려 의문문을 만들 수도 있고, 문장 첫머리에 Est-ce que를 붙이는 방법, 그리고 주어를 동사 뒤로 도치시키는 방법이 있다.

❶ 문장의 끝을 올려 주는 억양법, 즉 평서문 문장을 그대로 끝만 올려 읽어 주면 의문문이 된다.

- Cette voiture est en panne. 이 차는 고장 났다.
- Cette voiture est en panne? 이 차는 고장이 났나요?
- Vous regardez la télévision. 당신은 TV를 본다.
- Vous regardez la télévision? 당신은 TV를 보나요?

❷ 평서문 앞에 Est-ce que를 붙이면 그대로 의문문이 된다.

- La vie est chère à Séoul. 서울은 물가가 비싸요.
- Est-ce que la vie est chère à Séoul? 서울은 물가가 비싼가요?
- Tu pars demain. 너는 내일 떠난다.
- Est-ce que tu pars demain? 너는 내일 떠나니?

❸ 주어와 동사의 위치를 바꿔 의문문을 만들 수 있다. 주어와 동사의 위치를 바꿀 때는 '-'로 주어 동사를 연결시킨다.

- Vous êtes heureux. 당신은 행복하다
- Êtes-vous heureux? 당신은 행복한가요?
- Je dois continuer. 나는 계속해야 한다.
- Dois-je continuer? 계속해야 할까?
- Vous avez des enfants. 당신은 자녀가 있다.
- Avez-vous des enfants? 당신은 자녀가 있으신가요?

〈Café Terrace, Place du Forum, Arles : 밤의 카페 테라스〉
Vincent Van Gogh(빈센트 반 고흐), 1888년 작

회화

Track 31

Dans un bistrot>

François: J'ai faim. On mange quelque chose?

Louise: Oui, des saucisses avec des frites.

Garçon: Qu'est-ce que vous désirez?

François: 3 saucisses avec des frites, s'il vous plaît.

Suzi: J'ai soif. Je vais prendre une boisson.
Je voudrais un jus de fruits, s'il vous plaît!

Louise: Pour moi aussi, un jus de fruits, s'il vous plaît!
Et pour toi, François?

François: Pour moi, un coca, s'il vous plaît!

Garçon: Alors, 3 saucisses avec des frites,
deux jus de fruits, et un coca. C'est tout?

Suzi: Oui, Monsieur. C'est combien en tout?

Garçon: Ça fait 29 euros en tout.

비스트로에서〉

프랑소아: 아, 배고파. 우리 뭐 먹을까?

루이즈: 그래 감자튀김하고 소시지 먹자.

서빙 직원: 뭐 드릴까요?

프랑소아: 감자튀김과 소시지 3개 주세요.

수지: 나 목 말라. 나 음료 하나 마실게. 저는 음료로 과일 주스 주세요.

루이즈: 저도 과일 주스 주세요. 프랑소아 너는?

프랑소아: 저는 콜라요.

서빙 직원: 그럼 감자튀김과 소시지 3개, 과일주스 2개, 그리고 콜라 하나요. 이게 다인가요?

수지: 네, 다 해서 얼마죠?

서빙 직원: 다 해서 29유로입니다.

어휘

- □ faim f. 허기, 배고픔
- □ avoir faim 배고프다
- □ manger 먹다
- □ saucisse f. 소시지
- □ frite f. 튀김, 감자튀김
- □ soif f. 갈증
- □ avoir soif 목마르다
- □ jus m. 주스
- □ fruit m. 과일
- □ boisson f. 음료수
- □ coca m. 콜라
- □ en tout 모두 합해서

맛 표현

C'est~(이것은 ~이다) 뒤에 맛을 표현하는 적절한 형용사를 붙이면 된다.

- C'est (très) bon! (아주) 맛있어요!
- C'est délicieux! 맛있네요!
- C'est un peu salé. 좀 짜요.
- C'est trop fort. 너무 매워요.
- C'est un peu fade. 좀 싱거워요.
- C'est sucré. 달아요.

Bon appétit! : 맛있게 드세요!

식사를 할 때의 인사말로 '많이 드세요, 맛있게 드세요, 잘 먹겠습니다' 등의 의미가 된다.

Je t'invite! : 내가 살게!

직역하면 '내가 너를 초대할게.'이지만 식당이나 카페 같은 곳에 가서 '내가 살게요'라는 표현은 inviter(초대하다) 동사를 이용해 'Je t'invite(내가 살게)', 'Je vous invite(제가 살게요)'라고 한다. 음식을 다 먹고 계산을 할 때는 다음과 같은 말을 할 수 있다.

Je t'invite. 내가 살게.
Je vous invite. 제가 대접할게요.
C'était bon. 맛있게 잘 먹었어요.
L'addition, s'il vous plaît. 계산서 좀 주세요.
Vous acceptez la carte? 카드 받으시죠?

J'ai~ : 나 ~해요!(나의 상태 표현)

다음과 같은 신체적, 심리적 상태를 **avoir + 명사**로 표현할 수 있다. 프랑스어에서는 avoir 동사를 이용해 faim(배고픔), soif(갈증), sommeil(졸음), peur(두려움) 등을 '~가지고 있다'라고 표현한다.

- J'ai faim. 배고파요.
- J'ai soif. 목말라요.
- J'ai sommeil. 졸려요.
- J'ai peur. 무서워요.
- J'ai froid. 추워요.
- J'ai chaud. 더워요.

연습문제

1 다음 내용을 듣고 좋아하는 음식과 좋아하지 않는 음식을 각각 골라 보세요. Track 32

1 좋아하는 것: ______

2 좋아하지 않는 것: ______

2 아래 샌드위치 가게 메뉴를 보고 종류별로 주문해 보세요.

질문 Que désirez-vous?

답

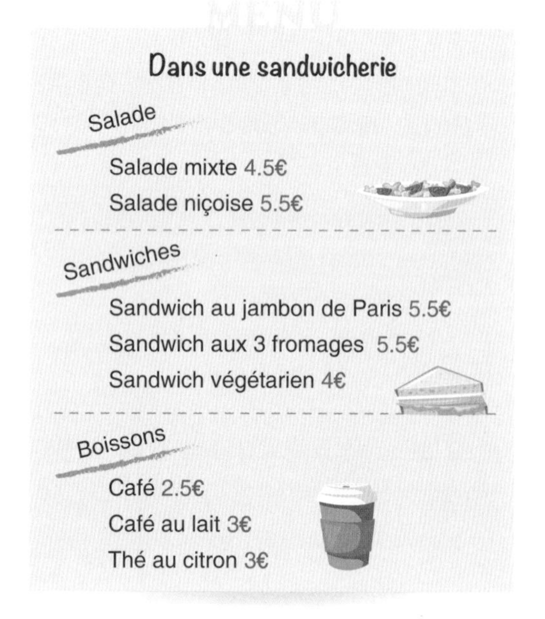

3 다음을 프랑스어로 말해 보세요.

1 저는 세트 메뉴로 할게요. ______

2 저는 À la carte로 할게요. ______

3 디저트로 초콜릿 케이크 주세요. ______

4 3명이 앉을 테이블 좀 부탁합니다. ______

5 무엇을 추천해 주시겠어요? ______

6 다해서 얼마죠? ______

7 아주 맛있네요! ______

Culture française

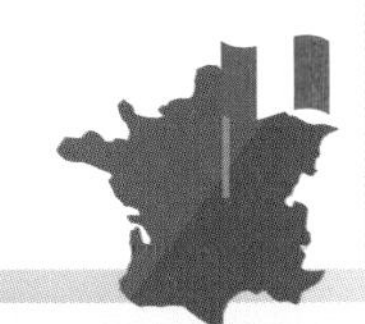

Restaurant(레스토랑)/Bistro(t)(비스트로)/ Brasserie(브라스리)/Café(카페)

Restaurant

정식 코스 요리를 주문해 먹을 수 있는 식당으로 집집마다 주방장(Chef Cuisinier)이 자신 있게 선보이는 주요 메뉴가 따로 있다. 고급 Restaurant 같은 경우, 때로는 복장에도 신경을 써야 하며, 선택하는 와인의 종류에 따라 요리 가격 외에도 추가 비용이 꽤 나올 수 있다.

Bistro(t)

보통 Café에서 먹을 수 있는 음료 종류에 간단한 식사 메뉴가 준비돼 있는 곳이다. 물론 와인이나 맥주도 마실 수 있다. 비교적 저렴한 가격에 많은 사람이 편하게 이용하는 곳으로 주로 통행이 잦은 길모퉁이 같은 곳에 있다. 앉아서 간단히 음료와 식사를 즐기며 대화와 여유를 즐기기에 좋다. 인테리어와 테이블은 심플하며 계산대 쪽에는 바가 설치돼 있다.

Brasserie

원래 맥주 양조장이라는 뜻으로 Brasserie는 '맥주 바'라고 할 수 있다. 맥주와 함께 먹을 수 있는 스낵 안주류와 간단한 식사 메뉴, 다양한 음료도 제공된다.

Café

커피와 차를 비롯한 음료와 크루아상, 케이크, 샌드위치, 빵 그리고 간단한 디저트 등을 즐길 수 있다. 등나무로 만든 둥근 의자가 놓인 카페 테라스는 전형적인 프랑스식 카페의 모습이기도 하다.

날짜와 시간, 날씨

학습 목표

- 일과 월 말하기
- 시간 말하기
- 날씨 말하기
- 약속 정하기
- 비인칭 주어 II
- Pouvoir 동사/Devoir 동사

대화 ①

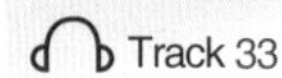

Qu'est-ce que tu fais demain? 내일 뭐 할 거야?

Sophie: Qu'est-ce que tu fais demain,
car c'est samedi Minho?
Moi, je vais au Musée d'Orsay.
Tu viens avec moi?

Minho: J'aimerais bien, mais je ne peux pas.
Je dois aller travailler ce samedi.
Et après, j'ai beaucoup de choses à faire.

Sophie: Ah! c'est vrai? Tant pis alors!

Minho: Mais je suis libre ce dimanche par contre.
On fait quelque chose ensemble ce dimanche?

Sophie: D'accord! Alors rendez-vous dimanche?

Minho: Oui! À quelle heure?

Sophie: À 11 heures et demie.

쏘피: 민호, 내일 뭐 해? 내일은 토요일인데. 나는 오르세 미술관에 가려고. 나랑 같이 갈래?
민호: 그러고 싶은데, 나는 안 돼. 이번 주 토요일은 일하러 가야 해. 할 일이 아주 많거든.
쏘피: 정말? 그럼 안 됐지만 할 수 없지.
민호: 하지만, 이번 주 일요일은 한가한데, 일요일에 같이 뭐 할까?
쏘피: 그렇게 하자. 그럼 일요일로 약속?
민호: 그래. 몇 시에 볼까?
쏘피: 11시 반에.

어휘

- □ demain 내일
- □ car ~이니까, ~이므로
- □ samedi m. 토요일
- □ musée m. 박물관, 미술관
- □ Musée d'Orsay m. 오르세 미술관
- □ venir 오다, (말하는 입장에서) 가다
- □ dois ~해야 한다(inf. devoir)
- □ travailler 일하다
- □ chose f. 것, 일, 어떤 사물
- □ tant pis! (유감스럽지만) 할 수 없군!
- □ libre 여유 있는, 한가한
- □ dimanche m. 일요일
- □ par contre 그렇지만, 반면에
- □ quelque chose f. 어떤 것, 어떤 일
- □ ensemble 함께, 같이
- □ bon! 좋아!
- □ quel(le) 어떤
- □ heure f. 시, 시간

표현

C'est samedi.

요일을 말할 때 **C'est + 요일**로 표현한다.

- Aujourd'hui, c'est samedi. 오늘은 토요일이다.
- Demain, c'est dimanche. 내일은 일요일이다.

Tu viens avec moi?

venir 동사는 '오다'의 뜻이지만 어딘가 같이 가자고 제안할 때 venir 동사를 써서 다음과 같이 말한다.

- Tu viens avec moi? 나랑 같이 갈래?
- Vous venez avec moi? 저랑 같이 가실래요?

■ Venir 동사 변화

Je viens	Nous venons
Tu viens	Vous venez
Il/Elle vient	Ils/Elles viennent

Je dois aller travailler.

devoir 동사가 '~해야 한다'는 의무의 표현으로 쓰여 '나는 일을 하러 가야 한다.'가 된다. devoir 동사는 뒤에 동사 원형이 따라 붙는 조동사이다.

J'ai beaucoup de choses à faire.

J'ai beaucoup de 복수 명사 à + 동사 원형은 '나는 ~할 것이 많다'라는 표현이다. 이때 복수 명사 뒤에 따라오는 **à + 동사 원형**은 앞의 명사를 수식해 '~할 ~'이라는 뜻이 된다. 그래서 **beaucoup de choses à faire**는 '할 많은 것들'이 된다.

À quelle heure?

전치사 à는 시간 앞에 쓰여 '~에'이고 quel(le)은 의문형용사로 '어떤, 어느, 무슨'의 뜻이다. 따라서 'À quelle heure?'는 '몇 시에?'이다.

확인

1. 다음을 우리말로 옮겨 보세요.

❶ Vous venez avec moi?

____

❷ Je dois aller travailler ce weekend.

____

❸ Il y a beaucoup de choses à voir.

____

2. 다음 문장들을 알맞은 동사로 완성해 보세요.

❶ Tu __________ avec moi? 나랑 같이 갈래?

❷ Je __________ bien, mais je ne __________ pas. 그러고 싶지만 그럴 수 없어.

❸ Je __________ partir tout de suite. 바로 떠나야 하거든.

대화 ②

Track 34

Quel temps fait-il? 날씨가 어때요?

Mina: En France, quel temps fait-il en hiver, en général?

Paul: Ça dépend des régions.

Mina: À Paris, par exemple.

Paul: En hiver, il fait froid et il pleut souvent. Donc, il fait mauvais.

Mina: Et, en été alors? Il fait comment?

Paul: En été, il fait très beau et chaud.

미나: 프랑스는 겨울에 보통 날씨가 어때?
뽈: 지역에 따라 달라.
미나: 예를 들면 파리에.
뽈: 겨울에는 날씨가 춥고 비가 자주 와.
그래서 날씨가 안 좋아.
미나: 그럼 여름에는 날씨가 어때?
뽈: 여름에는 날씨가 아주 좋고 더워.

- □ quel(le) 어느, 어떤, 무슨(의문형용사)
- □ temps m. 시간, 때, 시기, 날씨
- □ hiver m. 겨울
- □ il fait~ 날씨가 ~하다(비인칭 주어 구문)
- □ ça dépend de~ ~에 따라 다르다
- □ régoin f. 지역, 지방
- □ par exemple 예를 들면
- □ froid(e) 차가운, 추운
- □ pleut 비 오다(inf. pleuvoir)
- □ souvent 자주
- □ en général 일반적으로, 보통
- □ mauvais(e) 나쁜
- □ été f. 여름
- □ beau(bel, belle) 아름다운, 날씨가 좋은
- □ chaud(e) 더운, 뜨거운

표현

Quel temps fait-il en hiver?

temps은 '시간, 때'의 뜻도 있지만 '날씨, 기후'의 의미도 있다. 앞에 quel을 붙이면 '어떤 날씨'가 된다. 동사는 faire 동사를 사용하고, 주어는 날씨를 나타내는 비인칭 주어 il을 써서 날씨가 어떠냐는 표현을 만든 것이다. 그리고 en hiver처럼 '~계절에'라는 말을 할 때 printemps(봄) 앞에는 au를 붙이고, 나머지는 모두 en을 붙이는 것도 기억해야 한다.

- au printemps 봄에
- en été 여름에
- en automne 가을에
- en hiver 겨울에

Ça dépend des régions.

Ça dépend은 '~ 따라 다르다, ~에 달려 있다'라는 표현이며, 뒤에 전치사 de~를 붙여 '~에 따라 다르다'라는 말을 만들 수 있다.

- Ça dépend de toi. 너에게 달려 있어.
- Ça dépend des saisons. 계절에 따라 달라요.
- Ça dépend des personnes. 사람에 따라 다르지.

Il pleut souvent à Paris.

pleut는 pleuvoir(비가 오다) 동사의 3인칭 단수형인데, pleuvoir 동사는 항상 날씨를 나타내는 비인칭 주어 il과 함께 쓰여 'Il pleut.(비가 온다.)'가 된다.

En été, il fait très beau et chaud.

'날씨가 ~하다'라는 표현은 비인칭 주어 il에 faire 동사를 써서 **Il fait + 형용사**로 말하면 된다. 가장 흔히 날씨가 좋다고 할 때는 형용사 beau를, 나쁘다고 할 때는 mauvais를 쓴다.

- Il fait beau. 날씨가 좋다.
- Il fait chaud. 날씨가 덥다.
- Il fait clair. 날씨가 맑다.
- Il fait mauvais. 날씨가 나쁘다.
- Il fait froid. 날씨가 춥다.
- Il fait frais. 날씨가 쌀쌀하다.

계절

봄	여름	가을	겨울
le printemps	l'été	l'automne	l'hiver

Notez bien!

여성 국가명 앞에서는 en, 남성 국가명 앞에서는 au, 복수 국가명 앞에서는 aux를 써서 '~나라에서, ~나라에는'라는 표현을 만든다.

- en Corée / en France / en Suisse / en Italie / en Chine ···
- au Japon / au Canada / au Maroc / au Mexique / au Vietnam ···
- aux États-Unis / aux Philippines / aux Émirats Arabes Unis ···

'~도시에서, ~도시에는'은 도시명 앞에 관사 없이 전치사 à를 쓰면 된다.

- à Séoul / à Paris / à Rome / à Tokyo / à New-york ···

확인

1. 다음을 프랑스어로 써 보세요.

질문 Quel temps fait-il, en Corée?

답 ❶ ______________________. (봄에는 날씨가 좋아요.)

❷ ______________________. (여름에는 날씨가 더워요.)

❸ ______________________. (가을에는 날씨가 맑아요.)

❹ ______________________. (겨울에는 날씨가 추워요.)

2. 다음을 프랑스어로 써 보세요.

질문 Quel temps fait-il, à Paris?

답 ❶ ______________________. (파리에는 비가 자주 와요.)

❷ ______________________. (계절에 따라 달라요.)

문법

Devoir + 동사 원형 : ~해야 한다

devoir 동사는 필요, 의무의 표현으로 '~해야 한다, ~하지 않으면 안 된다'는 의미로 쓰인다. 또 강한 추측의 표현으로 '~일 것이다, ~임에 틀림없다'의 의미로도 쓰인다. 뒤에 동사 원형이 붙는 조동사이며, 다음과 같이 불규칙 변화를 한다.

■ Devoir 동사

Je dois	Nous devons
Tu dois	Vous devez
Il//Elle doit	Ils/Elles doivent

❶ ~해야 한다(필요, 의무)
- Je dois rester à la maison aujourd'hui. 나는 오늘 집에 있어야 한다.
- Tu dois écouter tes parents. 너는 부모님 말씀을 잘 들어야 해.
- Nous devons partir demain. 우리는 내일 떠나야 해요.

❷ ~일 것이다(강한 추측)
- Ça doit être difficile. 그건 어려울 거야.
- Il doit être très content. 그가 매우 만족해할 겁니다.

Pouvoir + 동사 원형 : ~할 수 있다

pouvoir 동사는 '~할 수 있다, ~해도 된다'의 뜻이며, 역시 조동사로 뒤에 동사 원형이 온다. 다음과 같이 불규칙 변화를 한다.

■ Pouvoir 동사

Je peux	Nous pouvons
Tu peux	Vous pouvez
Il/Elle peut	Ils/Elles peuvent

❶ ~할 수 있다(능력, 가능성)
- Il peut parler français. 그는 프랑스어로 말할 수 있어요.
- Vous pouvez réussir. 당신은 성공할 수 있습니다.
- Elle peut marcher toute seule. 그녀는 혼자 걸을 수 있어.

❷ ~해도 된다(허락, 허용)
- Est-ce que je peux fumer? 담배 좀 피워도 될까요?
- Tu peux entrer. 들어와도 돼.
- On peut s'asseoir ici? 여기 앉아도 되나요?

❸ ~좀 해 주시겠어요?, ~할 수 있겠니?(부탁, 요청)

주어를 2인칭으로 해서 **Vous pouvez(또는 Tu peux) + 동사 원형**으로 물으면 '**~좀 해 주시겠어요?**(~할 수 있겠니?, ~좀 해 주겠니?)' 하고 부탁을 하는 문장을 만들 수 있다. 뒤에 S'il vous plaît(또는 s'il te plaît)를 붙이면 좀 더 공손하고 간곡한 부탁이 된다.

- Pouvez-vous venir? 와 주실 수 있나요?
- Tu peux venir? 와 주겠니?
- Est-ce que vous pouvez m'aider? 저 좀 도와주시겠어요?
- Tu peux m'aider? 나 좀 도와주겠니?

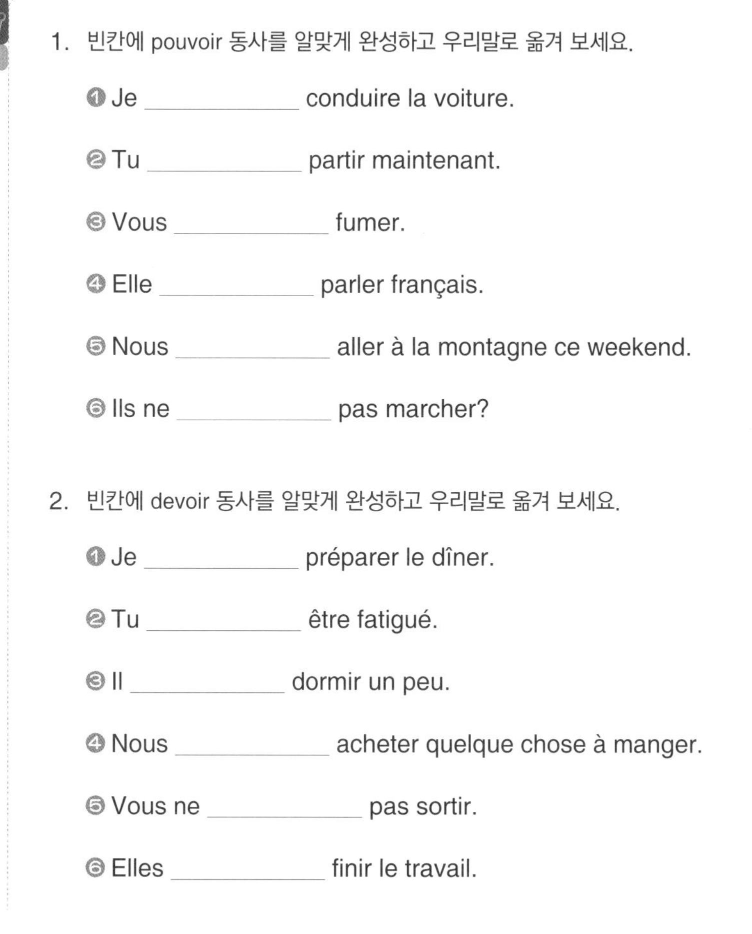

확인

1. 빈칸에 pouvoir 동사를 알맞게 완성하고 우리말로 옮겨 보세요.

❶ Je ____________ conduire la voiture.

❷ Tu ____________ partir maintenant.

❸ Vous ____________ fumer.

❹ Elle ____________ parler français.

❺ Nous ____________ aller à la montagne ce weekend.

❻ Ils ne ____________ pas marcher?

2. 빈칸에 devoir 동사를 알맞게 완성하고 우리말로 옮겨 보세요.

❶ Je ____________ préparer le dîner.

❷ Tu ____________ être fatigué.

❸ Il ____________ dormir un peu.

❹ Nous ____________ acheter quelque chose à manger.

❺ Vous ne ____________ pas sortir.

❻ Elles ____________ finir le travail.

회화

Track 35

Hugo: On va à la montagne ce dimanche?
Léa: C'est le dimanche combien?
Hugo: Le 22 mai.
Léa: Mince, ce dimanche,
je ne peux pas aller à la montagne.
C'est le mariage de mon cousin.
Hugo: Ah bon? Samedi prochain alors, ça te va?
Léa: Oui, ça me va.
Alors on va à la montagne samedi prochain,
donc, le 29 mai.
Hugo: Génial, rendez-vous à quelle heure?
Léa: À 8 heures.
Rendez-vous devant la statue de Louis Quatorze.

위고: 이번 일요일에 산에 갈까?
레아: 이번 주 일요일이 며칠이지?
위고: 5월 22일.
레아: 저런, 이번 주 일요일에는 난 산에 못 가.
그날이 내 사촌 결혼식 날이거든.
위고: 아 그래! 그럼 다음 주 토요일은 괜찮아?
레아: 응 괜찮아. 다음 주 토요일에 산에 가자.
그러니까 5월 29일이지.
위고: 아주 좋아! 몇 시 약속할까?
레아: 8시에.
루이 14세 동상 앞에서 만나.

어휘
- □ montagne f. 산
- □ ce dimanche m. 이번 주 일요일
- □ mai m. 5월
- □ mince 저런, 어머
- □ mariage m. 결혼
- □ cousin(e) 사촌
- □ prochain(e) 다음의, 가까운
- □ donc 그러므로, 그러니까
- □ rendez-vous m. 만나는 약속
- □ génial 멋진, 훌륭한
- □ devant ~앞에
- □ statue f. 조각상
- □ Louis Quatorze 루이 14세

• 월

1월	2월	3월	4월	5월	6월
janvier	février	mars	avril	mai	juin
7월	8월	9월	10월	11월	12월
juillet	août	septembre	octobre	novembre	décembre

• 요일

월요일	화요일	수요일	목요일	금요일	토요일	일요일
lundi	mardi	mercredi	jeudi	vendredi	samedi	dimanche

날씨 표현

날씨를 표현할 때는 비인칭 구문을 이용하는데, 비인칭 주어로 il을, 동사는 faire를 쓰거나 날씨와 관계된 다른 비인칭 동사를 쓴다.

❶ Il fait + 형용사

- Il fait froid. 날씨가 춥다.
- Il fait chaud. 날씨가 덥다.
- Il fait beau. 날씨가 좋다.
- Il fait mauvais. 날씨가 나쁘다.
- Il fait doux. 날씨가 포근하다.
- Il fait bon. 날씨가 쾌적하다.

❷ Il + 날씨를 나타내는 비인칭 동사

- Il pleut. 비가 온다.
- Il neige. 눈이 온다.
- Il gèle. 얼음이 언다.

날짜/요일 묻기

날짜와 요일을 묻고 답하는 표현은 다음과 같다. 날짜 앞에는 정관사 le를 쓴다는 것에 유의한다.

- 질문 On est le combien aujourd'hui? 오늘이 며칠이죠?
  답 On est le douze. 오늘은 12일이에요.
- 질문 On est quel jour aujourd'hui? 오늘이 무슨 요일이죠?
  답 On est vendredi. 오늘은 금요일이에요.

Notez bien!

월, 일, 요일을 같이 말할 때는 요일, 일, 월의 순서이고, 요일 앞에 정관사를 붙인다. 그리고 매달 1일은 서수, 나머지는 기수를 사용한다.

- Aujourd'hui, c'est le mardi, 5 novembre. 오늘은 11월 5일, 화요일입니다.
- On est le premier mai. 오늘은 5월 1일입니다.
- On est le 2 mai. 오늘은 5월 2일입니다.

시간 묻고 답하기

비인칭 주어 Il을 이용해 다음과 같이 시간을 묻고 답할 수 있다.

- 질문 Il est quelle heure? 지금 몇 시죠?
  답 Il est cinq heures. 5시입니다.
- 질문 Quelle heure est-il? 지금 몇 시인가요?
  답 Il est deux heures et demie. 2시 반입니다.
- 질문 Vous avez l'heure? 시계 있으세요?(시간을 묻는 표현)
  답 Oui, il est 9 heures maintenant. 네, 지금 9시입니다.

Notez bien!

'Vous avez l'heure?'는 혹 시간이 있느냐는 질문으로 오해를 할 수도 있는데, 직역하면 시계가 있느냐는 질문이다. '시계 있으신가요?' 하고 묻는 이유는 물론 시간을 좀 알려 달라는 뜻이다. '시간 좀 있으세요?'라고 하고 싶을 때는 'Avez-vous du temps?'으로 말해야 한다.

연습문제

1 다음 대화를 듣고 빈칸을 채워 보세요. Track 36

A: Demain ________________. Qu'est-ce que tu ________________?

B: S'il fait beau, je ________________ à la montagne.

________________ je vais au cinéma. Tu ________________ moi?

A: Oui, je ________________ bien, mais je ________________.

Je ________________ rester à la maison.

B: Tu as quelque chose à ________________ à la maison?

4 다음을 프랑스어로 말해 보세요.

1 나는 이번 주말에 한가해요. ________________

2 나는 할 게 많아요. ________________

3 계절에 따라 다르죠. ________________

4 저 좀 도와주실 수 있나요? ________________

5 너 이번 주말에 일해야 해? ________________

3 빈칸에 pouvoir/devoir 동사를 적절히 채워 넣고 우리말로 옮겨 보세요.

A: Tu ________________ parler anglais?

B: Non, je ne ________________ pas parler anglais.

Je ________________ apprendre l'anglais.

Mais, ça ________________ être difficile.

A: Si tu veux, je ________________ t'apprendre.

4 다음 질문에 알맞게 프랑스어로 답해 보세요.

1 질문 Il est quelle heure?

답 ________________

2 질문 On est quel jour aujourd'hui?

답 ________________

3 질문 Quel temps fait-il aujourd'hui?

답 ________________

Culture française

Les frites

감자튀김

사람들이 보통 'French fries(프렌치프라이)'라고 부르는 감자튀김을 프랑스어로는 'Frites(프리뜨)'라고 하는데, frites는 원래 프랑스 것이 아니라 이웃 나라 벨기에에서 온 것이다. 지금으로부터 수세기 전 벨기에의 불어권 지역인 나뮈르(Namur) 지방 뫼즈강(Meuse)에서 고기잡이를 하던 한 어민이 겨울철이면 물고기가 줄어 걱정이었다. 그러다 자신이 잡아올 고기를 기다리는 가족들을 생각해 떠올린 아이디어가 있었다. 바로 집 창고에 쌓여 있는 감자를 잔 물고기 모양으로 길고 가늘게 썰어 그것을 가지고 마치 이 고장 사람들이 작은 물고기를 잡아 튀김을 해 먹듯 기름에 튀겨 가족들 앞에 내놓는 것이었다. 그런데 의외로 그 감자튀김 맛이 고소하고 좋아 벨기에 나뮈르 지역 사람들이 이후로 frites를 즐겨먹기 시작했다는 것이다. 겉은 노릇노릇하고 바삭하게 튀겨지고 속은 하얗고 말랑말랑하게 익어야 제 맛인 감자튀김은 '프렌치프라이'라고 잘못 이름이 불릴 만큼 프랑스인들도 즐겨 먹는 음식이다. 프랑스 사람들은 스테이크와 frites, 소시지와 frites, 그리고 홍합과 frites 등 메인 음식에 frites를 곁들여 한 끼 식사로 많이들 먹으며, 바게트에 그냥 감자튀김만을 넣고 거기에 겨자 소스를 뿌려 샌드위치를 만들어 먹기도 한다. 특히 스테이크에 frites를 곁들인 Steak-frites(스떽-프리뜨)는 대학 식당 단골 메뉴이기도 한데, 프랑스를 여행하면서 Brasserie(브라스리) 같은 곳에 가서 점심 한 끼용으로 사 먹어 볼 만하다. 열량이 높고 값이 저렴하며 보통 패스트푸드점에서 나오는 것보다는 훨씬 맛있어 여행자들에게 괜찮은 음식이다.

14
A
TGV
4401
TGV 384002

LESSON 09 시내 방문하기

학습 목표

- 교통수단 이용하기
- 길 묻기
- 방문할 곳/볼 것 말하기
- Il faut~ 구문
- Il y a~ 구문

대화 ①

Track 37

Est-ce que ce bus va au musée du Louvre?

이 버스 루브르 박물관으로 가나요?

Mina: Pardon Monsieur!
Je voudrais aller au musée du Louvre.
Est-ce que ce bus va au musée du Louvre?

Un passant: Oui, il va au musée du Louvre.
Mais, vous pouvez prendre le métro aussi.
C'est plus rapide.

Mina: Ah bon! Je dois prendre quelle ligne?

Un passant: Il faut prendre la ligne 1 du métro.
Ensuite, vous descendez à la station
Palais-Royal–Musée du Louvre.

Mina: Ah, c'est simple! Merci beaucoup, Monsieur!

Un passant: De rien.

미나: 실례합니다. 선생님!
루브르 박물관에 가려고 하는데요.
이 버스 루브르 박물관에 가나요?
행인: 네, 루브르 박물관에 갑니다.
그런데 지하철을 타고 가셔도 돼요.
그게 더 빠르거든요.
미나: 그렇군요! 지하철 어떤 라인을 타야 하죠?
행인: 지하철 1번 라인을 타야 하고요.
빨레-르와얄-뮈제 뒤 루브르 역에서 내리세요.
미나: 간단하네요! 감사합니다.
행인: 별말씀을요.

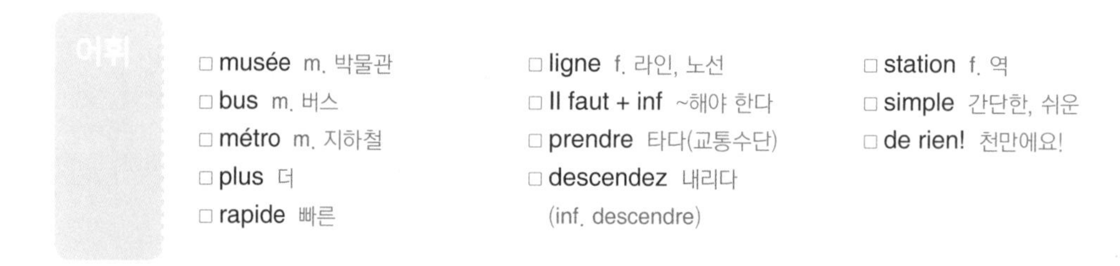
어휘

- □ musée m. 박물관
- □ bus m. 버스
- □ métro m. 지하철
- □ plus 더
- □ rapide 빠른
- □ ligne f. 라인, 노선
- □ Il faut + inf ~해야 한다
- □ prendre 타다(교통수단)
- □ descendez 내리다 (inf. descendre)
- □ station f. 역
- □ simple 간단한, 쉬운
- □ de rien! 천만에요!

표현

Je voudrais aller à~

'나는 ~에 가고 싶다'라는 표현으로 길을 물을 때 쓰기도 한다. aller 동사 뒤에는 '~에'에 해당하는 전치사 à를 쓰고 지명이나 장소를 말하면 된다. 더 간단하게 길을 묻는 표현으로 **Pour aller à + 지명/장소, s'il vous plaît?** 로 말해도 된다.

- Je voudrais aller au marché aux puces. 벼룩시장을 가려고 하는데요.
  Pour aller au marché aux puces, s'il vous plaît?
- Je voudrais aller à la Tour Eiffel. 에펠탑에 가려고 하는데요.
  Pour aller à la Tour Eiffel, s'il vous plaît?
- Je voudrais aller aux Champs-Élysées. 샹젤리제에 가려고 하는데요.
  Pour aller aux Champs-Élysées, s'il vous plaît?

Est-ce que ce bus va au musée du Louvre?

'이 버스는 루브르 박물관에 간다.'라는 평서문 앞에 Est-ce que를 붙여 의문문을 만든 것이다. 또는 그냥 끝을 올려 읽기만 하면 그대로 의문문이 된다. 따라서 'Ce bus va au musée du Louvre?'라고 질문해도 된다.

- Ce TGV va à Paris. 이 TGV는 파리로 간다.
- Est-ce que ce TGV va à Paris? 이 TGV는 파리로 갑니까?(Ce TGV va à Paris?)

Vous pouvez prendre le métro aussi.

'지하철을 타셔도 됩니다.'라는 표현인데, 여기서 pouvoir 동사는 '~해도 된다'의 의미로 쓰인 것이다. 앞서 공부한 것과 같이 pouvoir는 '~할 수 있다'라는 뜻 외에 '~해도 된다, ~해도 좋다'의 뜻이 있다.

- Je peux ouvrir la fenêtre? 창문 좀 열어도 될까요?
- Oui, vous pouvez ouvrir la fenêtre. 네, 창문 여셔도 됩니다.

C'est plus rapide.

형용사 rapide 앞에 '더, 더 많이'라는 뜻의 부사 plus를 붙여 '그게 더 빠르다'라는 표현을 만든 것이다. 이처럼 형용사 앞에 부사 plus를 붙이면 '더 ~한'이 된다.

- C'est plus facile. 이게 더 쉽다.
- C'est plus simple. 이게 더 간단하다.

Je dois prendre quelle ligne?

prendre(타다) 동사 앞에 devoir 동사를 써서 '어떤 라인을 타야 하죠?'라고 묻는 표현이다.

Il faut prendre la ligne 1 du métro.

Il faut + 동사 원형 구문은 **'~해야 한다'**, 즉 의무를 나타내는 **devoir + 동사 원형**과 같은 뜻으로 쓰인다. 여기서 Il은 비인칭 주어이며, faut(inf. falloir)는 언제나 비인칭 주어 il을 주어로 하는 동사이다.

- Je dois descendre où? 어디서 내려야 하나요?
- Il faut descendre devant la poste. 우체국 앞에서 내려야 해요.
- Il faut partir à quelle heure? 몇 시에 떠나야 해요?
- Vous devez partir à 11 heures. 11시에 떠나야 합니다.

1. 다음 장소를 찾아가기 위한 질문을 만들어 보세요.

❶ La Tour Eiffel. 에펠탑 가려고 하는데요.

____

❷ L'hôtel de ville. 시청에 가려면 지하철 어떤 라인을 타야 하나요?

____

❸ Le marché aux puces. 벼룩시장에 가려고 하는데요.

____

❹ L'aéroport Charles de Gaulle. 이 버스 드골 공항에 가나요?

____

대화 ②

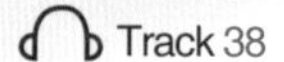
Track 38

Il y a beaucoup de choses à voir à Paris!

파리에는 볼 것이 참 많아!

À l'Office du Tourisme>

Suzi: Bonjour! Je voudrais le plan de Paris, s'il vous plaît!

Personnel: Bonjour! Voici, le plan de Paris. Où voulez-vous aller?

Suzi: D'abord, je vais à Montmartre. Ensuite, je vais aller visiter la cathédrale Notre-Dame de Paris. Il y a beaucoup de choses à voir à Paris!

Personnel: C'est vrai. Si vous voulez prendre le métro, il y a une station de métro juste en face.

Au guichet de Métro>

Suzi: Un ticket, s'il vous plaît.

Guichetier: Voilà, un ticket!

Suzi: Pour aller à Montmartre, s'il vous plaît?

Guichetier: D'abord, il faut prendre la ligne 4. Et après, il faut changer à la station Marcadet-Poissoniers.

Suzi: Ça prend combien de temps?

Guichetier: Il faut environ 25 minutes pour arriver là-bas.

관광 안내소〉

수지: 안녕하세요. 파리 지도 좀 주시겠어요.

직원: 파리 지도 여기 있습니다. 어디 가시려고요?

수지: 몽마르트르에 가려고요. 그러고 나서 노트르담 성당을 방문하려고요. 사실 파리에는 볼 것이 아주 많잖아요.

직원: 정말 그렇죠. 지하철 타시려면 바로 앞에 지하철역이 있습니다.

지하철 매표창구〉

수지: 표 한 장 주세요.

창구 직원: 여기 있습니다.

수지: 몽마르트르에 가려면 어떻게 가야 하죠?

창구 직원: 먼저 4번 라인을 타야 하고요. 마르까데 뿌와쏘니에 역에서 갈아타야 합니다.

수지: 시간이 얼마나 걸리나요?

창구 직원: 거기 도착하려면 25분 정도 필요합니다.

어휘

- □ office m. 사무소
- □ tourisme m. 관광, 여행
- □ plan m. (도시, 교통망 등의) 지도, 안내도
- □ d'abord 우선, 먼저
- □ cathédrale f. 성당
- □ Montmartre 몽마르트르
- □ après ~후에, 나중에
- □ voir 보다
- □ Notre-Dame de Paris 파리 노트르담 대성당
- □ il y a~ ~이 있다
- □ vrai(e) 사실의, 실제의
- □ juste 바로, 딱
- □ en face 정면으로, 맞은편에
- □ ticket m. 표, 승차권, 입장권
- □ et puis 그러고 나서, 다음에
- □ il faut ~해야 한다, ~이 필요하다
- □ changer 바꾸다, 갈아타다
- □ prendre 시간이 걸리다
- □ combien de~ 얼마나 많은
- □ environ 약, 대략
- □ là-bas 거기에

표현

Il y a beaucoup de choses à voir.

Il y a~는 '~이 있다'라는 뜻의 비인칭 주어 구문이다. **beaucoup de + 복수 명사**는 '~이 많은', '많은~'의 뜻으로, **Il y a beaucoup de + 복수 명사** 하면 '~이 많다'가 된다. 그리고 복수 명사 뒤에 따라오는 **à + 동사 원형**은 앞의 명사를 수식해 '~할 ~'의 뜻이 된다. beaucoup de choses à voir는 '많은 볼 것들'이다.

- beaucoup de choses à manger 많은 먹을 것들
- beaucoup de choses à faire 많은 할 것들
- beaucoup de choses à acheter 많은 살 것들

Notez bien!

그냥 '어떤 것'이라고 할 때는 영어의 'something'에 해당하는 quelque chose를 쓰면 된다.

- quelque chose à manger 먹을 것
- quelque chose à faire 할 것
- quelque chose à acheter 살 것

Si vous voulez prendre le métro

si는 여기서 가정 표현을 이끄는 접속사로 '만일 ~라면'의 뜻이다. 현재 사실에 대한 **단순한 가정**을 표현할 때는 **si + 직설법 현재 평서문**을 쓰면 된다.

- Si tu veux, tu peux m'appeler. 네가 원한다면 전화해도 돼.
- Si vous fumez, il faut aller dans l'espace fumeur. 담배를 피우신다면 흡연 구역으로 가셔야 합니다.

Pour aller à Montmartre, s'il vous plaît?

직역하면 '~에 가기 위해서'의 뜻으로 길을 물을 때 **Pour aller à + 장소**를 말하면 **Je voudrais aller à + 장소**와 마찬가지로 '~를 어떻게 가야 하나요?'라는 질문이 된다.

Ça prend combien de temps?

'시간이 ~걸리다'라는 표현에서는 prendre 동사를 쓴다. '얼마의~'의 뜻인 combien de~에 temps을 붙여 '얼마의 시간이 걸립니까?'라는 질문이 된다. 대답은 **'Ça prend** 25 minutes.' 또는 '**Il faut** 25 minutes.'와 같이 할 수 있다.

Il faut environ 25 minutes.

Il faut 뒤에 명사가 나오면 '~해야 한다'가 아니라 **'~이 필요하다'**가 된다. 즉 '25분 정도가 필요하다.'라는 뜻이다.

1. 파리 시내에서 대중교통을 이용해 관광 명소를 찾아가는 상황입니다. 다음 질문과 답변을 완성해 보세요.

❶ A: Je ____________ au musée d'Orsay, s'il vous plaît?

❷ B: Vous pouvez ____________ ce bus.

❸ A: Ça ____________ combien de temps?

❹ B: Il ____________ environ 15 minutes.

2. 프랑스에서 방문하고 싶은 명소를 말하세요.

질문 Où voulez-vous aller en France?

에펠탑 La Tour Eiffel

개선문 L'Arc de Triomphe

노트르담 La cathédrale de Notre-Dame de Paris

지중해 La mer Méditerranée

알프스 Les Alpes

문법

Il faut~ : ~해야 한다, ~이 필요하다

비인칭 주어 Il을 주어로 하는 동사 faut(inf. falloir) 다음에는 명사 또는 동사 원형이 올 수 있다. 비인칭 주어로 쓰이는 Il은 해석되지 않으며, Il faut 뒤에 명사가 오면 '~이 필요하다', 뒤에 동사 원형이 오면 '~해야 한다'이다.

❶ Il faut + 명사 : ~이 필요하다

- Il faut du temps. 시간이 필요해.
- Il faut de l'argent. 돈이 필요해.

❷ Il faut + 동사 원형 : ~해야 한다(의무의 표현)

- Il faut faire attention. 조심해야 해.
- Il faut travailler à la maison. 집에서 일을 해야 해.

Il faut + 동사 원형은 **devoir + 동사 원형**과 같은 뜻으로 바꿔 쓸 수 있는데, devoir 동사는 주어 인칭에 따라 변화를 하지만 falloir 동사는 비인칭 주어 il을 문장의 주어로 하기 때문에 언제나 'Il faut~'로 쓰인다.

- Il faut rester à la maison. → Je dois rester à la maison. 나는 집에 있어야 한다.
- Il faut préparer le dîner. → On doit préparer le dîner. 우리는 저녁을 준비해야 한다.

명사 à + 동사 원형 : ~할 ~

명사 뒤에 오는 **à + 동사 원형**은 앞의 명사를 수식해 '~할 ~'의 뜻이 된다. 예를 들면 un problème à régler는 '해결해야 할 문제'인데, à régler는 앞에 놓인 명사 problème을 꾸며 주는 말로 '해결할'의 뜻이다.

- J'ai quelque chose à faire. 난 할 일이 있어.
- Il y a beaucoup d'endroits à visiter. 방문할 만한 장소들이 많습니다.
- Elle a des e-mails à envoyer. 그녀는 보내야 할 메일들이 있다.

1. 다음 동사를 빈칸에 알맞게 완성해 보세요.

manger   faire   apprendre   visiter

❶ Au restaurant, il y a beaucoup de choses ____________.

❷ À l'école, il y a beaucoup de choses ____________.

❸ Au bureau, il y a beaucoup de travail ____________.

❹ À Paris, il y a beaucoup de monuments ____________.

2. 다음을 프랑스어로 옮겨 보세요.

❶ 시간이 필요해.

____

❷ 나는 프랑스어를 배워야 해요.

____

❸ 비행기를 타야 합니다.

____

❹ 관광 안내소에 가야 해.

____

❺ 당신은 한국으로 떠나야 합니다.

____

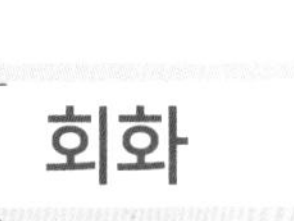

회화

Track 39

Suzi:	Pardon Madame! On voudrait voir l'Arc de Triomphe. Est-ce qu'on peut y aller en taxi?
Une Passante:	Oui. Mais, vous savez, l'Arc de Triomphe n'est pas très loin d'ici.
Suzi:	Ah bon?
Une Passante:	Ce n'est pas difficile. Vous pouvez y aller à pied.
Minho:	Pouvez-vous nous indiquer le chemin, s'il vous plaît?
Une Passante:	Bien sûr! Vous allez tout droit jusqu'à la place de la Concorde, et ensuite, vous tournez à gauche. Et, vous pouvez voir l'Arc de Triomphe au bout de la grande avenue.
Minho:	Oui, c'est vrai que ce n'est pas difficile! Merci beaucoup, Madame!
Une Passante:	De rien!

수지: 실례합니다. 개선문을 보려고 하는데요.
거기 택시를 타고 갈 수 있나요?
행인(여): 네.
하지만, 개선문은 여기서 그리 멀지 않은 거 아세요?
수지: 아, 그런가요?
행인(여): 어렵지 않아요. 걸어서 가셔도 돼요.
민호: 길 좀 알려 주실 수 있나요?
행인(여): 물론이죠. 직진하세요. 콩코드 광장까지요. 그러고 나서 왼쪽으로 도세요. 그럼 대로 끝에 개선문을 보실 수 있어요.
민호: 아 정말 어렵지 않네요! 대단히 감사합니다.
행인(여) : 별말씀을요!

어휘

- □ l'Arc de Triomphe m. 개선문
- □ y 거기(앞서 언급된 장소, 위치 등을 받는 중성 대명사)
- □ taxi m. 택시
- □ en ~을 타고(교통수단)
- □ savez 알다(inf. savoir)
- □ loin de~ ~에서 먼
- □ ici 여기
- □ difficile 어려운
- □ pied m. 발
- □ à pied 걸어서
- □ indiquer 알려 주다, 가르쳐 주다
- □ chemin m. 길
- □ droit(e) 오른쪽의
- □ tout droit 직진해서
- □ jusqu'à ~까지
- □ place f. 광장
- □ gauche 왼쪽의
- □ à gauche 왼쪽으로
- □ continuez 계속하다 (inf. continuer)
- □ bout m. 끝
- □ jusqu'au bout 끝까지
- □ avenue f. 대로

방향 말하기

Tout droit 직진
Vous allez tout droit.
= Allez tout droit.
직진해서 가세요.

À gauche 왼쪽으로
Vous tournez à gauche.
= Tournez à gauche.
왼쪽으로 도세요.

À droite 오른쪽으로
Vous tournez à droite.
= Tournez à droite.
오른쪽으로 도세요.

Notez bien!

'~하세요' : 2인칭 복수 Vous에 대한 명령형
직설법 현재 평서문에서 주어 Vous만 없애면 바로 '~하세요' 하는 공손한 명령형이 된다.

~을 타고 가다(교통수단)

어떤 교통수단을 '타고 가다'라는 표현은 다음과 같이 전치사 **à / en + 교통수단을 나타내는 명사**로 할 수 있다.

à pied : 걸어서

- Mon fils va à l'école à pied. 제 아들은 걸어서 학교에 가요.

en voiture : 자동차로

- Je vais au travail en voiture. 저는 차로 직장에 가요.

en train : 열차로

- Vous allez à Lyon en train? 리옹에 기차로 가시나요?

en avion : 비행기로

- On voyage en avion. 우리는 비행기로 여행을 합니다.

en bateau : 배로

- On peut aller jusqu'à Londres en bateau. 런던까지 배로 갈 수 있다.

연습문제

1 다음을 듣고 물음에 답해 보세요. Track 40

1. 여성은 어디에 가려고 하나요? ____________________
2. 남성은 여성에게 무엇을 타고 가라고 말했나요? ____________________
3. 남성은 여성에게 어디서 내리라고 알려 줬나요? ____________________

2 다음을 알맞게 완성해 보세요.

1. Tu vas à l'hôtel (   )? 걸어서
2. On va à Londres (   ). 비행기로
3. Nous allons au Japon (   ). 배로
4. Il voyage (   ). 기차로
5. Je vais en Belgique (   ). 차로

3 'Il faut~'를 이용해 다음을 알맞게 완성해 보세요.

1. Il faut ____________________. 돈이 필요해요.
2. Il faut ____________________. 조심해야 해요.
3. Il faut ____________________. 직진해서 가야 해요.
4. Il faut ____________________. 먹을 것이 필요해요.
5. Il faut ____________________. 프랑스어를 배워야 해요.
6. Il faut ____________________. 왼쪽으로 돌아야 합니다.

4 'Il y a~'를 이용해 다음 사진에 맞는 문장을 만들어 보세요.

1. 

테이블 위 고양이 두 마리

2. 

여자 아이 한 명

3. 

많은 책

4. 

많은 꽃

5. 

바게트 세 개

Culture française

Les arrondissements de Paris

파리의 구

파리 시는 20개의 Arrondissements(아롱디스멍 : 구)로 나뉘어 있다. 우리 식으로는 구에 해당하는 행정 단위로 파리, 리옹, 마르세유 같은 대도시에는 arrondissement의 구분이 있다. 파리 시의 arrondissement을 익히는 것은 매우 쉽다. 1구에서부터 20구까지 파리 정중앙부에서부터 시계 방향으로 달팽이 모양을 그리며 돌아가기 때문이다. 루브르 박물관은 1구, 노트르담 성당은 4구, 샹젤리제는 8구, 에펠탑은 7구에 있는데, 파리 시의 중요한 역사적 기념물과 건축물은 대부분 센 강을 끼고 위아래로 이어지는 1구에서부터 10구까지에 자리를 하고 있다.

서울은 한강을 중심으로 강북, 강남을 나누지만 파리는 센(La Seine) 강을 중심으로 강 왼쪽과 강 오른쪽, 즉 센 강 좌안, 우안으로 구별을 한다. 지도상으로 볼 때 센 강 아래쪽, 즉 남쪽이 Rive Gauche(리브 고슈), 좌안에 해당하고, 위쪽이 Rive Droite(리브 드루와뜨) 우안에 해당한다. 지도상의 센 강 남쪽 Rive Gauche의 5구, 6구는 특히 명품 Boutique(부띠끄 : 고급 상점)들이 즐비하며 유명 지식인, 예술인 등이 몰려 사는 부르주아 구역(Quartier Bourgeois)이기도 하다.

LEÇON 10

쇼핑하기

학습 목표

- 물건에 대해 말하기
- 가격 물어보기/지불하기
- Penser 동사

대화 ①

Track 41

C'est un peu cher. 좀 비싼 것 같아요.

Dans un magasin de souvenir>

M. Kim: Bonjour Madame, on cherche un souvenir.
Quelque chose de spécial
pour une amie coréenne.

Vendeuse: Ah, d'accord.
Je vous montre les foulards en soie.

Mme Kim: Oh, c'est superbe!
Les couleurs sont vraiment jolies.

M. Kim: C'est vrai. C'est combien, Madame?

Vendeuse: C'est 100 euros.

M. Kim: 100 euros! C'est un peu cher quand même.
Avez-vous d'autres choses un peu moins cher?

Vendeuse: Bien sûr, nous avons des sacs, des parfums.

Mme Kim: Ah oui, mais moi, je préfère les foulards.

기념품 가게〉

M. 김: 안녕하세요, 기념선물을 하나 찾는데요. 한국에 있는 친구를 위한 좀 특별한 것으로요.

판매원: 아 네, 알겠습니다. 실크 스카프를 보여 드릴게요.

Mme 김: 와 멋진데요! 색깔이 정말 예뻐요.

M. 김: 정말 그렇네. 이거 얼마죠?

판매원: 100유로입니다.

M. 김: 100유로요! 좀 비싼 것 같네요. 다른 것 있나요? 으… 좀 덜 비싼 것으로요.

판매원: 물론 다른 것들도 있죠. 가방, 향수 등이요.

Mme 김: 하지만 나는 스카프가 더 좋아요.

어휘

- □ cherche 찾다(inf. chercher)
- □ souvenir m. 기념품, 추억, 기억
- □ spécial(e) 특별한
- □ en ~에(국가명, 지명 앞), ~으로 된(재료, 재질)
- □ superbe 멋진, 훌륭한, 화려한
- □ vraiment 정말로
- □ combien 얼마, 얼마만큼, 얼마나(수량)
- □ un peu 약간, 조금
- □ quand même 그렇다 해도, 그렇지만
- □ autre 다른
- □ moins ~보다 덜 ~한
- □ bien sûr! 물론이죠!
- □ sac m. 가방
- □ parfum m. 향수
- □ préfère 더 좋아하다(inf. préférer)

표현

Quelque chose de spécial

quelque chose는 영어의 'something'에 해당하는 말로 '어떤 것(일)'의 뜻이다. **quelque chose 뒤에 de + 형용사**가 붙으면 **'무엇인가 ~한 것'**이 된다. 예를 들면 **quelque chose de bizarre**는 '뭔가 이상한 것'이다.

- quelque chose de différent 뭔가 다른 것
- quelque chose de mignon 뭔가 귀여운 것
- quelque chose de charmant 뭔가 매력적인 것

Je vous montre les foulards en soie.

타동사인 montrer는 '무엇을 보여 주다'의 뜻이며, 앞에 vous는 여기서 간접목적보어로 '당신에게'의 의미로 쓰인 것이다. 즉 직역하면 '나는 당신에게 실크로 된 스카프를 보여 준다.'이다. 전치사 en은 재료, 재질을 나타내는 명사 앞에서 '~으로 된, ~으로 만든'의 뜻이 된다.

- T-shirt en coton 면 티셔츠
- Maison en pierre 돌 집
- Table en bois 나무 테이블

Je préfère les foulards.

préfère(inf. préférer)는 '~을 더 좋아하다'라는 뜻이다. 무언가 비교의 대상이 있어 '그것보다는 이것을 더 좋아한다'는 말을 할 때는 préférer 동사를 사용해 'Je préfère ça!'와 같이 표현한다.

확인

1. 다음을 프랑스어로 옮겨 보세요.

❶ 뭔가 덜 비싼 것
quelque chose ____________________

❷ 뭔가 특별한 것
quelque chose ____________________

❸ 뭔가 예쁜 것
quelque chose ____________________

❹ 뭔가 이상한 것
quelque chose ____________________

대화 ②

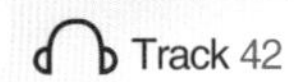

C'est un peu grand pour moi. 저에게 좀 커요.

Dans un magasin de vêtements et chaussures>

Mme Kim: Bonjour, je cherche un pantalon pour moi et des chaussures pour mon mari.

Vendeuse: Très bien, voici, un pantalon en coton pour Madame.
Et, des chaussures pour Monsieur.
Vous pouvez essayer ça.

M. Kim: Oui, je vais essayer les chaussures noires.

Vendeuse: Alors, comment va la taille Monsieur?
Et vous, Madame?

Mme Kim: C'est un peu grand pour moi.
Je vais essayer ce pantalon gris.

Vendeuse: Pas de problème!

Mme Kim: Oh, je pense que ça te va très bien.

Venduese: Et vous Monsieur? Ça vous plaît?

M. Kim: Oui. Ça me plaît beaucoup.

옷과 신발 가게에서〉

Mme 김: 안녕하세요. 제 바지와 제 남편 신발을 찾고 있는데요.
판매원: 좋습니다. 이것은 부인을 위한 면 바지이고요.
선생님 신으실 신발도 있습니다.
여기 있습니다. 착용해 보셔도 돼요.
M. 김: 네, 저는 검은색 신발 좀 신어 볼게요.
판매원: 사이즈 괜찮으세요? 부인은 어떠신가요?
Mme 김: 저한테 조금 크네요.
이 회색 바지로 입어 볼게요.
판매원: 문제없습니다.
Mme 김: 당신한테 아주 잘 어울리는 것 같은데.
판매원: 선생님은요? 마음에 드세요?
M. 김: 네, 아주 마음에 드네요.

- □ **magasin** m. 상점, 가게
- □ **vêtement** m. 옷, 의류
- □ **chaussures** f.pl. 신발
- □ **pantalon** m. 바지
- □ **coton** m. 면
- □ **essayer** 써 보다, (신발, 옷 등을) 착용해 보다
- □ **alors** 그러면, 그래서
- □ **un peu** 약간
- □ **gris(e)** 회색의
- □ **Pas de problème!** 문제없습니다! 물론입니다!
- □ **plaît** 마음에 들다(inf. plaire)
- □ **pense** 생각하다(inf. penser)

표현

Vous pouvez essayer.

물건을 살 때, 특히 옷이나 신발을 살 경우 착용해 볼 수 있다는 말은 '~을 시험 삼아 써 보다, 테스트하다'의 뜻인 essayer 동사로 한다.

- Je peux essayer? 입어 봐도 되나요?
- Vous pouvez essayer. 입어 보셔도 됩니다.
- Vous voulez essayer? 착용해 보시겠어요?
- Je vais essayer. 한번 착용해 볼게요.

Commet va la taille?

Comment va~? 또는 Ça va~? 뒤에 치수, 사이즈의 뜻인 taille를 붙이면 '치수 어떠세요?', couleur(색상)를 붙이면 '색상 괜찮으세요?'와 같은 표현이 된다.

C'est un peu grand pour moi.

'나에게는 약간 ~하다'라는 표현은 **C'est un peu 형용사 pour moi**, '나에게는 너무 ~하다'라는 표현은 **C'est trop 형용사 pour moi**와 같이 하면 된다. trop는 '매우, 몹시, 너무'의 뜻으로 형용사 앞에 쓰여 '지나치게 ~하다'는 의미가 된다.

- 작다 C'est un peu petit pour moi. C'est trop petit pour moi.
- 싱겁다 C'est un peu fade pour moi. C'est trop fade pour moi.
- 비싸다 C'est un peu cher pour moi. C'est trop cher pour moi.

Pas de problème!

'문제없다! 물론이다!'라는 뜻의 구어 표현인데, 원래는 '(Il n'y a) pas de problème!'으로 앞에 '~이 없다'는 뜻의 부정 표현 Il n'y a가 생략된 것이다.

Ça vous plaît?

plaît(inf. plaire) 동사는 '~의 마음에 들다'의 뜻으며, 앞에 me(나에게), te(너에게), vous(당신에게)와 같은 간접 목적보어 인칭대명사를 쓰면 '그것이 ~의 마음에 든다'는 표현이 된다.

- Ça vous plaît? 마음에 드시나요?
- Ça te plaît? 마음에 드니?
- Oui, ça me plaît beaucoup. 아주 마음에 들어요.

Je pense que ça te va très bien.

penser que 주어 + 동사는 que~ 이하라고 생각한다는 말이 된다. va(inf. aller)는 여기서 '어울리다'의 의미로 쓰인 것이다.

- Je pense que ça vous va très bien. 당신에게 아주 잘 어울리는 것 같아요.
- Tu penses que ça ne me va pas bien? 나한테 잘 안 어울린다고 생각하니?

1. 다음 대화를 완성해 보세요.

❶ A: Je ____________________ ce pantalon bleu? 저 파란 바지 좀 입어 봐도 될까요?

❷ B: __________, __________ ! 물론이죠. 문제없습니다.

❸ A: __________ la couleur? 색상은 괜찮으세요?

❹ B: La couleur __________. 색상은 아주 마음에 들어요.

❺ A: Comment va __________? 사이즈 괜찮으세요?

❻ B: C'est ____________________. 저에게 좀 작은 것 같아요.

문법

Penser 동사 표현

penser 동사는 1군 동사로 규칙 변화를 한다. 우선 자동사로 그냥 '생각한다, 사고한다'의 의미로 쓰이기도 하고, 또 타동사로 '~을 생각한다, ~에 대해 생각한다, ~라고 생각한다'로 쓰이기도 한다.

■ Penser 동사

Je pense	Nous pensons
Tu penses	Vous pensez
Il/Elle pense	Ils/Elles pensent

❶ penser : 생각한다
- Je pense, donc je suis. 나는 생각한다. 그러므로 존재한다.(René Descartes)
- Je pense, donc j'écris. 나는 생각한다. 그러므로 글을 쓴다.
- Je pense, donc je vote. 나는 생각한다. 그러므로 투표한다.

❷ penser à~ : ~에 대해 생각한다
- Je pense à toi tout le temps. 나는 항상 너를 생각해.
- Je pense à mon avenir. 나는 나의 미래에 대해 생각한다.
- Je ne pense à rien. 아무 생각도 안 해.

❸ penser que 주어 + 동사 : ~라고 생각한다
- Tu penses que c'est vrai? 너는 그게 사실이라고 생각해?
- Je pense qu'il est un peu bizarre. 나는 그가 좀 이상하다고 생각해.
- Nous pensons qu'elle peut réussir. 우리는 그녀가 성공할 수 있으리라 생각합니다.
- Je pense qu'elle est très intelligente. 나는 그녀가 매우 똑똑하다고 생각해.
- Vous pensez que c'est normal? 그게 정상적이라고 생각하시나요?

〈Le Penseur : 생각하는 사람〉
Auguste Rodin(오귀스트 로댕)의 청동조상, 1880년 작

1. penser 동사를 이용해 다음 문장들을 완성해 보세요.

❶ Je ________ qu'elle est très sympathique.

❷ Vous ________ que c'est vrai?

❸ Tu ________ qu'il est honnête?

❹ Elle ________ que cette histoire est ridicule.

❺ Je ________, donc je suis.

❻ Ils ne ________ à rien.

회화

Track 43

Mme Kim:	Oh! Cette jupe rouge me plaît. C'est combien, Madame, avec les chaussures de mon mari?
Vendeuse:	La jupe est à 53 euros, et les chaussures sont à 77 euros. Ça fait 130 euros en tout.
Mme Kim:	Si on achète le tout, pouvez-vous nous faire une réduction?
Vendeuse:	Hmm… oui! Je vous fais 10% de réduction. Donc, ça vous fait maintenant un total de 117 euros.
Mme Kim:	Oh merci!

Mme 김: 이 붉은색 치마도 마음에 드네요. 이거 얼마죠? 제 남편 신발도 함께요.
판매원: 치마는 53유로입니다. 그리고 신발은 77유로이고요. 전부 130유로입니다.
Mme 김: 이거 다 사면 가격 좀 깎아 주실 수 있나요?
판매원: 으… 알겠습니다! 10% 할인해 드리죠. 그래서 이제 총 117유로이네요.
Mme 김: 감사합니다!

어휘

- □ achète 사다, 구입하다(inf. acheter)
- □ tout m. 전부, 전체
- □ prix m. 가격
- □ réduction f. 할인
- □ donc 그러므로

Qu'est-ce que vous en pensez? : (그것에 대해) 어떻게 생각하세요?

이미 언급된 내용에 대해 또는 서로 알고 있는 내용에 대해 그냥 상대의 생각을 물을 때 중성대명사 en을 써서 다음과 같이 질문할 수 있다. en은 여기서 '그것에 관해서'에 해당한다.

- 질문 Qu'est-ce que vous en pensez? (그것에 대해) 어떻게 생각하세요?
  답 Je pense que c'est normal. 저는 그것이 당연하다고 생각해요.
  답 Je pense qu'il a raison. 나는 그가 옳다고 생각해요.

- 질문 Qu'est-ce que tu en penses? (그것에 대해) 어떻게 생각해?
  답 Je pense que ce n'est pas normal. 나는 그것이 정상적이지 않다고 생각해.
  답 Je pense qu'il a tort. 나는 그가 틀리다고 생각해요.

Je préfère A à B: B보다 A를 더 좋아한다

'~을 더 좋아하다'의 뜻인 préférer(inf) 동사를 이용해 아래와 같은 표현을 만들 수 있다.

- Je préfère la mer à la montagne. 저는 산보다 바다를 더 좋아해요.
- Je préfère Paul McCartney à John Lenon. 나는 존 레논보다 폴 맥카트니가 더 좋아.
- Je préfère Paris à Londres. 나는 런던보다 파리가 더 좋아요.
- Je préfère le café au thé. 나는 차보다 커피가 더 좋아.

좀 깎아 주세요!

상점에서 물건 값을 깎고 싶을 때 다음과 같은 표현을 사용할 수 있다. 가격을 할인해 달라는 뜻이다.

- Pouvez-vous nous(me) faire un prix?
- Pouvez-vous nous(me) faire une réduction?

연습문제

1 다음 대화를 듣고 물음에 답해 보세요. Track 44

1 손님은 무엇을 사러 간 건가요? ______________________

2 판매원은 손님에게 어떤 색깔들을 보여 줬나요? ______________________

3 손님은 어떤 색깔을 고르나요? ______________________

2 빈칸에 알맞은 전치사를 채워 넣고 우리말로 옮겨 보세요.

1 J'ai besoin ________ quelque chose ________ spécial.

2 Il cherche une cravate ________ soie.

3 Tu penses que c'est trop petit ________ moi?

4 Je préfère le pizza ________ sandwich.

3 다음을 프랑스어로 써 보세요.

1 나는 생각한다, 고로 존재한다. ______________________

2 어떻게 생각해? ______________________

3 나는 그것이 너에게 잘 어울린다고 생각해. ______________________

4 네 마음에 드니? ______________________

5 내 마음에 쏙 들어. ______________________

4 두 가지 중 자신이 더 좋아하는 것을 말해 보세요.

1 산과 바다 ______________________

2 커피와 차 ______________________

3 테니스와 축구 ______________________

4 고기와 생선 ______________________

Culture française

Notre-Dame

노트르담 / 성모 마리아

Notre-Dame(노트르담)은 직역하면 '우리의 여인'이라는 뜻이다. 그런데 프랑스어로는 성모 마리아를 바로 '노트르담'이라고 한다. 프랑스에는 웬만한 도시에 가면 다 노트르담 성당이 있는데 이는 즉 우리말로 하면 '성모 마리아 성당'인 것이다. 예를 들면 'Notre-Dame de Paris(노트르담 드 파리 : 파리의 노트르담 성당)', 'Notre-Damde de Chartres(노트르담 드 샤르트르 : 샤르트르의 노트르담 성당)' 등이다. 한국에서는 '노트르담의 꼽추'로 알려진 프랑스 문호 빅토로 위고의 장편 소설은 원제가 'Notre-Dame de Paris'로 실은 '파리 노트르담 성당'이다. 한국어 제목은 남자 주인공 콰지모도가 꼽추여서 '노트르담의 꼽추'라 따온 것이지만, 원작의 제목은 파리 노트르담 성당을 배경으로 소설 속 주인공들의 모든 이야기가 전개되기 때문에 이처럼 'Notre-Dame de Paris'라 붙여진 것이다. 이밖에도 프랑스에서 노트르담은 성모 마리아를 공경하고 기리기 위한 수도원, 가톨릭 학교 등의 이름으로 널리 쓰인다.

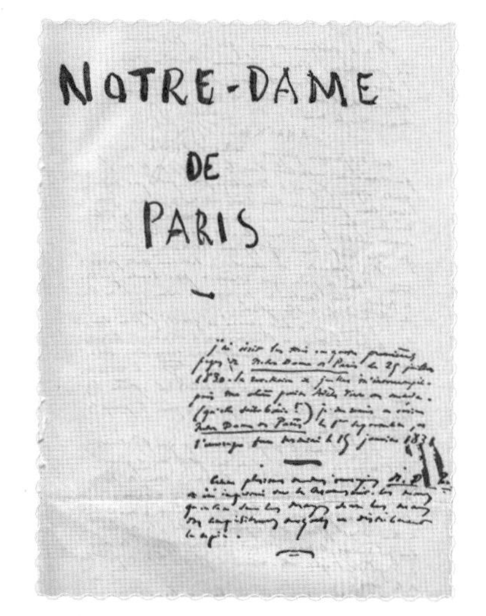
NOTRE-DAME

DE

PARIS

PO
PARIS-ORLEANS
PO

LEÇON 11 호텔 투숙하기

학습 목표

- 숙소 예약하기
- 방 설명하기
- 필요한 것 말하기
- avoir besoin de + q·c
- 전치사 pour의 쓰임

대화 ①

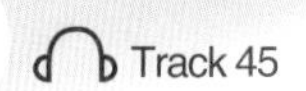

Je voudrais une chambre. 방 하나 주세요.

Dans un hôtel>

Minho: Bonjour Monsieur!
Je voudrais une chambre, s'il vous plaît.

Réceptionniste: Bien sûr, Monsieur!
Il y a des chambres avec douche
et des chambres avec bain.

Minho: Je voudrais une chambre avec bain,
s'il vous plaît.

Réceptionniste: Pour combien de nuits?

Minho: Pour deux nuits.

Réceptionniste: D'accord! C'est 85 euros la nuit.

Minho: Est-ce que le petit déjeuner est compris?

Réceptionniste: Oui, Monsieur!
Vous pouvez prendre votre petit déjeuner
à partir de 7 heures jusqu'à 9 heures et demie.

호텔에서〉

민호: 안녕하세요. 방 하나 주세요.

리셉션 직원: 네. 샤워기가 있는 방이 있고 욕조가 있는 방이 있습니다.

민호: 욕조 있는 방으로 주세요.

리셉션 직원: 며칠 밤 묵으시나요?

민호: 이틀 밤이요.

리셉션 직원: 알겠습니다! 하룻밤에 85유로입니다.

민호: 아침 식사는 포함돼 있나요?

리셉션 직원: 그렇습니다. 아침 식사는 7시부터 9시 반까지 드실 수 있습니다.

어휘

- □ chambre f. 방
- □ avec ~와 함께, ~를 가지고 있는
- □ douche f. 샤워
- □ bain m. 목욕, 욕조
- □ pour ~을 위해, ~동안
- □ nuit f. 밤
- □ petit déjeuner m. 아침 식사
- □ compris(e) 포함된
- □ à partir de~ ~부터
- □ jusqu'à~ ~까지
- □ demi(e) 절반의(시간에서는 30분)

표현

Je voudrais une chambre.

호텔에서 방을 잡을 때 **Je voudrais + 원하는 것**으로 말하면 된다. 그리고 뒤에 '~이 있는, ~을 가지고 있는'의 뜻인 **전치사 avec + 명사**를 붙여 **~이 있는 방을 원한다**고 할 수 있다.

- Je voudrais une chambre avec bain. 욕조가 있는 방을 원합니다.
- Je voudrais une chambre avec vue. 전망 좋은 방을 원해요.
- Je voudrais une chambre avec 2 lits. 침대 두 개 있는 방으로 주세요.

Pour combien de nuits?

전치사 pour는 '~을 위하여'의 뜻으로도 쓰이지만 뒤에 시간을 나타내는 말이 오면 '~동안'의 의미가 된다. combien de~는 '얼마의~'의 뜻으로 뒤에 복수 명사 nuits가 붙으면 '얼마의 밤' 즉, '며칠 밤'이 된다.

- Combien de jours 며칠
- Combien de semaines 몇 주
- Combien de temps 얼마 동안

Le petit déjeuner est compris?

déjeuner는 보통 '점심 식사'를 뜻하는데, 앞에 petit를 붙이면 '아침 식사'가 된다. 아침에는 간소한 식사를 한다는 의미도 있다.

À partir de 7 heures jusqu'à 9 heures et 30.

à partir de는 '~부터', jusqu'à는 '~까지' 즉, '~부터 ~까지'의 표현이다. de A à B 역시 'A부터 B까지'인데, 전자의 경우 시작 시점과 끝나는 시점을 더 강조한 표현이 된다.

확인

1. 다음을 알맞게 완성해 보세요.

❶ ____________ une chambre. 방 하나 주세요.

❷ ____________ une chambre ____________ 전망이 좋은 방 하나 주세요.

❸ ____________ une chambre ____________ 샤워 부스가 있는 방 하나 주세요.

❹ ____________ ____________ nuits? 며칠 밤 묵으실 건가요?

❺ ____________ trois nuits, s'il vous plaît. 3일 묵을 겁니다.

2. 다음을 알맞게 완성해 보세요.

❶ Je suis à l'école ____________ 10 heures ____________ 14 heures.

❷ Il y a une chambre ____________ douche.

❸ Je voudrais une chambre ____________ 3 jours.

대화 ②

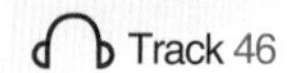

C'est une chambre très calme. 아주 조용한 방이에요.

Madame Lee: Bonjour! Nous avons une réservation au nom de Jina Lee.

Réceptionniste: Ah oui, vous avez fait une réservation sur internet. Voici, la clé! Vous avez la chambre numéro 215 au premier étage.

Madame Lee: C'est bien une chambre avec un grand lit?

Réceptionniste: Oui, c'est bein cela. C'est une chambre très calme.

Monsieur Lee: D'accord. Et le petit déjeuner est compris dans le prix de la chambre?

Réceptionniste: Ah non, Monsieur! C'est en plus. C'est 7 euros par personne.

Mme 이: 안녕하세요. 우리는 지나 리 이름으로 방 예약을 했습니다.
리셉션 직원: 아 네, 인터넷 예약을 하셨군요. 여기 열쇠 있습니다. 2층 215호실입니다.
Mme 이: 큰 침대가 있는 방 맞죠?
리셉션 직원: 네 그렇습니다. 매우 조용한 방입니다.
M. 이: 알겠습니다. 방 가격에 아침 식사가 포함돼 있나요?
리셉션 직원: 아닙니다. 선생님, 추가로 하시는 거예요. 한 사람에 7유로씩이요.

- □ **réservation** f. 예약
- □ **au nom de~** ~의 이름으로
- □ **sur** ~위에
- □ **internet** m. 인터넷
- □ **sur internet** 인터넷상으로
- □ **clé** f. 열쇠
- □ **premier(première)** 첫 번째의
- □ **étage** m. 층
- □ **lit** m. 침대
- □ **calme** 평온한, 조용한
- □ **dans** ~안에
- □ **prix** m. 가격
- □ **en plus** 추가로 더, ~이외에도
- □ **par** ~에 의해, ~단위로
- □ **par personne** 한 사람당

Nous avons une réservation au nom de~

'~의 이름으로 예약한 건이 있습니다'라고 할 때 au nom de~를 이용해 이처럼 표현할 수 있다. 호텔이나 공항, 식당 등에서 다 쓰일 수 있다.

- Au nom de M. le Président 대통령의 이름으로
- Au nom de ma mère 우리 엄마의 이름으로

Au premier étage

전치사 À + le premier étage가 Au premier étage가 된 것인데, 직역을 하면 '첫 번째 층에'지만 한국식으로 말하면 '2층에'이다. 프랑스에서는 건물 층을 말할 때 지상 층에서 하나씩 층이 올라갈 때마다 서수로 첫 번째 층, 두 번째 층과 같이 센다. 그래서 premier étage는 2층, 2ème étage는 3층, 3ème étage는 4층이다.

C'est bien une chambre avec un grand lit?

여기서 bien은 '바로, 정말, 분명히'의 뜻으로, 'C'est bien~ '은 '~이 맞음을 확인, 강조'하는 의미이다.

- C'est bien elle. 바로 그녀가 맞다.
- C'est bien ça. 그게 맞습니다.

C'est bien cela(ça).

C'est cela(ça)는 '그것은 바로 그렇다.' 즉 '맞다, 사실이다'라는 긍정의 표현이다. 여기에 bien을 넣으면 더 강조가 된다.

- C'est bien ça. 바로 그렇습니다.
  =C'est bien cela.

1. 그림 속의 방에 대해 설명해 보세요.

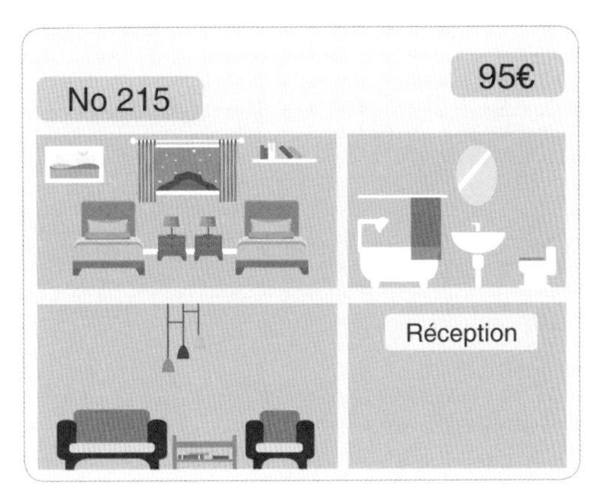

❶ 질문 Qu'est-ce qu'il y a dans la chambre?
답 Il y a ____________________

❷ 질문 La chambre avec 2 lits est à quel étage?
답 La chambre avec 2 lits est ____________________

❸ 질문 C'est combien la nuit?
답 C'est ____________________

문법

전치사 pour의 쓰임

전치사 pour는 대표적으로 '~을 위해, ~을 위한'의 뜻으로 쓰이지만 다음과 같이 다양한 의미로도 사용된다.

❶ 목적, 용도(~을 위한, ~을 위해)

- Je voudrais une chambre pour 2 personnes. 두 사람을 위한 방 하나 주세요.
- C'est un cadeau pour toi, mon amour. 나의 사랑, 이것은 당신을 위한 선물이에요.

❷ 행선지(~을 향해)

- Il part ce soir pour la France. 그는 오늘 저녁 프랑스로 떠난다.
- On va réserver un TGV pour Avignon. 우리는 아비뇽 가는 TGV를 예약할 것이다.

❸ 예정, 기간(~기간으로, ~예정으로)

- Elle va en Corée pour un mois. 그녀는 한 달 예정으로 한국에 갈 것이다.
- Vous partez en vacances pour combien de temps? 바캉스는 얼마 동안이나 가시나요?

❹ 원인, 이유(~ 때문에)

- Tu me quittes pour ça? 그것 때문에 너는 나를 떠난다고?
- Pour cette raison, je ne peux pas rester avec toi. 그런 이유로 나는 너와 함께 있을 수 없어.

J'espère~ : ~하길 바라요

espérer(기대하다, 바라다) 동사를 이용해 **J'espère + 동사 원형** 또는 **J'espère que 주어 + 동사**로 '~하기를 바라다/기대하다'라는 표현을 할 수 있다.

■ Espérer 동사 변화

J'espère	Nous espérons
Tu espères	Vous espérez
Il/Elle espère	Ils/Elles espèrent

- Il faut espérer. 희망을 가져야 해요.
- Vous pouvez espérer. 기대하셔도 됩니다.
- J'espère que ça vous plaît. 당신 마음에 들었으면 좋겠어요.
- J'espère que tu vas bien. 잘 지내길 바라.
- J'espère que oui. 그러길 바란다.
- J'espère que non. 그렇지 않기를 바란다.
- J'espère vous voir. 당신을 만나게 되기를 기대합니다.

La table

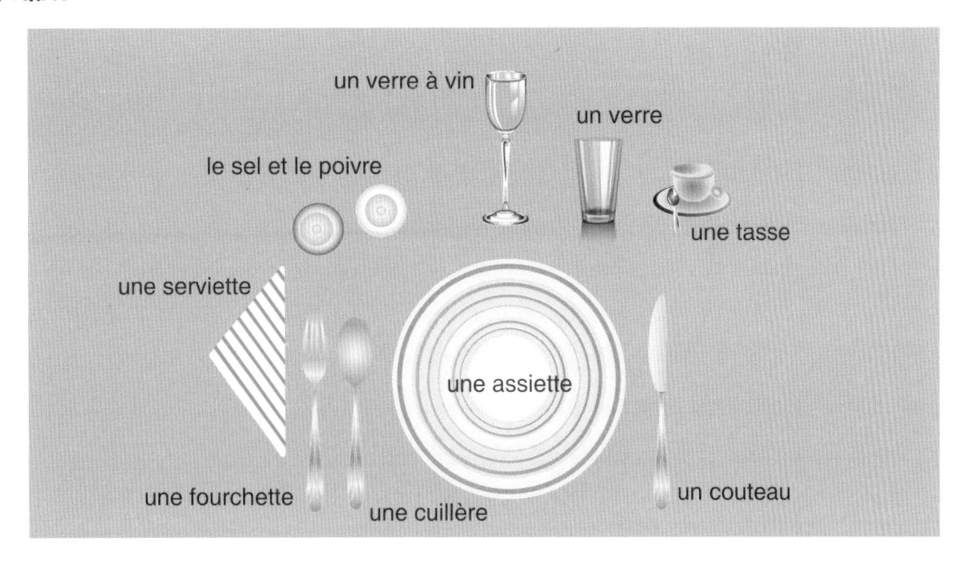

1. 빈칸을 알맞게 채우고 우리말로 옮겨 보세요.

❶ Je voudrais une table ____________ 3 personnes.

❷ Je vais préparer le dîner ____________ vous.

❸ Elle part ____________ la Corée aujourd'hui.

❹ Ils achètent 2 billets ____________ Marseille.

2. 다음을 프랑스어로 옮겨 보세요.

❶ 그녀는 네가 잘 지내기를 바라.

____

❷ 나는 너를 만나길 기대하고 있어.

____

❸ 희망을 가져야 해요.

____

❹ 네 마음에 들었으면 좋겠어.

____

회화

M. Lee: Bonjour!
Je voudrais une chambre, s'il vous plait.

Réceptionniste: Bonjour!
Avez-vous une réservation Monsieur?

M. Lee: Non.

Réceptionniste: C'est pour combien de personnes?

M. Lee: Pour ma femme et moi.

Réceptionniste: Et, pour combien de nuits?

Mme Lee: Pour deux nuits.

Réceptionniste: D'accord,
une chambre à deux lits ou un grand lit?

Mme Lee: Un grand lit.
Et puis j'ai besoin d'une salle de bain
avec bagnoire, s'il vous plait.

Réceptionniste: Bien entendu Madame!

Mme Lee: J'espère que la chambre est grande et propre.

M. 이: 안녕하세요.
방 하나 주세요.
리셉션 직원: 안녕하세요. 예약하셨나요?
M. 이: 아니요.
리셉션 직원: 몇 분 묵으실 건가요?
M. 이: 제 아내와 저입니다.
리셉션 직원: 며칠 묵으시나요?
Mme 이: 이틀입니다.
리셉션 직원: 좋습니다. 침대 두 개가 있는 방 또는 큰 침대 하나가 있는 방이요?
Mme 이: 큰 침대요. 그리고 욕조가 있는 욕실이 필요합니다.
리셉션 직원: 알겠습니다. 부인!
Mme 이: 방이 크고 깨끗하면 좋겠네요.

어휘

- □ avoir besoin de~ ~이 필요하다
- □ salle de bain f. 욕실
- □ baignoire f. 욕조
- □ entendu! 잘 알겠습니다!
- □ espère 기대하다, 바라다 (inf. espérer)
- □ propre 깨끗한

À partir de A jusqu'à B : A부터 B까지

'~부터 ~까지'는 **à partir de A jusqu'à B**로 표현할 수 있으며, **de A à B**도 같은 말이다.
de A à B는 영어의 'from A to B'와 같다. 영어의 from에 해당하는 전치사 de는 '~로 부터', 영어의 to에 해당하는 à는 '~에'의 의미이다.

- Vous pouvez prendre le petit déjeuner **à partir de** 7 heures **jusqu'à** 9 heures et demie. (= **de** 7 heures **à** 9 heures et demie.) 7시부터 9시 반까지 아침 식사를 할 수 있습니다.
- Je suis en vacances **à partir de** décembre **jusqu'au** mois de janvier. (= de décembre à janvier.) 나는 12월부터 1월까지 바캉스입니다.

Entre A et B : A와 B 사이

'~와 ~사이'는 entre와 et를 써서 다음과 같이 쓰일 수 있다.

- entre 7 heures et 9 heures et demie 7시에서 9시 반 사이
- entre Séoul et Pékin 서울과 북경 사이
- entre toi et moi 너와 나 사이

Avoir besoin de + q·c : ~이 필요하다

besoin은 '필요, 요구'의 뜻으로 avoir besoin de 뒤에 명사를 붙이면 '~이 필요하다'라는 표현이 된다.

- J'ai besoin de ça. 나는 그것이 필요해.
- Je n'ai pas besoin de ta pitié. 너의 동정은 필요 없어.
- Tu as besoin de l'eau chaude? 따뜻한 물이 필요하니?
- Il a besoin de votre aide. 그는 당신의 도움이 필요해요.
- Vous avez besoin de repos. 여러분은 휴식이 필요합니다.
- J'ai besoin de toi. 나는 네가 필요해.

연습문제

1 대화를 잘 듣고 질문에 답해 보세요. Track 48

1. 손님은 방을 예약하고 호텔에 찾아간 건가요? (○, ×)
2. 손님은 호텔에 며칠 동안 묵을 예정인가요? ____________________
3. 방에 침대가 몇 개 있나요? ____________________
4. 방은 하루에 얼마인가요? ____________________
5. 아침 식사는 포함돼 있나요? (○, ×)

2 다음 문장을 우리말로 옮겨 보세요.

1. Tu pars en vacances pour combien de temps? ____________________
2. Il n'y a pas de vol pour Paris ce soir. ____________________
3. J'achète des fleurs pour ma petite amie. ____________________
4. Il quitte son pays pour des raisons politiques. ____________________

3 다음을 알맞게 완성해 보세요.

1. Vous pouvez prendre votre petit déjeuner ________ 7 heures ________ 9 heures.
   7시부터 9시까지 아침 식사를 하실 수 있습니다.
2. C'est un secret ________ toi et ________. 이건 너하고 나 사이의 비밀이야.
3. Tu travailles ________ 9 heures ________ 18 heures? 너 9시부터 18시까지 일하니?

4 다음을 프랑스어로 옮겨 보세요.

1. 나는 당신의 도움이 필요해요. ____________________
2. 너 돈이 필요해? ____________________
3. 뜨거운 물이 필요하신가요? ____________________
4. 그녀는 네가 필요해. ____________________
5. 그러기를 바라요. ____________________
6. 그렇지 않기를 바라요. ____________________
7. 이것이 당신의 마음에 들길 바라요. ____________________
8. 네가 잘 지내길 바라. ____________________

Le petit déjeuner

아침 식사

Petit déjeuner에서 petit는 '작은'이고 déjeuner는 '식사하다, 단식을 깨다'라는 뜻으로 '아침에 일어나 간단히 먹는 식사' 정도의 의미이다. 이웃의 영국식 아침 식사는 베이컨에 소시지, 계란 프라이 등으로 기름지고 소금 간이 돼 짭짤한 편이라면, 프랑스식 아침 식사는 가볍고 담백하게 그리고 약간 달게 먹는 편이다. 음료로는 따뜻한 커피나 차, 우유와 코코아를 마시고 아침에는 딱딱한 바게트보다는 크루아상(Croissant)이나 브리오슈(Brioche) 같이 부드러운 빵에 버터나 잼, 꿀을 발라 먹는다. 좀 더 곁들이면 오렌지 주스나 떠먹는 요구르트, 그리고 시리얼이나 과일 등이 추가된다.

LEÇON 12

기분, 몸 상태 표현하기

학습 목표

- 기분 표현하기
- 몸 상태 표현하기
- 아픈 데 말하기
- Il (me) faut + 명사

대화 ①

Track 49

J'ai mal à la tête. 머리가 아파요.

À la pharmacie>

Cliente:	Bonsoir, Monsieur! Je voudrais quelque chose pour le mal de gorge.
Pharmacien:	C'est pour vous?
Cliente:	Oui, et j'ai aussi mal à la tête.
Pharmacien:	Vous avez de la fièvre?
Cliente:	Oui, un peu.
Pharmacien:	D'accord. Alors, pour le mal de tête, je vous donne de l'Aspirine. Vous n'êtes pas allergique à l'Asprine?
Cliente:	Non, je ne suis pas allergique à l'Asprine.
Pharmacien:	Bon alors, prenez deux comprimés toutes les quatre heures.
Cliente:	Et, pour le mal de gorge?
Pharmacien:	Je vous donne des pastilles. Vous prenez ça, quand vous avez mal.

약국에서〉

여자 손님: 안녕하세요.
목이 아픈데 먹을 약 좀 주시겠어요?
약사: 손님께서 드실 건가요?
여자 손님: 네, 그리고 머리도 아파요.
약사: 열이 있나요?
여자 손님: 약간요.
약사: 알겠습니다. 그럼 두통에는 아스피린을 드릴게요.
아스피린에 알레르기 없으시죠?
여자 손님: 네, 아스피린에 알레르기 없어요.
약사: 좋습니다. 알약을 네 시간마다 두 개씩 드세요.
여자 손님: 그러면 목 아픈 데는요?
약사: 드롭스(빨아먹는 약)를 드릴게요. 아프실 때 드세요.

어휘

- □ **mal** m. 아픔, 장애, 악
- □ **gorge** f. 목
- □ **mal de gorge** m. 목 통증
- □ **tête** f. 머리
- □ **fièvre** f. 열
- □ **donne** 주다(inf. donner)
- □ **allergique** 알레르기성의
- □ **allergique à** ~에 대해 알레르기 반응이 있는
- □ **prenez** 복용하다, 먹다(inf. prendre)
- □ **comprimé** m. 알약
- □ **tout(e)** 모든~, 매, ~마다
- □ **pastille** f. 드롭스, 당의정(빨아먹는 약)
- □ **quand** ~할 때

표현

J'ai aussi mal à la tête.

'~가 아프다'라는 표현은 **avoir mal à + 신체 부위**로 말한다. '목이 아프다.'는 'J'ai mal à la gorge.', '다리가 아프다.'는 'J'ai mal aux jambes.'가 된다. avoir mal à~ 뒤에 남성 단수 명사가 오면 avoir mal au~, 여성 단수 명사가 오면 avoir mal à la~, 복수 명사가 오면 avoir mal aux~가 되는 것에 유의한다.

- J'ai mal au ventre. 배가 아파요.
- J'ai mal à la gorge. 목이 아파요.
- J'ai mal aux jambes. 다리가 아파요.

Vous avez de la fièvre?

'열이 있다'는 avoir de la fièvre이다. fièvre처럼 셀 수 없는 명사나 추상 명사 앞에서는 부분 관사를 쓰는데, fièvre는 여성 명사이므로 부분 관사 de la가 쓰인다.

Vous n'êtes pas allergique à l'Asprine?

'Vous n'êtes pas allergique?'는 부정어 ne~pas가 들어간 의문문이다. 이렇게 부정형으로 질문을 할 경우 우리말과 달리 프랑스어에서는 알레르기가 있으면 si, 알레르기가 없으면 non으로 대답한다.

- 질문 Vous n'êtes pas allergique à l'Asprine? 아스피린에 알레르기 반응 있지 않죠?
  답 Si, je suis allergique à l'Asprine. 아뇨, 알레르기 반응 있어요.
  답 Non, je ne suis pas allergique à l'Asprine. 네, 알레르기 반응 없어요.
- 질문 Tu n'as pas besoin d'aide? 도움 필요하지 않니?
  답 Si, j'ai besoin d'aide. 아니, 도움이 필요해.
  답 Non, je n'ai pas besoin d'aide. 응, 도움 필요 없어.

Prenez deux comprimés toutes les quatre heures.

prenez는 prendre 동사의 2인칭 복수 명령형으로 여기서는 '복용하세요'의 의미이다. **tous(toutes) les + 시간과 관계된 명사**는 **매, ~마다**가 된다. 뒤에 오는 명사가 남성 명사이면 tous, 여성 명사이면 toutes를 쓴다. 예를 들면 tous les jours는 '매일', toutes les 10 minutes는 '10분마다'이다.

Vous prenez ça, quand vous avez mal.

Quand은 '언제' 또는 '~할 때'의 뜻이다. 영어의 **when**에 해당하는데, 의문문에서는 '언제'의 뜻이고 평서문에서는 '~할 때'로 해석된다.

- Quand est-ce que tu peux venir? 너 언제 올 수 있어?
- Tu viens, quand tu veux. 네가 원할 때 오면 돼.

확인

1. 다음을 프랑스어로 옮겨 보세요.

❶ 나는 눈이 아파.

____

❷ 그녀는 발이 아프다.

____

❸ 너는 배가 아프니?

____

❹ 당신은 다리가 아프신가요?

____

2. 다음 질문에 답해 보세요.

❶ Vous n'avez pas mal à la tête?

아플 때 답: ________________

안 아플 때 답: ________________

❷ Tu n'as pas mal au bras?

아플 때 답: ________________

안 아플 때 답: ________________

대화 ②

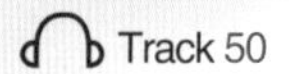
Track 50

Je ne me sens pas bien! 몸이 별로 안 좋아.

Vincent: On sort pour dîner ce soir?

Léa: Euh… je suis un peu fatiguée…,
et je ne me sens pas très bien ce soir.

Vincent: C'est vrai?
Qu'est-ce que tu as, chérie?

Léa: Je ne sais pas,
mais je pense que je suis enrhumée.

Vincent: Olàlà… il faut faire attention!
C'est sûrement parce que le temps est
capricieux ces jours-ci.

Léa: Oui, sûrement!
Je vais prendre des médicaments
et je vais me reposer.

뱅썽: 오늘 저녁에 식사하러 나갈까?
레아: 으… 나 좀 피곤한데…, 그리고 오늘 몸이 좀 안 좋아.
뱅썽: 정말? 자기 무슨 일인데?
레아: 모르겠어. 그런데 감기에 걸린 것 같아.
뱅썽: 아이고… 조심해야 돼. 확실히 요즘 날씨가 변덕스럽기 때문이야.
레아: 응, 그러게! 약을 먹어야겠어. 그리고 쉬려고.

어휘

- □ sort 나가다, 외출하다(inf. sortir)
- □ ce soir 오늘 저녁
- □ fatigué(e) 피곤한
- □ se sentir (몸 상태가) ~하게 느끼다
- □ chéri(e) 사랑하는 사람, 좋아하는 사람
- □ sais 알다(inf. savoir)
- □ attention f. 주의
- □ faire attention 주의하다
- □ sûrement 틀림없이, 확실히
- □ parce que 왜냐하면, ~하기 때문에
- □ temps m. 날씨
- □ capricieux(se) 변덕스러운
- □ ces jours-ci 요즘
- □ médicament m. 약
- □ me reposer. 쉬다(inf. se reposer)

표현

Je ne me sens pas bien.

me sens(inf. se sentir)에서 me는 재귀대명사로 '자기 자신'을 뜻하는데 굳이 해석할 필요는 없다. 이렇게 동사 앞에 재귀대명사가 붙어 하나의 동사처럼 쓰이는 동사를 **대명동사**라고 하는데, 하나의 단어처럼 외우는 것이 좋다. se sentir는 자기 자신의 몸 또는 기분의 상태가 '~하다고 느끼다'라는 뜻의 동사로 다음과 같은 표현에 쓰인다.

- Je me sens bien. 몸(기분) 상태가 좋아.
- Je ne me sens pas bien. 나 별로 몸 상태가 안 좋아.
- Je me sens beaucoup mieux. 훨씬 나아졌어.
- Je me sens mal. 몸(기분)이 좋지 않아.

Qu'est-ce que tu as, chérie?

직역하면 '너는 무엇을 가지고 있니?'가 되는데 이는 '너 무슨 일 있어?, 어쩐 일이야?, 왜 그래? 무슨 일인데?'라는 질문이다. chéri(e)는 사랑하는 사람, 좋아하는 사람에 대한 애칭으로 남녀 관계는 물론이고 어린 아이들에게 쓰기도 한다.

Je pense que je suis enrhumée.

'Je pense que~'는 'que~ 라고 생각한다'로 que 이하에는 주어 + 동사 절이 온다. que 뒤에 je suis enrhumée(감기에 걸렸다)가 와서 '감기에 걸린 것 같아'라는 표현이 된다.

Il faut faire attention!

Il faut + 동사 원형은 **'~해야 한다'**, **faire attention**은 '주의하다'이다. 따라서 'Il faut faire attention'은 '주의해야 합니다!'가 된다. 명령형으로 '주의하세요!'는 'Faites attention!' 혹은 'Attention!'으로 말할 수도 있다.

Parce que le temps est capricieux ces jours-ci.

Parce que~는 이유를 나타내는 접속사로 '왜냐하면 ~이기 때문에'의 뜻이다. que 이하에는 주어 + 동사가 온다. Pourquoi~로 시작하는 질문에 대한 답으로 parce que~를 쓴다.

- Je dois prendre les médicaments parce que je suis malade.
  나는 아프기 때문에 약을 먹어야 한다.
- Pourquoi tu pleures? - Parce que je suis triste.
  왜 우니? 슬퍼서.

Je vais me reposer.

me reposer(inf. se reposer)는 앞에 나온 se sentir처럼 **se(재귀대명사) + 동사 원형**과 같은 형태의 **대명동사**이다. se reposer는 '휴식을 취하다'의 뜻으로 그냥 하나의 단어로 외우는 것이 좋다. **Je vais +동사 원형**은 **근접미래** 시제로 **'~할 것이다'**로 해석된다.

확인

1. 다음 표현을 프랑스어로 옮겨 보세요.

❶ 기분이 좋아.

____

❷ 훨씬 나아진 것 같아.

____

❸ 몸이 별로 안 좋아.

____

문법

J'ai mal à: ~가 아파요

'~가 아프다'라고 아픈 부위를 말하는 표현은 **avoir mal à + 신체 부위**로 한다. 신체 부위 명사가 남성이면 전치사 à와 le가 만나 au 또는 à l', 여성이면 à la, 복수이면 aux가 된다.

- J'ai mal au ventre. 배가 아파요.
- J'ai mal à l'estomac. 위가 아파요.
- J'ai mal à la gorge. 목이 아파요.
- J'ai mal aux jambes. 다리가 아파요.

그냥 '누가 아프다'라는 상태를 나타낼 때는 형용사 malade(아픈)을 써서 'Je suis malade.(나 아파요)'와 같이 표현한다.

- Tu es malade? 너 아프니?
- Elle est très malade. 그녀가 많이 아파요.
- Je suis malade depuis ce matin. 나는 오늘 아침부터 몸이 아파요.

Il (me) faut + 명사: ~이 필요해요

Il과 faut~ 사이에 '~에게'에 해당하는 간접목적보어 'me(나에게)/te(너에게)/nous(우리에게)/vous(당신에게)' 등을 넣어 '~에게 ~이 필요하다'는 표현을 할 수 있다. 예를 들어 **Il me faut + 명사**는 직역하면 **'나에게 ~이 필요해'**이고, **Il te faut + 명사**는 **'너에게 ~이 필요해'**이다.

- Il me faut de l'argent. 내겐 돈이 필요해.
- Il te faut du temps. 너에게 시간이 필요해.
- Il nous faut de la musique. 우리에겐 음악이 필요해.
- Il vous faut des vacances. 당신에겐 바캉스가 필요해요.

Notez bien!

앞서 배운 'avoir besoin de~'도 'Il faut~'와 똑같은 의미로 쓰일 수 있다.
'avoir besoin de~' 뒤에는 관사 없이 바로 명사를 쓴다.

- J'ai besoin d'argent.
- Tu as besoin de temps.
- Nous avons besoin de musique.
- Vous avez besoin de vacances.

-ir로 끝나는 동사 : sortir, partir, dormir

sortir(나가다), partir(떠나다), dormir(자다)는 아래와 같은 형태로 어미 변화를 한다.

	sortir(나가다)	partir(떠나다)	dormir(자다)
Je	sors	pars	dors
Tu	sors	pars	dors
Il/Elle	sort	part	dort
Nous	sortons	partons	dormons
Vous	sortez	partez	dormez
Ils/Elles	sortent	partent	dorment

확인

1. 다음을 sortir 동사를 활용해 알맞게 완성하고 뜻을 말해 보세요.

❶ On __________ ce soir entre amis.

❷ Je ne __________ pas souvent.

❸ Tu __________ quand?

❹ Elle aime __________?

2. 다음을 프랑스어로 옮겨 보세요.

❶ 나의 아내는 배가 아파요.

____

❷ 우리 아이들이 오늘 아침부터 아파요.

____

❸ 약이 필요하신가요?

____

❹ 당신에게는 휴식이 필요해요.

____

❺ 그는 다리가 아파요.

____

❻ 저는 약이 필요해요.

____

회화

Track 51

Pharmacienne:	Bonjour Monsieur!
Client:	Bonjour, j'ai mal au ventre.
Pharmacienne:	Avez-vous la diarrhée?
Client:	Non, mais j'ai mal à la tête en plus.
Pharmacienne:	Depuis quand avez-vous mal au ventre et à la tête?
Client:	Depuis le déjeuner.
Pharmacienne:	D'accord, prenez ces comprimés.
Client:	Ah aussi, il me faut quelque chose pour l'indigestion, s'il vous plaît.
Pharmacienne:	D'accord, je vais vous donner un sirop. Ça va calmer l'indigestion.

약사: 안녕하세요.
손님: 안녕하세요. 제가 배가 아픈데요.
약사: 설사가 있나요?
손님: 아니요. 그런데 두통도 있어요.
약사: 언제부터 배와 머리가 아팠나요?
손님: 점심 식사 후부터요.
약사: 알겠습니다. 이 알약을 드세요.
손님: 그리고 소화불량에 먹을 것도 필요한데요.
약사: 알겠습니다. 시럽을 드릴게요.
이것이 소화불량을 가라앉힐 겁니다.

어휘

- □ pharmacien(ne) 약사
- □ client(e) 손님
- □ ventre m. 배
- □ diarrhée f. 설사
- □ depuis ~이래로, ~부터
- □ déjeuner m. 점심 식사
- □ il me faut ~(나에게)이 필요하다
- □ indigestion f. 소화불량
- □ sirop m. 시럽
- □ calmer 진정시키다, 가라앉히다

신체 부위 Le corps humain

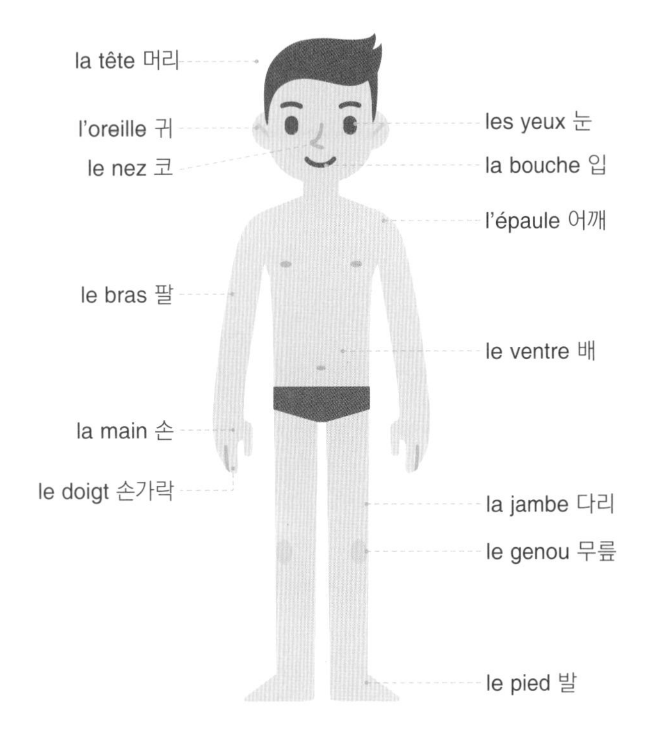

J'ai + 명사(심리적, 신체적 상태 표현): 나 ~해.

다음과 같은 신체적, 심리적 상태를 표현할 때 **avoir 동사 + 명사**의 형태로 말할 수 있다. 프랑스어에서는 이렇게 avoir 동사를 써서 'faim(배고픔), peur(두려움), soif(갈증), sommeil(졸음)' 등을 가지고 있다고 표현한다.

- Tu as faim? 배고파?
- Tu as peur? 무서워?
- Tu as soif? 목 말라?
- Tu as sommeil? 졸려?
- Tu as froid? 추워?
- Tu as chaud? 더워?

- J'ai faim. 배고파.
- J'ai peur. 무서워.
- J'ai soif. 목 말라.
- J'ai sommeil. 졸려.
- J'ai froid. 추워.
- J'ai chaud. 더워.

연습문제

1 대화를 듣고 물음에 답해 보세요. Track 52

1 아픈 곳이 어디인가요? ______________________

2 아픈 사람은 누구인가요? ______________________

3 어떤 약을 샀나요? ______________________

4 약 값은 얼마인가요? ______________________

2 신체 부위에 알맞은 단어를 써 보세요.

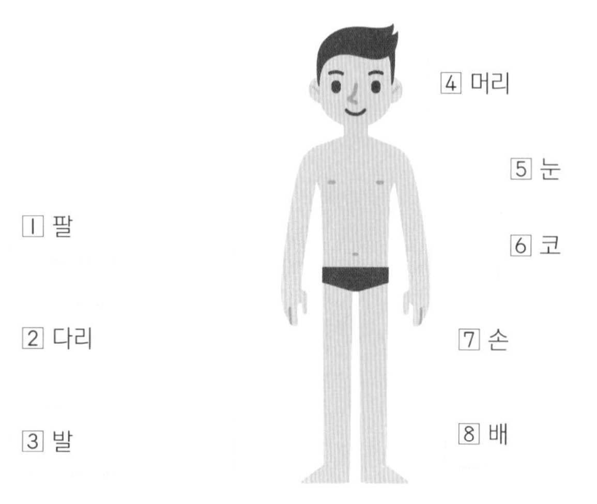

3 다음 질문에 대해 기분이나 몸 상태를 프랑스어로 알맞게 답해 보세요.

질문 Qu'est-ce que tu as? Tu ne te sens pas très bien?

답1 Si. ______________________

답2 Non, ______________________

4 다음을 프랑스어로 옮겨 보세요.

1 나는 목이 말라요. ______________________

2 그는 졸려요. ______________________

3 너 무섭니? ______________________

4 배고프신가요? ______________________

5 나 추워. ______________________

Les régions françaises

프랑스의 행정 구역

프랑스 국토(유럽 대륙 내 본토)를 가리켜 L'Héxagone(육각형)이라고 칭하기도 하는데, 국토 모양이 육각형 모양이기 때문이다. 육각형 모양의 프랑스 본토는 2016년 1월 행정 구역 개편으로 모두 12개의 région(지방)으로 구성되어 있다. 여기에 남부 지중해의 섬 Corse(코르시카)를 합해 13개, 그리고 해외 프랑스령 Mayotte(마이요트), Guyane(기얀느), Martinique(마르티니크), Guadeloupe(과들루프), Réunoin(레위니옹) 5개를 합하면(DOM-TOM) 프랑스 전체에는 모두 18개의 région이 있다.

프랑스 지도

수도인 Paris는 région Île-de-France(일-드-프랑스 지방)에 속해 있으며, 제2의 도시인 Marseille는 남부의 région Provence-Alpes-Côte d'Azur(프로방스-알프-코트 다쥐르 지방)에 속한다. 프랑스 각 région마다 기후나 풍광, 식생 그리고 음식과 특산물 등의 특징이 뚜렷하게 나타나 구석구석 여행을 하며 고장 특유의 향취를 느껴 볼만하다.

직업과 직장 묻고 답하기

학습 목표

- 직업에 대해 묻고 답하기
- 계획에 대해 묻고 답하기
- 의문형용사
- 의문대명사

대화 ①

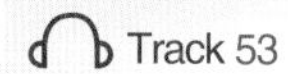

Quelle est votre profession? 무슨 일을 하시나요?

Manon: Thomas, je te présente M. Kim et Suzi.
Et voici, mon petit ami Thomas.

Thomas: Enchanté, Monsieur!
Je m'appelle Thomas Dubois.

M. Kim: Enchanté!

Suzi: Enchantée!
Nous sommes ici en vacances à Paris.

Manon: M. Kim est professeur de lycée en Corée.

Thomas: Ah bon?

M. Kim: Et vous, quelle est votre profession?

Thomas: Je suis pâtissier.

Suzi: Oh, c'est génial!

Thomas: Et vous, que faites-vous dans la vie?

Suzi: Moi, je suis étudiante en médecine.

마농: 또마, 김 선생님과 수지를 소개할게.
이쪽은 제 남자 친구 또마입니다.
또마: 만나서 반갑습니다!
저는 또마 뒤부아라고 합니다.
M. 김: 반갑습니다!
수지: 반가워요!
우리는 지금 파리에서 휴가를 보내고 있어요.
마농: 김 선생님은 한국에서 고등학교 선생님이셔.
또마: 아 그래!
M. 김: 또마 씨는요? 무슨 일 하시나요?
또마: 저는 빠띠씨에입니다.
수지: 아, 멋진 일이네요!
또마: 당신은요? 무슨 일 하세요?
수지: 저는 의과대 학생입니다.

어휘

- □ en vacances 바캉스 중인
- □ en ce moment 현재
- □ professeur m. 교사, 교수
- □ lycée m. 고등학교
- □ quel(le) 어떤, 무슨
- □ votre 당신의
- □ profession f. 직업
- □ pâtissier m. 제과 제조인, 빠띠씨에
- □ vie f. 삶
- □ dans la vie 인생에서
- □ médecine f. 의학

Nous sommes en vacances à Paris.

전치사 en을 써서 être en vacances라고 하면 '바캉스 중, 휴가 중'이라는 의미이다. '바캉스를 떠나다'는 partir en vacances이다.

M. Kim est professeur de lycée.

직업을 말할 때는 Je suis étudiant(e), Je suis dentiste, Je suis musicien(ne)처럼 **être 동사 + 관사 없이 직업명**을 쓰면 된다.

Quelle est votre profession?

'직업이 무엇입니까?'라는 질문이다. quelle은 의문형용사 quel의 여성형으로 '무엇, 어떤'의 뜻인데, votre profession을 받는 것이다. 따라서 profession이 여성 명사이므로 여성형 quelle이 된다.

Que faites-vous dans la vie?

직역하면 '당신은 인생에서 무엇을 하십니까?'인데, 이는 직업을 묻는 대표적인 프랑스어 표현이다. Quelle est votre profession? 또는 Qu'est-ce que vous faites dans la vie?와 마찬가지로 '직업이 무엇입니까?', '무슨 일을 하시나요?'라는 질문이다.

Je suis étudiante en médecine

étudiante en médicine은 '의학 전공 학생'의 뜻인데, 이렇게 전공 분야 앞에 전치사 en을 붙여 '그 분야에 관한 전공을 하는'과 같은 표현을 만든다.

- Étudiante en littérature 문학을 전공하는 여학생
- Étudiants en droit 법학 전공 학생들
- Chercheur en biologie 생물학 연구원

확인

1. 직업을 묻는 표현 두 가지를 프랑스어로 써 보세요.

❶ ____________________

❷ ____________________

2. 다음을 알맞게 완성하고 우리말로 옮겨 보세요.

❶ Je suis ________ vacances ________ Paris ________ ce moment.

❷ Qu'est-ce que vous faites ________ la vie?

❸ Il est professeur ________ lycée ________ Corée.

❹ Elle est étudiante ________ droit.

대화 ②

Track 54

On se marie l'année prochaine. 우리 내년에 결혼해요.

M. Kim: Vous avez une pâtisserie?

Thomas: Pas encore.
Mais l'année prochaine, Manon et moi,
nous allons ouvrir notre pâtisserie à Paris.

Manon: Oui, et on se marie l'année prochaine.

M. Kim: C'est vrai? Oh, c'est formidable!

Thomas: Et M. Kim, qu'est-ce que vous enseignez au lycée?

M. Kim: J'enseigne la musique.

Manon: Et vous? Qu'est-ce que vous avez envie de faire après vos études?

Suzi: J'aimerais bien aller travailler dans un hôpital national.

Thomas: Ah, c'est vraiment bien!

M. 김: 당신의 가게를 갖고 계신가요?
또마: 지금은 없고요.
내년에 마농과 함께 파리에 우리 가게를 열 계획입니다.
마농: 우리 내년에 결혼해요.
M. 김: 정말요? 멋지네요!
또마: 김 선생님은 고등학교에서 무엇을 가르치시나요?
M. 김: 저는 음악을 가르치고 있어요.
마농: 수지 씨는요? 학업을 마친 후에 무엇을 하고 싶으세요?
수지: 국립 병원에서 일하고 싶어요.
또마: 아, 정말 좋네요!

어휘

- □ **pâtisserie** f. 제과점
- □ **encore** 아직
- □ **année** f. 해, 연도
- □ **ouvrir** 열다
- □ **se marie** 결혼하다(inf. se marier)
- □ **formidable** 멋진, 훌륭한
- □ **enseigner** 가르치다
- □ **envie** f. 원함, 갈망
- □ **avez envie de** ~을 하고 싶다
- □ **étude** f. 공부, 학업

Pas encore.

encore 앞에 부정어 pas를 써서 간단히 '아직은 아니다'라는 표현을 한 것이다. 다음과 같이 pas만으로 간단한 부정 표현을 만들 수 있다.

- Pas aujourd'hui. 오늘은 아니다.
- Pas moi. 나는 아니다.
- Pas en Corée. 한국에서는 아니다.

Nous allons ouvrir une pâtisserie à Paris.

ouvrir 동사는 '~을 열다, 개점하다'의 뜻이다. 뒤에 어떤 가게가 목적어로 나오면 '그 가게를 열겠다'는 뜻이다. 앞에 aller 동사를 써서 'nous allons ouvrir(곧 열 것이다)'라고 근접미래 표현을 한 것이다.

On se marie l'année prochaine.

se marier는 '결혼을 하다, 배우자를 얻다'라는 뜻인데 뒤에 '~와 결혼한다'라는 말이 붙을 때는 se marier avec q·n이 된다. 즉 'Il va *se marier* avec elle.'처럼 쓰인다.

- Il va se marier. 그는 결혼할 것이다.
- Il va se marier avec elle. 그는 그녀와 결혼할 것이다.
- Manon va se marier. 마농은 결혼할 것이다.
- Manon va se marier avec Thomas. 마농은 또마와 결혼할 것이다.

Qu'est-ce que vous enseignez au lycée?

qu'est-ce que는 의문대명사 '무엇을'이고, enseigner는 1군 규칙 동사로 '~을 가르치다'의 뜻이다. 동사 뒤에 바로 가르치는 과목을 쓰면 된다.

- 질문 Qu'est-ce que vous enseignez? 무엇을 가르치시나요?
  답 J'enseigne le français. 저는 프랑스어를 가르치고 있습니다.
  J'enseigne la chimie. 저는 화학을 가르칩니다.
  J'enseigne les mathématiques. 저는 수학을 가르쳐요.

Qu'est-ce que vous avez envie de faire après vos études?

avoir envie de + 동사 원형은 **~하기를 원하다/갈망하다**의 뜻이다. après는 '~후에'의 뜻인데, 뒤에 명사를 쓰면 '~하고 난 뒤에'가 된다.

- J'ai envie de dormir après le dîner. 저녁 식사 후에 잠을 자고 싶어.
- Tu as envie de manger quelque chose après les courses? 쇼핑 후에 뭐 좀 먹고 싶니?

문법

의문형용사

• 형태

	남성	여성
단수	quel	quelle
복수	quels	quelles

❶ 의문형용사 quel은 부가형용사로 명사 앞에서 '무슨, 무엇의, 어떤, 얼마만큼의'의 의미이다.
- Quel âge as-tu? 너 몇 살이니?
- Quelle heure est-il? 지금 몇 시죠?
- Quelles couleurs aimez-vous? 어떤 색깔들을 좋아하세요?
- Quels métiers allez-vous choisir? 여러분들은 어떤 직업들을 선택하시겠습니까?

❷ 뒤에 나오는 명사를 받아 '무엇, 어떤, 얼마의'의 의미로 쓰인다.
- Quelle est votre adresse? 당신 주소가 어떻게 되나요?
- Quel est ton prénom? 너 이름이 뭐니?
- Quels sont vos rêves? 당신의 꿈은 무엇인가요?
- Quelles sont tes motivations? 너의 동기는 어떤 것이니?

❸ 'Quel(le) + 명사'로 감탄 표현을 만들 수 있다.
- Quel bonheur! 얼마나 행복한지!
- Quelle jolie expression! 참 아름다운 표현이네!
- Quels beaux livres! 참 예쁜 책들이네!

〈La place de l'Europe à Paris, temps de pluie : 파리의 거리, 비오는 날〉
Gustave Caillebotte(귀스타브 카유보트), 1877년 작

의문대명사 Qu’est-ce que

qu’est-ce que는 사물에 대해 묻는 의문대명사이며, 보어나 목적어로 쓰여 ‘무엇, 무엇을’로 해석된다. 뒤에는 주어 + 동사가 따라온다.

- Qu’est-ce que c’est? 이것이 무엇입니까?
- Qu’est-ce que vous cherchez? 무엇을 찾으시나요?
- Qu’est-ce que tu as envic de faire? 뭘 하고 싶니?
- Qu’est-ce qu’il veut? 그는 무엇을 원하나요?

1. Quel/Quelle/Quels/Quelles을 넣어 알맞게 완성하고 우리말로 옮겨 보세요.

❶ Vous avez ____________ âge?

❷ ____________ est votre profession?

❸ ____________ bonheur!

❹ Vous aimez ____________ fleurs?

❺ ____________ jolies chaussures!

❻ ____________ est votre nom de famille?

2. 다음을 의미에 맞게 완성해 보세요.

❶ ____________ vous regardez? 무엇을 보고 계세요?

❷ ____________ tu veux? 뭘 원하니?

❸ ____________ c’est? 이게 뭐죠?

M. Kim: Monsieur Chauvet,
vous travaillez pour quelle compagnie?

M. Chauvet: Je travaille chez Renault.

M. Kim: Renault, c'est un constructeur automobile français. N'est-ce pas?

M. Chauvet: Oui, c'est ça.

M. Kim: Et vous, madame Chauvet?
Où travaillez-vous?

Mme Chauvet: Je travaille à la télévision française.

M. Kim: Ah bon! Moi, je travaille dans un lycée.
Je suis professeur de lycée.

Mme Chauvet: Et vous, qu'est-ce que vous faites comme travail?

Minho(fils de M. Kim): Je suis actuellement étudiant en technologie.

M. 김: 쇼베 씨, 어느 회사에서 일하시나요?
M. 쇼베: 르노에서 일합니다.
M. 김: 르노는 프랑스의 자동차 생산 업체이죠.
그렇지 않나요?
Mme 쇼베: 그렇습니다.
M. 김: 부인께서는 어디서 일하세요?
Mme 쇼베: 저는 프랑스 텔레비지옹에서 일해요.
M. 김: 아 그러시군요! 저는 고등학교에서 일해요.
저는 고등학교 교사이거든요.
Mme 쇼베: 당신은 어떤 일을 하시나요?
민호(김 선생님의 아들): 지금 저는 공학도입니다.

어휘

□ travaillez 일하다 (inf. travailler)
□ compagnie f. 회사, 기업체
□ chez ~의 집에, 나라에, 상점에, 회사에 등
□ Renault 르노(프랑스 자동차 회사 이름)
□ constructeur m. 생산업체, 제작업체
□ automobile 자동차의
□ constructeur automobile 자동차 생산업체, 자동차 회사
□ n'est-ce pas? 그렇지 않나요?
□ Télévision française 프랑스 텔레비지옹(프랑스 공영 방송)
□ comme ~로
□ travail m. 일, 직업
□ comme travail 직업으로, 일로
□ actuellement 현재, 지금
□ technologie f. 공학, 기술

직업과 관계된 명사

Médecin	의사(남녀 동일하게 사용)
Infirmier(ère)	간호사
Dentiste	치과의사
Professeur	교사, 교수(남녀 동일하게 사용)
Avocat(e)	변호사
Commerçant(e)	상인
Cuisinier(ère)	요리사
Ingénieur	엔지니어
Banquier	은행가(남녀 동일하게 사용)
Journaliste	기자, 저널리스트
Musicien(ne)	뮤지션
Artiste	예술가
Peintre	화가
Boulanger(ère)	제빵사
Chanteur(se)	가수
Danseur(se)	무용수
Pharmacien(ne)	약사

Notez bien!

-e로 끝나는 명사의 경우 남성형과 여성형이 동일하며, Danseur, Chanteur와 같이 -eur로 끝날 경우 여성형은 -euse가 된다. 즉 Danseuse(여자 무용수), Chanteuse(여가수)가 된다. 단 Acteur(남자 배우)의 경우 -eur로 끝나지만 여성형은 예외적으로 Actrice(여배우)가 된다.
전통적으로 남성의 직업으로 여겨지는 일부 직업 명사는 남성형을 그냥 여성에게 동일하게 붙이기도 한다.

〈Trois Danseuses : 세 발레리나〉
Edgar Degas(에드가 드가), 1873년 작

연습문제

1 다음 내용을 듣고 직업 또는 직장을 써 보세요. Track 56

1 M. Kim est __________.

Il travaille __________.

2 Mina est __________.

Elle fait ses études __________.

3 Jean est __________.

Il travaille __________.

4 Christian est __________.

Il travaille __________.

2 다음은 직업을 묻는 질문입니다. 빈칸을 알맞게 완성해 보세요.

1 __________ est votre profession?

2 __________ faites-vous comme travail?

3 Qu'est-ce que vous faites __________?

4 Vous travaillez pour __________ compagnie?

3 알맞은 전치사를 넣어 문장을 완성하고 우리말로 옮겨 보세요.

1 Vous êtes étudiante __________ littérature?

2 Mme Dubois est professeur __________ université __________ France.

3 Qu'est-ce que vous avez envie de faire __________ vos études?

4 Nous allons ouvrir un restaurant __________ Paris.

4 다음 내용에 맞게 두 사람에 대해 소개해 보세요.

Les métiers préférés des français

프랑스 사람들이 선호하는 직업

2015년 프랑스 사람들이 선호하는 직업을 알아보기 위해 다음과 같은 설문 조사가 실시된 적이 있다.

"만약 지금 하고 있는 일 말고 다른 직업을 선택할 수 있다면 당신은 어떤 직업을 갖고 싶은가요?"

프랑스 사람들에게 이러한 질문을 던졌는데 1위는 사진작가였다. 사진작가를 선택한 사람들은 이 직업이 갖는 창의적인 면과 미적인 면이 가장 매력적이기 때문이라고 답했다. 2위는 건축가인데 사회에 도움이 되는 유용한 직업이기 때문이라고 한다. 3위는 요리사로 최근 각종 미디어를 통해 요리를 하는 프로그램들이 쏟아져 나오면서 직업의 인기도 올라간 것으로 분석된다. 나머지 순위는 4위가 수의사, 5위는 의사이다. 그리고 6위로 외과의사가 뽑혔는데, 가장 직접적으로 사람의 생명을 살리는 존경받는 직업으로 인식되고 있기 때문이다. 뒤이어 7위가 인테리어 디자이너, 8위 여행 전문가, 9위 기자, 10위 의상 디자이너 순으로 나타났다.

LEÇON 14

은행/우체국 이용하기

학습 목표

- 환전하기/현금 인출하기
- 우편물 보내기
- 이유 묻고 답하기
- 전치사 à의 쓰임

대화 ①

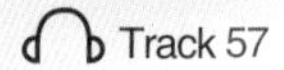
Track 57

Je voudrais changer de l'argent. 환전 좀 하려고요.

À la banque>

M. Kim: Bonjour Monsieur.
Je voudrais changer de l'argent.
500 dollars américains en euros,
s'il vous plaît.

Employé de banque: D'accord, j'ai besoin de votre passeport,
s'il vous plaît.

M. Kim: Pourquoi?

Employé de banque: Parce que c'est comme ça.
Il faut présenter une pièce d'identité.

M. Kim: Ah bon? Mince, mon passeport est à
l'hôtel.

Mme Kim: Attends, moi, j'ai mon passeport.
Voici, Monsieur!

Employé de banque: Merci, Madame!

Mme Kim: Quel est le taux du dollar aujourd'hui?

Employé de banque: Le dollar américain est à 1,11€
aujourd'hui.

은행에서>
M. 김: 안녕하세요. 환전 좀 하려고 하는데요.
500달러를 유로로요.
은행 직원: 알겠습니다. 당신의 여권이 필요합니다.
M. 김: 왜죠?
은행 직원: 원래 신분증을 제시해야 하거든요.
M. 김: 아 그런가요! 이런, 제 여권은 지금 호텔에 있는데요.
Mme 김: 잠깐만, 저는 제 여권 여기 있어요.
은행 직원: 감사합니다!
Mme 김: 오늘 달러 환율이 어떻게 되나요?
은행 직원: 오늘 미국 달러 환율은 1.11유로입니다.

어휘

- □ changer 바꾸다
- □ argent m. 돈
- □ dollar m. 달러
- □ américain(e) 미국의
- □ en euro 유로화로
- □ passeport m. 여권
- □ présenter 제시하다
- □ identité f. 신원, 신분
- □ pièce d'identité f. 신분증
- □ taux m. 율, 비율

표현

Je voudrais changer de l'argent.

'돈을 바꾸다'는 changer de l'argent이다. argent 앞에 부분 관사 de l'가 쓰임에 유의한다. 달러를 유로로 바꿔 달라고 할 때는 전치사 en을 써서 500 dollars en euros로 한다.

J'ai besoin de votre passeport.

avoir besoin de + 명사는 '**~이 필요하다**'인데 **Il faut + 명사**와 같은 표현이다. '나에게 ~이 필요하다'고 할 때는 '나에게'에 해당하는 간접목적보어 me를 넣어 **'Il me faut ~'**로 하면 된다.

- J'ai besoin d'argent. 나는 돈이 필요해.
- Il me faut de l'argent. 나는 돈이 필요해.

Pourquoi? Parce que c'est comme ça.

의문부사 pourquoi는 '왜, 무엇 때문에'의 뜻으로 Pourquoi로 물으면 Parce que~(~이기 때문에)로 답한다.

- Pourquoi tu ne viens pas? 왜 안 와?
- Parce que je n'ai pas le temps. 왜냐하면 나는 시간이 없어.
- Pourquoi voulez-vous partir? 왜 가려고 하시나요?
- Parce que ma femme m'attend. 왜냐하면 제 아내가 저를 기다리고 있거든요.

Il faut présenter une pièce d'identité.

Il faut + 동사 원형은 '~을 해야 한다'이고, présenter 동사는 '~을 보여 주다, 제시하다'의 뜻이다. 따라서 '제시해야 한다'가 된다.

Le dollar américain est à 1,11€.

'달러가 ~이다'라는 표현이다. 여기서 전치사 à는 수량적인 표현에 쓰여 '~의 가격에, ~의 값인, (값이) ~짜리인'을 뜻한다.

- L'euro est à combien en ce moment? 요즘 유로가 얼마나 하나요?
- On peut acheter ce livre à 18 euros. 이 책은 18유로에 살 수 있어요.

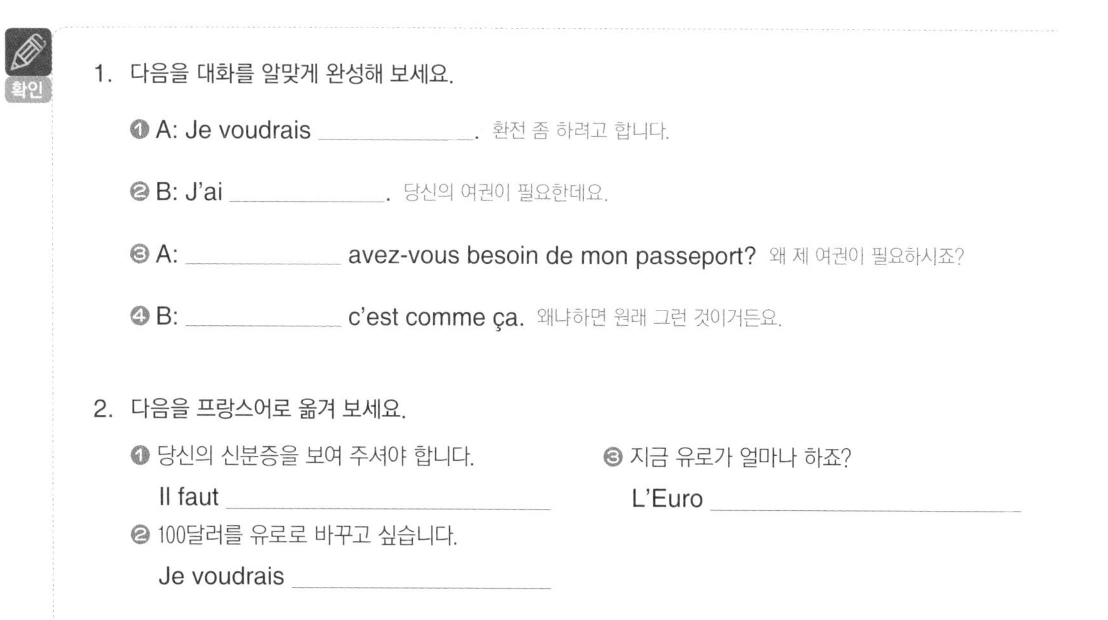

확인

1. 다음을 대화를 알맞게 완성해 보세요.

❶ A: Je voudrais ______________. 환전 좀 하려고 합니다.

❷ B: J'ai ______________. 당신의 여권이 필요한데요.

❸ A: ______________ avez-vous besoin de mon passeport? 왜 제 여권이 필요하시죠?

❹ B: ______________ c'est comme ça. 왜냐하면 원래 그런 것이거든요.

2. 다음을 프랑스어로 옮겨 보세요.

❶ 당신의 신분증을 보여 주셔야 합니다.
Il faut ______________________

❷ 100달러를 유로로 바꾸고 싶습니다.
Je voudrais ______________________

❸ 지금 유로가 얼마나 하죠?
L'Euro ______________________

Je peux envoyer ce colis en Corée?

이 소포를 한국으로 보낼 수 있을까요?

À la poste>

Cliente: Bonjour Madame!
Je voudrais envoyer cette lettre à Londres.
Combien de timbres faut-il mettre?

Employée de poste: Il faut mettre 3 timbres à 1 euro.

Cliente: D'accord! 3 timbres avec ces 2 cartes postales, s'il vous plaît.

Employée de poste: Ça fait 5 euros.

Client: Bonjour, est-ce que je peux envoyer ce colis en Corée par avion?

Employée de poste: Oui, attendez! Je vais peser ça.
Il fait 1.5kg.
Alors, cela vous fait un total de 25 euros.

우체국에서〉

손님: 안녕하세요.
이 편지를 런던에 보내고 싶은데요.
우표 몇 개를 붙여야 할까요?

우체국 직원: 1유로짜리 3개를 붙여야 합니다.

손님: 알겠습니다. 우표 3개하고 우편엽서 2개 주세요.

우체국 직원: 그럼 다 해서 5유로입니다.

손님: 안녕하세요.
이 소포를 항공편으로 한국에 보낼 수 있을까요?

우체국 직원: 잠깐만 기다려 주세요! 제가 무게를 달아 볼게요.
무게가 1.5kg입니다. 그러면 전부 해서 25유로 되겠습니다.

어휘

- □ client(e) 손님, 고객
- □ employé(e) 직원, 피고용인
- □ envoyer 보내다
- □ lettre f. 편지
- □ mettre 어떤 곳에 놓다, 넣다, 붙이다, (옷을) 입다
- □ timbre m. 우표
- □ carte postale f. 우편엽서
- □ colis m. 소포
- □ avion m. 비행기
- □ par avion 항공으로
- □ attendez 기다리다(inf. attendre)
- □ peser 무게를 재다

Combien de timbres faut-il mettre?

mettre 동사는 '~을 어디에 놓다/넣다/붙이다/달다, (옷을) 입다, (장신구 등을) 걸다/착용하다' 등 다양한 표현에 쓰인다. combien de 뒤에 복수 명사 timbres는 '몇 장의 우표'가 된다. mettre 동사는 다음과 같이 불규칙 변화를 한다.

■ Mettre 동사

Je mets	Nous mettons
Tu mets	Vous mettez
Il/Elle met	Ils/Elles mettent

Il faut mettre 3 timbres à 1 euro.

3 timbres à 1 euro는 '1유로짜리 우표 세 장'으로 해석되는데, 전치사 à는 뒤에 돈이 나올 경우 '~짜리'의 의미가 된다. 즉 une jupe à 50 euros는 '50유로짜리 치마'이다.

Ça fait 5 euros.

'다해서 5유로입니다'라는 표현인데, Ça fait + 돈은 '값이 (얼마)이다'가 된다.

Attendez! je vais peser ça.

Attendez는 attendre 동사의 2인칭 복수형인데, 2인칭 복수 문장 Vous attendez(당신은 기다립니다)에서 주어를 빼고 이렇게 Attendez(기다리세요)라고 하면 바로 명령형 문장이 된다.

- Vous restez ici. → Restez ici. 여기 계십시오.
- Vous tournez à doite. → Tournez à doite. 오른쪽으로 도십시오.

1. Mettre 동사의 인칭 변화를 완성해 보세요.

Je	Nous
Tu	Vous
Il/Elle	Ils/Elles

2. 다음을 내용에 알맞게 완성해 보세요.

❶ Il faut ________________ timbres? 우표를 몇 장 붙여야 하나요?

❷ 3 timbres et 2 cartes postales, ça ________________ en tout?
우표 3장과 엽서 2장, 다 해서 얼마죠?

❸ Je voudrais envoyer ce colis ________________ avion.
이 소포를 항공우편으로 미국에 보내고 싶습니다.

❹ Il me faut ________________. 나는 현금이 필요합니다.

문법

Pourquoi?

Pourquoi는 이유를 나타내는 의문부사로 '왜, 어째서, 무엇 때문에'의 의미가 된다.

- Pourquoi il va à Paris? 그는 왜 파리에 가나요?
- Pourquoi tu pleures? 왜 우니?
- Pourquoi vous ne m'aimez pas? 당신들은 왜 나를 안 좋아하시나요?
- Pourquoi suis-je tout le temps fatigué? 왜 나는 항상 피곤한 걸까?
- Pourquoi tu es parti? 왜 떠났니?

Parce que~

이유를 나타내는 접속사로 '왜냐하면 ~이기 때문에, ~므로, ~거든'을 의미한다. 상대가 Pourquoi로 물었을 때 'Parce que~'로 대답할 수 있다.

- Pourquoi vous apprenez le français?
  왜 프랑스어를 배우세요?
  Parce que j'aime la cuisine française.
  프랑스 요리를 좋아하기 때문이죠.
- Pourquoi vous allez à Londres?
  왜 런던에 가시나요?
  Parce que je veux apprendre l'anglais.
  영어를 배우고 싶어서요.
- Pourquoi ne venez-vous pas plus souvent?
  왜 더 자주 안 오시나요?
  Parce que je n'ai pas le temps.
  시간이 없어서요.
- Tu dis ça parce que tu es en colère.
  네가 화가 났기 때문에 그런 말을 하는 거야.

〈La falaise d'Etretat après l'orage : 폭풍우가 지나간 에트르타 절벽〉
Gustave Courbet(귀스타브 쿠르베), 1870년 작

1. 빈칸에 pourquoi 또는 parce que를 알맞게 넣어 문장을 완성하고 우리말로 옮겨 보세요.

❶ ____________ voulez-vous partir?

❷ ____________ mon mari m'attend.

❸ Il a réussi, ____________ pas vous!

❹ ____________ tu fais ça?

❺ ____________ j'aime ça.

회화

Track 59

Suzi: Moi, j'ai besoin d'argent en liquide…
Où est-ce que je peux retirer de l'argent?

Hugo: Il y a un distributeur automatique
juste en face.

Suzi: Ah, d'accord, merci!
Mais, est-ce que je peux retirer de l'argent
avec cette carte bancaire?

Hugo: Bien sûr! Avec une carte bancaire internationale,
comme les visas, mastercards,
tu peux retirer de l'argent
dans la plupart des distributeurs automatiques.

Suzi: Ah bon, d'accord! Super alors!
Allez, on y va!

수지: 나 현금이 필요한데…
현금을 어디서 인출할 수 있지?
위고: 바로 맞은편에 자동 지급기가 있네.
수지: 잘됐다!
그런데 이 은행카드로 돈을 인출할 수 있을까?
위고: 물론이지!
인터내셔널 카드, 예를 들어 비자, 마스터카드 같은 카드면 대부분의 자동 지급기에서 돈을 찾을 수 있어.
수지: 좋아, 그럼 문제없네.
자, 가자!

어휘
- □ où 어디
- □ retirer 꺼내다, 인출하다
- □ distributeur m. 지급기, 자판기
- □ automatique 자동의
- □ en face 정면에, 맞은편에
- □ avec ~을 가지고
- □ carte 카드
- □ bancaire 은행의
- □ international(e) 국제적인
- □ comme ~같은, ~처럼
- □ dans ~에서, ~안에서
- □ plupart f. 대부분
- □ dans la plupart de~ ~의 대부분에서
- □ on y va! 가자! 갑시다!

전치사 'à'의 활용

전치사 à는 다음과 같은 의미로 다양하게 쓰일 수 있다.

❶ 장소 앞에서 : ~에

- J'habite à Paris. 나는 파리에 산다.
- Nous allons au musée du Louvre. 우리는 루브르 박물관에 간다.

❷ 시간 앞에서: ~에

- J'ai rendez-vous à 8 heures du matin. 나는 아침 8시에 약속이 있다.
- Il déjeune à midi. 그는 정오에 점심 식사를 한다.

❸ 소유의 의미: ~의 것

- Ce livre est à toi? 그 책 네 것이니?
- Ce n'est pas à moi. 제 것이 아닌데요.

❹ 가격, 수량적 표현: ~의 가격에, ~짜리인

- Il faut mettre 3 timbres à 1 euro. 1유로짜리 우표 세 장을 붙여야 합니다.
- Cette voiture roule à 80km/h. 이 차는 한 시간에 80km 시속으로 달린다.

연습문제

1 다음 대화를 듣고 물음에 답해 보세요. Track 60

1 어느 화폐를 어느 화폐로 바꾸려고 하나요? ______

2 바꾸려고 하는 돈은 얼마인가요? ______

3 환전을 하려면 필요한 것은 무엇인가요? ______

4 오늘 달러 환율은 어떻게 되나요? ______

2 우체국에서 우편물을 보내고 현금 인출을 하려고 합니다. 다음을 알맞게 완성해 보세요.

1 Suzi: J'ai besoin de ______ … 나 현금이 필요한데…

Je peux ______ de l'argent ______ cette carte de crédit?

이 신용카드로 돈을 찾을 수 있을까?

Hugo: Bien sûr! 물론이지.

______ le distributeur automatique juste là.

바로 저기 자동 인출기가 있네.

2 Cliente: Je voudrais ______ cette lettre ______ Angleterre.

이 편지를 영국으로 보내려고 하는데요.

Je dois ______ ______ ______ timbres?

우표 몇 개를 붙여야 하나요?

Employée de poste: Il ______ ______ 3 timbres à 1 euro.

1유로짜리 세 개를 붙여야 합니다.

3 다음 질문에 Parce que를 써서 알맞은 답을 써 보세요.

1 Q: Pourquoi restez-vous à la maison aujourd'hui?

A: ______

2 Q: Pourquoi voulez-vous dormir maintenant?

A: ______

3 Q: Pourquoi apprenez-vous le français?

A: ______

4 다음을 프랑스어로 옮겨 보세요.

1 저 책은 제 것입니다. ______

2 우리는 9시에 약속이 있다. ______

3 그녀는 왜 런던에 가니? ______

4 왜냐하면 그녀는 영어를 배우고 싶어 해. ______

Culture française

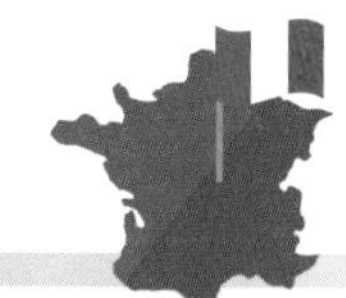

프랑스의 대표 가정식 요리
Coq au vin(꼬꼬뱅)/ Pot-au-feu(뽀또푸)/ Bœuf bourguignon (뵈프부르기뇽)

Coq au vin

Coq au vin은 '와인에 넣은 수탉'이라는 뜻으로 부르고뉴 지방에서 생산되는 레드 와인에 닭과 양파, 버섯, 마늘, 그리고 다양한 허브와 향신료를 넣고 푹 고아 만든 스튜이다. 부르고뉴 지방의 전통 요리로 농민들이 늙은 장닭을 지역에서 나는 와인과 채소류를 넣고 조리해 먹던 것에서 유래했다. 약한 불에서 와인을 넣고 장시간 끓이기 때문에 살이 질긴 장닭도 부드러워지며 진한 레드 와인 소스에 양파와 버섯 맛의 조화가 특징이다.

Pot-au-feu

Pot-au-feu는 '불에 올려 놓은 냄비'라는 뜻이다. 장작불에 무쇠 냄비를 올려 놓고 약한 불에 장시간 푹 고아 만든 요리임을 일컫는 표현이다. 주재료인 소고기에 각종 채소와 허브, 향신료가 들어가는 소고기 스튜이다. 원래 겨울철 집에서 몸을 녹이기 위해 장작불에 커다란 냄비를 걸어 놓고 물에 고기와 남은 채소들을 넣어 푹 끓여 먹는 전통 서민 요리로부터 발전하기 시작했다. Pot-au-feu는 대량으로 조리해 특별한 날 가족, 친지 등 여러 사람이 함께 모여 나눠 먹는 경우가 많아 문화적 의미를 지닌 요리로 해석되기도 했다.

Bœuf bourguignon

Bœf는 '쇠고기', bourguignon은 프랑스 동부 '부르고뉴 지방의'라는 의미로 Bœuf bourguignon은 말 그대로 '부르고뉴 지방의 쇠고기 요리'를 뜻한다. 역시 부르고뉴 지역의 전통 요리로 이 지역에서 사육되는 프랑스 최고급 품질의 샤롤레(Charolais)종 쇠고기를 부르고뉴산 레드 와인에 넣고 장시간 푹 끓여 만든 스튜이다. Coq au vin에서 주재료인 닭고기 대신 쇠고기를 사용하며, 나머지 재료로는 마찬가지로 마늘, 양파, 버섯 그리고 각종 허브와 향신료 등을 넣어 맛을 낸다. Bœuf bourguignon은 보통 부르고뉴산 Pinot noir(피노 누아르) 레드 와인과 함께 먹는다.

세 가지 요리의 공통점은 모두 전통 서민 요리이며 지금까지 프랑스의 대표 가정식으로 식탁에 올려지고 있다는 점이다. 앞서 소개한 Restaurant, Bistrot, Brasserie 등 웬만하면 어느 곳에서도 주문이 가능한 대중적인 요리로 프랑스에 가면 꼭 한 번쯤 사 먹어 볼 만하다.

LEÇON 15

놀러 가기/ 외출하기/ 집에 초대하기

학습 목표

- 제안하기/초대하기
- 수락하기/거절하기
- Savoir 동사/ Connaître 동사

대화 ①

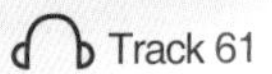

Qu'est-ce que tu veux faire ce soir?

오늘 저녁에 뭐 하고 싶어?

Michel: Qu'est-ce que tu veux faire ce soir?

Marion: J'ai envie d'aller voir l'opéra Carmen de Georges Bizet, s'il reste encore des places.

Michel: Attends, je regarde sur internet. Malheureusement, c'est complet aujourd'hui.

Marion: Tant pis! Je vais réserver 2 places pour samedi prochain. Alors ce soir, on va faire une promenade sur les Champs-Élysées. Et après, on va prendre un verre, ça te dis?

Michel: Oui, c'est génial! en plus, je connais un piano-bar très sympa. On y joue du piano et de la guitare.

Marion: Quelle bonne idée!

미쉘: 오늘 저녁에 뭐하고 싶어?
마리옹: 조르쥬 비제의 오페라 카르멘을 보러 가고 싶어. 아직 자리가 남아 있다면.
미쉘: 잠깐만 기다려 봐. 내가 인터넷에서 볼게. 안됐지만 오늘은 만석이네.
마리옹: 할 수 없지. 내가 다음 주 토요일로 두 자리 예약할게. 그럼 오늘 저녁은 샹젤리제에서 산책하자. 그러고 나서 한잔하러 가고. 어때, 괜찮겠어?
미쉘: 그거 훌륭하지! 내가 아주 괜찮은 피아노 바를 알거든. 피아노와 기타 등을 연주해.
마리옹: 정말 좋은 생각인데!

어휘

- □ avoir envie de + inf ~을 하고 싶다
- □ voir 보다
- □ opéra m. 오페라
- □ reste 남다, 머무르다(inf. rester)
- □ encore 아직, 여전히, 또
- □ place f. 자리
- □ attends 기다리다(inf. attendre)
- □ malheureusement 안타깝게도, 안됐지만, 불행하게도
- □ complet(complète) 다 찬, 만석인
- □ tant pis! 안됐지만 할 수 없지!
- □ promenade f. 산책
- □ ça te dis? 마음에 들어? 괜찮아? 어때?
- □ génial 뛰어난, 훌륭한, 멋진, 천재적인
- □ idée f. 생각, 아이디어
- □ bonne idée! 좋은 생각이네!
- □ connais 알다(inf. connaître)
- □ piano-bar m. 피아노 바
- □ sympa 마음에 드는, 기분 좋은
- □ y 거기서
- □ joue 연주하다(inf. jouer)
- □ piano m. 피아노
- □ guitare f. 기타

표현

Qu'est-ce que tu veux faire?

vouloir + 동사 원형은 '~을 하고 싶다'라는 표현으로 **avoir envie de + inf**와 같은 의미이다. 의문대명사 qu'est-ce que는 목적어 '무엇을'에 해당한다.

J'ai envie d'aller voir l'opéra Carmen.

avoir envie de + inf(~을 하고 싶다) 형태이며, 여기서 **aller voir**는 **aller + 동사 원형**으로 '보러 가다'의 의미이다. **J'ai envie d'aller + 동사 원형**은 '~하러 가고 싶다'라는 표현이 된다.

- J'ai envie d'aller dormir. 나 자러 가고 싶어.
- J'ai envie d'aller boire un thé. 차 한잔 마시러 가고 싶어.

C'est complet aujourd'hui.

complet는 공연장이나 비행기, 열차, 버스 등의 남은 자리가 없을 때 '만석'의 의미로 쓰인다.

Je connais un piano-bar très sympa.

connais(inf. connaître) 동사는 어떤 사람 또는 사물을 '안다'의 뜻이다.

On y joue du piano et de la guitare.

jouer는 1군 규칙 동사로 '놀이나 운동 경기를 하다' 또는 '악기 연주를 하다' 등의 뜻인데, 뒤에 운동 경기명이 오면 전치사 à를, 악기명이 오면 전치사 de를 쓴다.

- Je joue au volley-ball. 나는 배구를 한다.
- Nous jouons du violoncelle. 우리는 첼로를 연주한다.

Quelle bonne idée!

의문형용사 quel(le)은 감탄문을 이끌기도 하는데, **quel(le) + 명사(구)**의 형태로 다음과 같이 쓰인다.

- Quelle belle photo! 참 예쁜 사진이네!
- Quel beau temps! 날씨 정말 좋네!

확인

1. 다음 동사를 활용해 질문에 대한 답을 만들어 보세요.

질문 Qu'est-ce que tu as envie de faire ce soir?

❶ voir ❷ manger ❸ faire ❹ aller

2. 다음을 알맞게 완성하고 우리말로 옮겨 보세요.

❶ Je joue ______________ football tous les weekends.

❷ Elle joue ______________ violon.

❸ Ils jouent ______________ cartes au salon.

❹ Vous jouez ______________ accordéon?

대화 ②

Track 62

Bienvenue chez nous! 우리 집에 오신 걸 환영합니다!

Madame Chauvet: Est-ce que vous êtes libre vendredi prochain?
Je voudrais vous inviter à dîner chez nous.

Madame Kim: Ah oui, avec plaisir!

Madame Chauvet: Venez donc avec votre mari.
C'est l'anniversaire de mon mari ce jour-là.

Madame Kim: Ah bon? Très bien, merci.
On doit arriver pour quelle heure?

Madame Chauvet: Venez à partir de 7 heures du soir.

Chez M. et Mme Chauvet>

Madame Chauvet: Bienvenue chez nous!

Monsieur Kim: Merci beaucoup pour votre invitation!
Tenez!
C'est un cadeau pour vous, M. Chauvet.
Joyeux anniversaire!

Monsieur Chauvet: Merci beaucoup!

Madame Kim: Ouah, quelle belle maison!

Mme 쇼베: 다음 주 금요일에 한가하세요?
저희 집으로 저녁 식사 초대를 하고 싶어서요.
Mme 김: 아 네! 기꺼이요.
Mme 쇼베: 남편분과 함께 오세요.
실은 그날이 제 남편 생일이거든요.
Mme 김: 그런가요? 좋습니다. 감사해요.
몇 시에 도착하면 되죠?
Mme 쇼베: 저녁 7시부터 오세요.

쇼베 부부 집〉

Mme 쇼베: 어서 오세요!
M. 김: 초대해 주셔서 감사합니다!
받으세요! 쇼베 선생님을 위한 선물입니다.
생일 축하드려요!
M. 쇼베: 대단히 감사합니다!
Mme 김: 와, 집이 참 예쁘네요!

- □ libre 한가한, 시간 여유가 있는
- □ inviter 초대하다
- □ chez ~의 집에
- □ plaisir m. 즐거움, 기쁨
- □ avec plaisir 기꺼이
- □ venez 오다(inf. venir)
- □ mari m. 남편
- □ doit ~해야 한다(inf. devoir)
- □ arriver 도착하다
- □ quel(le) 어떤
- □ vers ~경에, ~즈음에
- □ bienvenue! 잘 오셨습니다!, 환영합니다!
- □ tenez 잡다, 쥐다(inf. tenir)
- □ cadeau m. 선물
- □ joyeux(se) 즐거운, 기쁜
- □ anniversaire m. 생일, 기념일

Est-ce que vous êtes libre vendredi prochain?

상대방에게 시간이 있는지, 한가한지 묻고 싶을 때 'Vous êtes libre?', 'Tu es libre?'와 같이 말할 수 있다.

Je voudrais vous inviter à dîner chez nous.

inviter는 '초대하다'의 뜻이며 **inviter à dîner**는 '저녁 식사에 초대하다'이다. chez는 '~의 집에'의 뜻으로 뒤에는 사람 이름 또는 강세형 인칭대명사를 쓴다.

- Je vais chez Madame Chauvet. 나는 쇼베 부인의 집에 간다.
- Tu viens chez moi ce soir? 오늘 저녁 우리 집에 올래?

Bienvenue chez nous.

Bienvenue는 영어의 'Welcome'에 해당하며 '~에 오신 것을 환영합니다, 잘 오셨습니다'의 뜻이다. 뒤에 '~에'라는 말을 덧붙일 수 있다.

- Bienvenue en France! 프랑스에 오신 걸 환영합니다!
- Bienvenue à Paris! 파리에 오신 걸 환영합니다!
- Bienvenue aux États-Unis! 미국에 오신 걸 환영합니다!
- Bienvenue au Japon! 일본에 오신 걸 환영합니다!

Merci beaucoup pour votre invitation!

'~에 대해서 감사하다'라는 표현을 할 때는 Merci beaucoup 뒤에 전치사 **pour + 명사(구)**로 말할 수 있는데, 전치사 pour 이하가 '~에 대해서'에 해당한다. 여기서 pour votre invitation은 '당신의 초대에 대해'가 된다.

- Merci beaucoup pour votre participation! 함께해(참여해) 주셔서 감사합니다!

Joyeux anniversaire!

anniversaire는 대표적으로 '생일'을 뜻하고, 해마다 돌아오는 '기념일' 등도 anniversaire를 쓴다. '결혼기념일'은 anniversaire de mariage이다.

확인

1. 다음을 프랑스어로 옮겨 보세요.

❶ 한국에 오신 걸 환영합니다.

____

❷ 서울에 오신 걸 환영합니다.

____

❸ 나의 집에 오신 걸 환영합니다.

____

❹ 생일 축하합니다.

____

❺ 초대해 주셔서 감사합니다.

____

문법

Savoir 동사/Connaître 동사

Savoir와 Connaître는 둘 다 우리말로는 '~을 알다'로 해석되지만 그 의미와 쓰임에는 각각 차이가 있다. 다음과 같이 불규칙 변화를 한다.

■ Savoir 동사

Je sais	Nous savons
Tu sais	Vous savez
Il/Elle sait	Ils/Elles savent

■ Connaître 동사

Je connais	Nous connaissons
Tu connais	Vous connaissez
Ils/Elle connaît	Ils/Elles connaissent

❶ savoir 동사는 '~을 공부해서 안다, 배워서 안다, 학습을 통해 안다'의 뜻이다. 목적어로는 사물이 온다. 뒤에 동사 원형이 오면 '~할 줄 안다'의 뜻이 된다.

- Il sait beaucoup de choses. 그는 많은 것을 안다.
- Tu sais faire la cuisine coréenne? 한국 요리 할 줄 아니?
- Non, je ne sais pas faire la cuisine coréenne. 아니 한국 요리 할 줄 몰라.
- Est-ce que vous savez nager? 수영할 줄 아세요?
- Oui, je sais nager. 네, 알아요.
- Non, je ne sais pas nager. 아니요, 몰라요.

❷ connaître 동사는 '~을 경험상 안다, ~에 대해 정통하다'의 뜻으로 쓰인다. 목적어로는 사람, 사물 모두 가능하다. 특히 '어떤 사람을 안다'고 할 때는 Je connais + q·n이 된다.

- Tu connais son mari? 너 그의 남편 아니?
- Non, je ne connais pas son mari. 아니 몰라.
- Oui, je connais très bien son mari. 응, 나는 그의 남편을 아주 잘 알아.
- Elle connaît très bien Paris. 그녀는 파리(지리에 대해)를 잘 안다.
- Moi, je ne connais pas Paris. 나는 파리(지리에 대해)를 몰라.
- Vous connaissez cette chanson? 이 노래 아세요?
- Oui, je connais cette chanson. 네, 그 노래 알아요.

감탄 표현

'어떤, 무슨, 무엇, 얼마' 등의 의미로 쓰이는 의문형용사 quel은 'quel + 명사구'의 형태로 다음과 같이 감탄문을 이끌기도 한다.

	남성	여성
단수	quel	quelle
복수	quels	quelles

- Quelle bonne idée! 정말 좋은 생각이야!
- Quelle belle histoire! 참 아름다운 이야기네!
- Quel beau temps! 날씨 정말 좋은데!
- Quel dommage! 정말 유감이네! 참 안됐네!
- Quels beaux chiens! 정말 예쁜 개들이네!
- Quelles belles fleurs! 꽃들이 참 예쁘네.
- Quel bonheur! 이 얼마나 행복한가!

1. 빈칸을 알맞게 채워보세요.

❶ Vous ______________ la femme du boulanger? 빵집 주인의 부인을 아시나요?

❷ Oui, je ______________ très bien sa femme. 네, 저는 그의 부인을 아주 잘 알아요.

❸ Non, je ______________ la femme du boulanger. 아니요. 저는 빵집 주인의 부인을 모릅니다.

❹ Tu ______________ lire et écrire? 너 읽고 쓸 줄 아니?

❺ Oui, je ______________ lire et écrire. 네, 저는 읽고 쓸 줄 알아요.

❻ Non, je ______________ lire et écrire. 아니요. 저는 읽고 쓸 줄 몰라요.

회화

Vincent:	Est-ce que vous voulez venir chez moi ce samedi, pour une soirée à la maison entre amis?
Jina:	Oh, je suis vraiment désolée! Je suis occupée ce weekend.
Michel:	Et, moi, j'ai réservé une place pour aller voir Casse-noisette ce samedi. Une autre fois peut-être…
Vincent:	Ah c'est dommage! Pourquoi pas samedi prochain alors?
Jina:	Avec plaisir!
Michel:	Moi aussi, je veux bien.
Vincent:	Il y a un grand jardin chez moi. Donc, on peut dîner dans le jardin ensemble.
Jina:	D'accord! je vais apporter du bon vin.
Michel:	Moi, je vais apporter une surprise! Je peux venir avec ma copine?
Vincent:	Bien sûr!

뱅썽: 너희들 이번 주 토요일에 우리 집에 올래? 친구들끼리 집에서 저녁 파티하려고.
지나: 아, 정말 미안해! 이번 주 나는 일이 있어서.
미쉘: 나는 이번 토요일에 호두까기 인형 발레 보러 가려고 예약해 놓았거든. 다음번에 어떨까…
뱅썽: 아 안타깝네! 그럼 다음 주 토요일은 어때?
지나: 좋아!
미쉘: 나도 좋아!
뱅썽: 우리 집에 큰 정원이 있어. 그래서 같이 정원에서 저녁 식사 할 수 있거든.
지나: 좋아! 내가 맛있는 포도주 가져갈게.
미쉘: 나는 깜짝 선물 하나 준비해 갈게! 내 여자 친구하고 같이 가도 돼?
뱅썽: 물론이지!

어휘

- □ soirée f. 저녁 모임, 사교 파티
- □ entre ~사이, ~끼리
- □ desolé(e) 미안한, 유감인
- □ occupé(e) 바쁜, 일이 있는
- □ Casse-noisette f. 호두까기 인형 발레
- □ autre 다른
- □ fois f. 번, 회
- □ une autre fois 다음번에
- □ peut-être 아마도
- □ dommage m. 유감스러운 일, 안타까운 일
- □ pourquoi pas ~은 왜 안 되나요?, ~은 어때요? 물론이죠
- □ jardin m. 정원
- □ apporter 가져오다, 지참하다
- □ vin m. 와인
- □ cadeau m. 선물
- □ surprise f. 놀람, 뜻밖의 일, 서프라이즈
- □ copine f. 여자 친구(남자 친구 : copain)

Pourquoi pas? / Pourquoi pas!

'~은 어때요?' 또는 '왜 안 됩니까?, 왜 그렇지 않습니까?, 물론이죠!, 당연하죠!' 등의 뜻이 된다.

- Pourquoi pas demain alors? 그럼 내일은 어때?
- On prend un verre ce soir? - Pourquoi pas!
  오늘 저녁 한 잔 할까? 왜 안 되겠어, 물론이지!
- Êtes-vous contents? - Moi? Pourquoi pas!
  만족하시나요? 저요? 저도 물론 만족하죠!

축일과 기념일

anniversaire는 기념일, 생일의 뜻으로 앞에 bon(좋은) 또는 joyeux(즐거운, 기쁜)와 같은 형용사를 붙이면 '생일(기념일)을 축하한다'는 표현이 된다.

생일 축하합니다.

- Bon anniversaire!
- Joyeux anniversaire!

그 밖의 축일 인사

- Joyeux Noël! 즐거운 성탄절 보내세요!
- Bonne année! 새해 복 많이 받으세요!
- Bonne fête! 좋은 축일 되세요!

초대나 제안 거절

- Je suis vraiment désolé(e), je ne peux pas. 정말 미안한데 안 되겠어요.
- Je aimerais bien, mais je suis occupé(e). 그러고 싶지만 일이 있어요(바빠요).
- Une autre fois peut-être··· 다음 기회에···

초대나 제안 수락

- Avec plaisir! 기꺼이! (좋아)
- Volontiers! 흔쾌히! (좋아)
- Oui, je veux bien. 응, 그래 좋아.

연습문제

1 다음 질문에 대한 답을 잘 듣고 무엇을 하고 싶은 것인지 답해 보세요. Track 64

질문 Qu'est-ce que tu veux faire?

1 ________________ 3 ________________

2 ________________ 4 ________________

2 다음 대화 내용에 알맞게 빈칸을 채워 보세요.

여: Qu'est-ce que tu ________________ faire ce weekend? 이번 주말에 뭐 하고 싶어?

J'ai envie d' ________________ un film. 나는 영화 보러 가고 싶어.

남: Moi aussi, ________________ bien. 나도 그러고 싶어.

Et puis le soir, on va dîner dans un restaurant? 저녁때 레스토랑 가서 식사할까?

여: ________________ ! 기꺼이!

Et après le dîner, on va prendre un verre. 저녁 식사 후에 한잔하러 가자.

Je ________________ un pub irlandais très sympa! 내가 아주 괜찮은 아이리쉬 펍을 알거든!

남: ________________ ! 왜 안 되겠어!

여: ________________ . 내가 살게.

3 다음 문장 안에 Savoir/Connaître 동사를 알맞게 쓰고 우리말로 옮겨 보세요.

1 Vous ________________ un peu la France?

2 Oui, je ________________ bien la France.

3 Tu ________________ jouer du piano?

4 Non, je ________________ jouer du piano.

4 다음을 프랑스어로 써 보세요.

1 오늘 저녁 한가하신가요? ________________

2 이것은 너를 위한 선물이야. ________________

3 당신들을 저녁 식사에 초대하고 싶어요. ________________

4 정말 죄송해요. 제가 바빠서요. ________________

5 즐거운 성탄절 보내세요! ________________

6 새해 복 많이 받으세요! ________________

Une soirée

스와레

프랑스어로 soirée는 soir(하루 중 시기로서의 '저녁'을 뜻함)에서 파생된 말로 원래 해가 지고 나서 밤까지의 '저녁 시간', '저녁나절'을 일컫는다. 한편 이 저녁 시간대에 사람들이 만나 같이 즐기며 보내는 조촐한 모임에서부터 각종 파티, 만찬회 등 크고 화려한 공식적인 행사까지를 모두 soirée라고 하기도 한다. 일반적으로 '파티' 정도의 의미로 해석할 수 있는데, 장소는 누군가의 집 거실에서부터 카페, 레스토랑 그리고 대형 홀 같은 공간까지 모두 포함하며 어디든 가능하다. 프랑스 사람들은 'soirée에 갔었다.', 'soirée가 있다.'라는 말을 자주 하는데, 이때의 soirée는 대부분 사람들이 모여 저녁 시간을 보내면서 식사와 담소를 즐기는 식의 크고 작은 모임을 말한다. 예를 들어 'soirée entre amis'는 친구들끼리의 저녁 모임이고, 'soirée étudiants'는 학생들의 저녁 모임 또는 파티이다. 그리고 주말 저녁에는 바 같은 곳에서 'soirée Jazz(재즈 파티)', 'soirée dansante(댄스 파티)' 등의 이벤트를 하기도 한다. 어떤 종류의 soirée에서든 빠지지 않는 요소로는 먹을 것과 마실 것(주류도 포함) 그리고 음악을 들 수 있다. 즉 프랑스 사람들의 soirée는 먹고 마시고 놀며 사교와 인간관계를 심화시키는 모든 저녁 모임과 행사들을 통칭한다고 할 수 있다.

LEÇON 16 현재 표현

학습 목표

- 현재 사실 말하기
- 규칙적 일상 말하기
- 대명동사

대화 ①

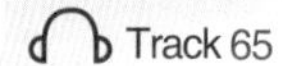

Track 65

Je me lève à 7 heures tous les matins.

나는 매일 아침 7시에 일어나.

Jina: Céline, tu te lèves à quelle heure le matin?

Céline: Je me lève à 7 heures tous les matins pour aller au travail. Ensuite, je me lave et je m'habille.

Jina: Et le soir, à quelle heure tu te couches?

Céline: Le soir, je rentre à la maison vers 7 heures. Après dîner, je me promène un peu sur les quais de la Seine, et enfin, je me chouche vers minuit.

Jina: Ah oui! Tu ne dors vraiment pas beaucoup.

지나: 셀린, 아침에 몇 시에 일어나?
셀린: 나는 매일 아침 출근 때문에 7시에 일어나. 그리고 씻고, 옷 입고.
지나: 그럼 저녁에는 몇 시에 잠자리에 들어?
셀린: 저녁에는 집에 7시쯤 들어가고, 저녁 식사 후에 센 강변에서 산책을 좀 해. 그리고 자정쯤에 잠자리에 들어.
지나: 아 그렇구나! 그리 많이 자는 건 아니네.

어휘

- □ te lèves 일어나다, 기상하다(inf. se lever)
- □ matin m. 아침
- □ me lave 씻다, 닦다(inf. se laver)
- □ m'habille 옷 입다(inf. s'habiller)
- □ te couches 눕다, 잠자리에 들다(inf. se coucher)
- □ renter 들어가다(inf. rentrer)
- □ vers ~경에, ~즈음에
- □ me promène 산책하다, 거닐다 (inf. se promener)
- □ sur ~위에
- □ quai m. 강둑, 강변
- □ minuit f. 자정
- □ dors 자다(inf. dormir)

표현

Tu te lèves à quelle heure le matin?

te lèves에서 lèves(inf. lever)는 원래 타동사로 '~을 일으키다/들다'의 뜻인데, 앞에 재귀대명사 te(너 자신을)를 붙여 'te lèves'가 된 것이다. 그래서 'tu te lèves'는 직역하면 '너는 너를 일으키다'인데, 이는 즉 '일어나다, 기상하다'의 뜻이다.

Je me lève à 7 heures tous les matins.

역시 Je me lève에서 me는 재귀대명사로 '나 자신을'에 해당한다. '나는 나를 일으킨다', 즉 '나는 일어난다'이다.
Tous(Toutes) + 정관사 + 시간과 관계된 명사는 '매, ~마다'의 뜻이다.

- Tous les matins 매일 아침
- Tous les jours 매일
- Toutes les 10 minutes 10분마다

Je me lave et je m'habille.

me lave에서 lave(inf. laver)는 원래 타동사로 '~을 닦다/씻다'의 뜻인데, 앞에 재귀대명사 me를 붙여 me lave가 된 것이다. 그래서 Je me lave는 직역하면 '나는 나를 닦는다'인데, 이는 즉 '나는 씻는다, 나는 닦는다'의 뜻이 된다. m'habille 역시 habiller(옷 입히다) 동사에 me(재귀대명사)가 붙어 축약이 되면서 Je m'habille가 된 것인데, '나 자신을 입히다', 즉 '나는 옷을 입는다'의 뜻이다.

Le soir, à quelle heure tu te couches?

te couches 역시 '~을 눕히다'의 뜻인 coucher 동사 앞에 재귀대명사 te(너 자신을)를 붙인 것이다. 그래서 tu te couches는 '너는 너를 눕히다', 즉 '너는 눕는다, 너는 잠자리에 든다'이다. 'à quelle heure tu te couches?'로 물었을 때 답은 '나는 나를 눕힌다', 즉 Je me couche를 써서 'Je me couche à minuit.'와 같이 쓰면 된다.

- Je me couche à minuit. 나는 자정에 잠자리에 들어.
- Je me couche très tard. 나는 아주 늦게 잠자리에 들어.

Je me promène un peu.

me promène에서 promène(inf. promener)는 '~을 산책시키다'의 뜻인데, 앞에 재귀대명사 me를 붙여 '나 자신을 산책시킨다', 즉 '나는 산책한다'가 된 것이다.

Tu ne dors pas beaucoup.

동사 dors(inf. dormir)는 '잠자다'의 뜻인데, -ir로 끝나며 다음과 같이 변화한다. dormir 동사와 같은 형태로 변화하는 동사로는 sortir, partir 등이 있다.

■ Dormir 동사

Je dors	Nous dormons
Tu dors	Vous dormez
Il/Elle dort	Ils/Elles dorment

1. 다음을 대명동사를 사용해 완성해 보세요.

❶ Je ______________ à 8 heures du matin. 나는 아침 8시에 일어난다.

❷ Tu ______________ tard? 너는 늦게 자니?

❸ Non, je ______________ très tôt. 아니, 아주 일찍 잠자리에 들어.

❹ Je ______________ un peu le soir. 나는 저녁 때 산책을 좀 해요.

❺ Je ______________ et je ______________ pour aller à l'école.
학교 가기 위해 씻고 옷을 입는다.

대화 ②

Track 66

Les boulageries ouvrent très tôt.

빵집들은 문을 일찍 열어요.

Suzi: Christian, les magasins en France restent ouverts jusqu'à quelle heure?

Christian: En général, les magasins en France restent ouverts jusqu'à 19 heures ou 20 heures.

Suzi: Et, les heures de déjeuner?

Christian: Certains magasins ferment entre 12 heures et 14 heures.

Suzi: Et, les boulangeries? Tu penses que je peux acheter du pain à partir de quelle heure?

Christian: Les boulageries ouvrent très tôt, vers 7 heures le matin, et ferment assez tard.

Suzi: Ah, et toi, tu achètes quand ton pain?

Christian: Moi? Normalement j'achète du pain avant de rentrer à la maison le soir.

수지: 크리스티앙, 프랑스 상점들은 몇 시까지 문을 열어?
크리스티앙: 보통 프랑스 상점들은 19시나 20시까지 문을 열어.
수지: 점심 시간에는?
크리스티앙: 일부 상점은 12시에서 14시 사이 문을 닫아.
수지: 그럼 빵집들은? 몇 시부터 빵을 살 수 있는 거야?
크리스티앙: 빵집들은 문을 아주 일찍 열어. 아침 7시 경부터. 그리고 꽤 늦게 문을 닫고.
수지: 크리스티앙은 빵을 언제 사?
크리스티앙: 나는 보통 빵을 저녁에 집에 들어오기 전에 사.

- □ magasin m. 가게, 상점
- □ restent(inf. rester) 머무르다, ~상태로 있다
- □ ouvert(e) 열린
- □ en général 일반적으로, 보통
- □ certain(e) 어떤, 몇몇의
- □ ferment 닫다(inf. fermer)
- □ boulangerie f. 빵집
- □ pain m. 빵
- □ tôt 일찍, 빨리
- □ assez 꽤, 충분히
- □ tard 늦게, 나중에
- □ normalement 보통, 정상적으로는
- □ avant ~전에
- □ avant de + inf ~하기 전에

Les magasins en France restent ouverts jusqu'à quelle heure?

rester(inf. rester) 동사는 '어떤 장소에 남아 있다, 또는 어떤 상태로 계속 있다'의 뜻이다.
뒤에 상태를 나타내는 형용사가 오면 '~한 상태로 있다'가 된다. 따라서 'Les magasins restent ouverts.'는 '가게들이 열려 있다.'이다.

- Tu restes à la maison. 너는 집에 있어.
- Vous restez assis. 앉아 계세요.

Certains magasins ferment entre 12 heures et 14 heures.

fermer 동사는 '(가게, 회사, 학교 등의) 문을 닫다'의 의미이다. 가게, 회사, 학교 등의 '문을 열다'는 ouvrir 동사를 쓴다.

Les boulageries ouvrent très tôt, vers 7 heures le matin et ferment assez tard.

ouvrir 동사는 '문을 열다, 영업하다', fermer 동사는 '문을 닫다, 영업을 끝내다'로 **La boulangerie ouvre + 시간(때)**, **La boulangerie ferme + 시간**과 같이 말하면 '가게가 ~에 문을 연다/닫는다'이다.

Tu achètes quand ton pain?

quand은 '언제' 또는 '~할 때'의 뜻으로 쓰이는데, 'Tu achètes quand?'처럼 의문문에서는 의문부사로 '언제 ~?'의 뜻이 된다.

- Tu dors quand? 너 언제 자니?
- Quand est-ce que vous partez? 언제 떠나시나요?

확인

1. 다음을 프랑스어로 옮겨 보세요.

❶ 그 카페는 몇 시까지 문을 여나요? ______

❷ 그 식당은 2시 반부터 5시까지 문을 닫습니다. ______

❸ 그 식당은 11시부터 문을 엽니다. ______

2. 다음을 우리말로 해석해 보세요.

❶ On rentre quand à la maison? ______

❷ On rentre quand tu veux. ______

❸ Je fais du jogging quand j'ai le temps. ______

❹ La liberté commence quand l'ignorance finit.(Victor Hugo)

______

문법

현재 시제

❶ 현재에서의 반복, 습관적 행위를 표현할 수 있다.
- Je me lève à 7 heures tous les matins. 나는 매일 아침 7시에 일어난다.
- Les magasins restent ouverts jusqu'à 19 heures. 상점들은 19시까지 영업을 한다.

❷ 미래를 나타내는 표현과 함께 쓰여 미래를 대신할 수 있다.
- Je pars dans une semaine. 나는 일주일 후에 떠난다.
- Le concert commence bientôt. 콘서트가 곧 시작한다.

❸ 현재의 사실 또는 현재 진행 중인 동작을 표현한다.
- J'ai faim, je veux manger quelque chose. 배고파, 뭐 좀 먹고 싶어.
- Les enfants jouent aux cartes dans le jardin. 아이들은 정원에서 카드놀이를 하고 있어.

❹ 과거의 어느 순간부터 현재까지 지속되는 사실을 표현할 수 있다.
- J'apprends le français depuis 6 mois. 나는 6개월 전부터 프랑스어를 배우고 있어.
- Elle et lui sont ensemble depuis 3 ans. 그와 그녀는 3년 전부터 함께 있어.

대명동사

s'appeler, se coucher, se lever, se laver, s'habiller처럼 **se(재귀대명사) + 동사 원형**과 같은 형태의 동사를 통칭해 **대명동사**라고 하는데, 그냥 한 단어로 된 동사처럼 통째로 외어야 한다. 주로 '자기 자신을 ~하다' 또는 '서로 ~하다'로 해석된다. 재귀대명사 se는 '자기 자신'을 뜻하는데, se도 주어 인칭에 따라 다음과 같이 변화한다.

■ s'appeler (자신의) 이름이 ~라고 불리다/이름이 ~이다

Je m'appelle	Nous nous appelons
Tu t'appelles	Vous vous appelez
Il/Elle s'appelle	Ils/Elles s'appellent

■ se coucher 자기 자신을 눕히다/눕다/자다

Je me couche	Nous nous couchons
Tu te couches	Vous vous chouchez
Il/Elle se couche	Ils/Elles se couchent

■ se lever 자기 자신을 일으키다/일어나다

Je me lève	Nous nous levons
Tu te lèves	Vous vous levez
Il/Elle se lève	Ils/Elles se lèvent

■ s'habiller 자신을 입히다/옷 입다

Je m'habille	Nous nous habillons
Tu t'habilles	Vous vous habillez
Il/Elle s'habille	Ils/Elles s'habillent

❶ 자기 자신을 ~하다

- Comment tu t'appelles? 이름이 뭐야?
- Nous nous promenons sur les quais de la Seine. 우리는 센 강변을 산책한다.
- Vous vous lavez combien de fois par jour? 하루에 몇 번 (몸을) 씻으세요?
- Elles s'habillent en noir aujourd'hui. 그녀들은 오늘 검게 옷을 입는다.

❷ 서로 ~을 하다

'서로 ~을 하다, 서로에게 ~을 하다'의 의미로 해석되는 대명동사가 있다. 'On aime~'는 '우리는 ~을 좋아한다' 이지만 동사 앞에 재귀대명사 se가 붙어 'On s'aime'가 되면 '우리는 서로를 사랑한다'가 된다. 이 경우 재귀대명사 se가 우리말로는 '서로'로 해석된다.

s'aimer(서로 사랑하다)

- Christian et Céline s'aiment beaucoup. 크리스티앙과 셀린느는 서로를 많이 사랑한다.

se voir(서로 보다, 만나다)

- On se voit samedi après midi. 토요일 오후에 봐. (직역: 우리는 토요일 오후에 서로를 본다.)

se donner(서로에게 주다)

- Ils se donnent rendez-vous. 그들은 서로 만나기로 약속을 한다. (직역: 그들은 서로에게 만날 약속을 준다.)

s'écrire(서로에게 편지를 쓰다, 서로 편지를 주고받다)

- Nous nous écrivons très régulièrement. 우리는 주기적으로 서로 편지를 주고받는다.

회화

Track 67

Hugo : Louise, tu ne te sens pas bien?

Tu n'as pas l'air bien.

Louise : Non, je ne me sens pas bien.

Hugo : Qu'est-ce que tu as?

Louise : Je peux à peine marcher.

J'ai mal partout.

Je vais m'allonger un peu.

Hugo : Oh, ma pauvre!

Je pense que tu fais trop de sports ces jours-ci.

Louise : Oui, c'est vrai.

Je fais beaucoup de sports

pour maigrir rapidement.

Hugo : Oh là là! ce n'est pas bon pour la santé.

위고: 루이즈, 몸이 안 좋아? 안 좋아 보이네.
루이즈: 응, 몸이 안 좋아.
위고: 무슨 일인데?
루이즈: 간신히 걷겠어. 몸이 여기저기 다 아프네. 나 좀 누울게.
위고: 아이고 가엾어라! 내 생각에는 네가 요즘 운동을 너무 많이 하는 것 같아.
루이즈: 응, 맞아. 요즘 빨리 살을 빼려고 운동을 많이 하고 있거든.
위고 : 저런! 그러면 건강에 좋지 않아.

어휘

- □ air m. 공기, 기색, 바람
- □ avoir l'air ~처럼 보이다, ~하게 보이다
- □ te reposer 쉬다 (inf. se reposer)
- □ m'allonger 눕다 (inf. s'allonger)
- □ à peine 간신히, 겨우
- □ marcher 걷다
- □ avoir mal 아프다
- □ partout 사방에, 도처에, 여기저기
- □ pauvre 가난한, 불쌍한, 가엾은(사람)
- □ ces jours-ci 요즘, 최근
- □ maigrir 살 빼다
- □ rapidement 빠르게, 신속하게

Quand 언제/~할 때

Quand은 시간을 나타내는 의문부사로 '언제, 어느 때'의 뜻으로 쓰이기도 하고, 또 접속사로 '~할 때'의 뜻으로 쓰이기도 한다.

❶ 의문 부사

- Tu peux venir quand? 언제 올 수 있어?
- Quand est-ce que vous partez en vacances? 언제 바캉스 떠나세요?
- Vous êtes depuis quand à Paris? 언제부터 파리에 계시는 건가요?

❷ 접속사

- Tu me téléphones quand tu veux. 원할 때 언제든 내게 전화해.
- Quand il neige, on ne va pas à la montagne. 눈이 올 때는 산에 가는 거 아냐.
- Venez me voir quand vous êtes libre. 당신이 한가할 때 저를 보러 와 주세요.

상점/가게

가게를 나타내는 프랑스어 단어의 어미는 주로 -rie로 끝나는데, 우리말로는 '~점', '~가게' 정도에 해당한다고 할 수 있다.

Boulangerie	빵집	Épicerie	식료품점
Pâtisserie	과자점	Poissonerie	생선가게
Cordonnerie	구둣방	Librairie	서점
Crêperie	크레페 가게	Papeterie	문방구
Chocolaterie	초콜릿 가게	Parfumerie	화장품점
Boucherie	정육점	Billeterie	매표소

연습문제

1 Philippe과 Suzi의 일과에 관한 대화입니다. 대화를 듣고 다음 물음에 답해 보세요. Track 68

1 필립은 몇 시에 일어나나요? ______

2 수지는 몇 시에 저녁 식사를 하나요? ______

3 수지는 저녁때 몇 시까지 TV 시청을 하나요? ______

4 수지는 몇 시에 잠자리에 드나요? ______

5 필립은 몇 시에 잠자리에 드나요? ______

2 다음 대명동사를 활용해 하루 일과를 프랑스어로 간단히 적어 보세요.

se lever　　se laver　　se promener　　se coucher

______

3 다음을 알맞게 완성해 보세요.

1 Ce restaurant reste ______? 그 식당은 몇 시까지 문을 여나요?

2 Ce café ______ à 22 heures. 그 카페는 22시에 문을 닫아요.

3 ______ je vois tes yeux, je suis heureux. 너의 눈을 보고 있을 때 나는 행복해져.

4 Tu ______ partir ______ tu ______. 너는 네가 원할 때 떠날 수 있어.(네가 원할 때 떠나면 돼.)

5 Normalement, vous ______? 보통 몇 시에 주무세요?

6 Je ______ j'ai sommeil. 나는 내가 졸릴 때 잔다.

4 다음을 프랑스어로 옮겨 보세요.

1 Roméo와 Juliette는 서로를 많이 사랑한다. ______

2 그는 한 달 뒤에 프랑스로 떠난다. ______

3 나는 2년 전부터 프랑스어를 배우고 있다. ______

4 우리 토요일 저녁에 보자. ______

La baguette

바게트

Baguette는 원래 '가느다란 막대기' 또는 '지팡이'라는 뜻이다. baguette는 빵 모양이 긴 막대기 형태여서 붙여진 이름이다. 또 아시아인이 사용하는 젓가락 역시 가는 막대기 모양이기 때문에 프랑스인들은 우리가 보통 밥을 먹을 때 쓰는 젓가락을 baguettes chinoises(직역: 중국 막대기)라고 부르기도 한다.

나폴레옹 원정 때 원래 동그란 모양이었던 바게트 빵을 전쟁 중 운반을 쉽게 하기 위해 나폴레옹의 제빵사가 긴 막대 모양으로 만들기 시작했고 그때부터 바게트 빵을 먹게 된 것이라는 설이 있다. 일반적으로 바게트 빵의 길이는 약 65cm, 무게는 250g으로 정해져 있다. 바게트 빵은 겉은 노릇노릇하고 바삭하며, 하얀 속은 촉촉하고 부드러운 것이 제맛이다.

사람들은 parisiens(파리지앙 : 파리 사람들) 하면 흔히 머리에는 베레모를 쓰고 손에는 긴 바게트 빵을 들고 있는 모습을 먼저 떠올리기도 한다. 바게트 빵 자체가 사실 프랑스를 상징하는 이미지 가운데 하나라 해도 과언이 아닐 것이다. 하지만 요즘은 어느 나라를 가도 바게트를 먹을 수 있다. 그러나 바게트 빵이 정말 맛있는 곳은 역시 프랑스, 프랑스 안에서도 파리이다. 에마뉘엘 마크롱 프랑스 대통령은 이탈리아가 나폴리 피자를 유네스코 무형문화유산에 등재한 사례를 언급하며 전통 방식으로 만드는 프랑스 바게트의 탁월함과 비법을 보전하기 위해 바게트도 유네스코 인류무형문화유산으로 등재돼야 한다고 말한 바 있다.

LEÇON 17 과거 표현

학습 목표

- 과거의 사실/지나간 일 표현하기
- 복합 과거 시제 : 조동사 + 과거 분사(p.p)
- 동사의 과거 분사 만들기

대화 ①

Track 69

J'ai perdu mon sac! 가방을 잃어버렸어요!

Léa: J'ai perdu mon sac hier soir.

Marion: Mon dieu! Où ça?

Léa: Hier, je suis allée à la salle de sport pour mon cours de yoga.

Marion: Et alors, qu'est-ce qui c'est passé?

Léa: J'ai posé mon sac sur le banc au fond de la salle.
Le cours a fini à 20 heures.
Mais après, j'ai parlé avec des amies pendant 5 minutes.

Marion: Ah, peut-être que quelqu'un a pris ton sac pendant ce temps?

레아: 나 어제 저녁에 가방을 잃어버렸어.
마리옹: 세상에! 어디서?
레아: 어제 요가 수업 받으러 스포츠 센터에 갔었어.
마리옹: 그래서 무슨 일이 있었는데?
레아: 교실 끝 의자 위에 내 가방을 놔뒀거든.
수업은 20시에 끝났고.
수업 끝나고 나서 5분 동안 친구들과 이야기를 했어.
마리옹: 아마도 그러는 동안 누군가 네 가방을 가져간 거 아냐?

Notez bien!

동사의 과거 분사 Participe passé는 줄여서 p.p로 표시한다.

어휘

- □ perdu 잃어버리다(perdre 동사의 p.p)
- □ hier 어제
- □ mon dieu! 세상에!
- □ allé(e) 가자(aller 동사의 p.p)
- □ classe f. 강습, 교습
- □ yoga m. 요가
- □ posé 두다, 놓다(poser 동사의 p.p)
- □ banc m. 의자
- □ au fond de ~의 끝에
- □ salle f. 방, ~실
- □ fini 끝내다(finir 동사의 p.p)
- □ parlé 말하다(parler 동사의 p.p)
- □ pendant ~동안
- □ quelqu'un 누군가(영어의 someone)
- □ pris 취하다, 가져가다(prendre 동사의 p.p)

표현

J'ai perdu mon sac hier soir.

'J'ai perdu~'는 과거 시제 표현으로 '나는 잃어버렸다'이다. 여기서 동사는 **ai(inf. avoir) + perdu(inf. perdre)** 의 형태가 쓰였는데, perdu는 perdre(잃다) 동사의 과거 분사(p.p)이다. 즉 과거 시제는 **avoir 동사의 현재형 + 일반 동사의 과거 분사(p.p)** 형태로 쓰며, 이를 **복합 과거 시제**라고 한다.

- J'ai posé mon sac sur le banc. (posé-poser 동사의 p.p)
- Quelqu'un a pris ton sac. (pris-prendre 동사의 p.p)

Mon dieu!

영어의 'Oh my god!'에 해당하는 'Mon dieu!'는 '저런! 어쩌면! 어머나! 맙소사!' 등의 뜻으로 쓰인다.

Je suis allé(e) à la salle de sport.

'Je suis allé(e)~'는 과거 시제 표현으로 '나는 갔다'이다. 여기서 동사는 **suis(inf. être) + allée(inf. aller)**의 형태가 쓰였는데, allé(e)는 aller(가다) 동사의 과거 분사(p.p)이다. 이처럼 aller, venir, arriver, partir 등의 동사(왕래 발착 동사)는 복합 과거 시제를 avoir가 아닌 être 동사를 써서 **être 동사의 현재형 + 왕래발착 동사의 과거 분사(p.p)'** 형태로 쓴다.

- Je suis venu(e) hier soir. (venu-venir 동사의 p.p)
- Elle est partie ce matin. (parti-partir 동사의 p.p)

Notez bien!

복합 과거 시제 조동사로 être를 쓰는 경우에는 과거 분사를 형용사와 마찬가지로 주어와 성·수를 일치시켜야 한다. 예를 들어, je suis allé(e) à la salle de sport.에서 je가 여성인 경우 p.p는 allée이고, je가 남성인 경우 allé이다. 발음은 동일하다.

Qu'est-ce qui c'est passé?

의문대명사 Qu'est-ce qui는 '무엇이, 무슨 일이'의 뜻이고, c'est passé 는 '~이 일어났다'이다. passer 동사는 여기서 '(일, 사건 따위가) 발생하다, 일어나다'의 의미이며 복합 과거 시제로 쓰여 est passé가 된 것이다.

J'ai parlé avec des amies.

J'ai parlé~ 역시 parler(말하다)동사가 'ai parlé(말했다)'의 형태로 복합 과거 시제가 된 것이다. parler avec q·n 은 '~와 이야기하다' 로 avec 뒤에 사람을 붙이면 된다.

- J'ai parlé avec M. le Président. 나는 대통령과 이야기를 했다.
- Tu as parlé avec ton frère? 네 오빠와 이야기해 봤니?

확인

1. 다음 동사들의 과거 분사를 써 보세요.

❶ perdre ____________

❷ prendre ____________

❸ passer ____________

❹ poser ____________

❺ finir ____________

❻ parler ____________

대화 ②

Track 70

Vous êtes parti où en vacances? 바캉스 때 어디 가셨나요?

M. Lee: M. Chauvet, vous êtes parti où en vacances?

M. Chauvet: Je suis allé en Corse avec des amis.
On est partis en bateau depuis Marseille,
et on est arrivés à Bastia.

M. Lee: Qu'est-ce que vous avez fait là-bas?

M. Chauvet: On a fait du ski nautique.
On a surtout fait de la randonnée
en montagne.
Il y a la montagne aussi en Corse.
Et vous, vous êtes parti où en vacances?

M. Lee: Je suis allé en Corée avec ma femme
pour voir mes parents,
car mon père est tombé malade.

M. 이: 쇼베 씨, 바캉스 때 어디 가셨나요?
M. 쇼베: 친구들과 코르시카에 갔었어요.
배를 타고 마르세유에서 떠나서 코르시카 바스티아에 도착을 했어요.
M. 이: 거기서 뭐 하셨어요?
M. 쇼베: 바다에서 수상 스키도 탔고요.
특히 산행을 했어요.
코르시카에는 산도 있거든요.
이 선생님은 바캉스 때 어디 다녀오셨어요?
M. 이: 저는 아내와 부모님 보러 한국에 갔었어요.
왜냐하면 아버지가 병이 나셔서요.

- □ **parti** 떠나다(partir 동사의 p.p)
- □ **bateau** m. 배
- □ **depuis** ~에서부터, ~이래로
- □ **fait** 하다(faire 동사의 p.p)
- □ **là-bas** 거기
- □ **ski** m. 스키
- □ **nautique** 수상의, 수중의
- □ **randonnée** f. 산행, 긴 산책
- □ **tombé** 떨어지다, 넘어지다, ~하게 되다(tomber 동사의 p.p)
- □ **malade** 아픈, 병이 난

표현

Vous êtes parti où en vacances?

의문부사 où를 붙여 '바캉스에 어디에 가셨나요?'라는 표현을 만든 것이다. êtes parti는 역시 복합 과거 시제로 aller, venir, arriver, monter, tomber 등과 같은 이른바 왕래 발착 동사는 être를 조동사로 써서 과거 시제를 만든다는 것에 유의해야 한다.

- Je suis allé en Corse. 나는 코르시카에 갔다.
- On est partis en bateau depuis Marseille. 우리는 마르세유에서 배를 타고 떠났다.
- On est arrivés à Bastia. 우리는 바스티아에 도착했다.

Qu'est-ce que vous avez fait là-bas?

의문대명사 Qu'est-ce qu~는 '무엇을'을 의미한다. 'vous avez fait~'는 **avoir + faire 동사의 p.p** 형태로 '당신은 무엇을 했나요?'가 된다. 'Qu'est-ce que vous avez fait?'라는 질문에는 다음과 같이 답할 수 있다.

- 질문 Qu'est-ce que vous avez fait? 무엇을 하셨나요?
  답 On a fait du ski nautique. 수상 스키를 탔어요.
  J'ai fait la cuisine. 나는 요리를 했어요.
  Nous avons fait du jogging. 우리는 조깅을 했어요.

Mon père est tombé malade.

tomber malade는 '병이 나다'이다. tomber는 원래 '떨어지다, 넘어지다'의 의미이나 형용사 malade를 붙이면 '병이 나다'가 된다. tomber 동사의 복합 과거는 **être + tombé(e)**의 형태가 된다.

확인

1. 다음 문장을 복합 과거 시제로 바꿔 보세요. (동사 원형을 복합 과거 형태로)

❶ Tu partir où en vacances? 바캉스에 어디 갔었어?

____

❷ Je aller à Rome. 로마에 갔었어.

____

❸ Qu'est-ce que tu faire là-bas? 거기서 뭐 했는데?

____

❹ Je visiter les monuments historiques. 역사적 기념물들을 방문했어.

____

❺ Je aller aux restaurants italiens. 이탈리아 식당들도 가고.

____

❻ Mais je tomber malade à Rome. 그런데 로마에서 병이 났어.

____

문법

복합 과거 : avoir + 과거 분사/ être + 과거 분사

❶ 지나간 사실 또는 현재 완료된 사실을 나타낼 때 동사를 **avoir + p.p** 형태로 써서 과거 시제로 표현할 수 있다. 이처럼 **avoir의 직설법 현재 + 일반 동사의 p.p** 형태를 프랑스어에서는 '복합 과거'시제라고 부른다. 대부분의 자동사와 모든 타동사는 과거 시제가 될 때 **avoir** 동사를 조동사로 취해 **avoir 동사 + 과거 분사(p.p)** 형태로 쓴다(단, 일부 자동사는 **être**를 조동사로 취함).

- J'ai vu. 나는 보았다. voir(보다) - vu(p.p)
- J'ai marché. 나는 걸었다. marcher(걷다) - marché(p.p)
- J'ai parlé. 나는 말했다. parler(말하다) - parlé(p.p)
- J'ai fini. 나는 끝냈다. finir(끝내다) - fini(p.p)

■ Faire 동사의 복합 과거 시제 변화

J'ai fait	Nous avons fait
Tu as fait	Vous avez fait
Il/Elle a fait	Ils/Elles ont fait

- J'ai fait mon travail. 나는 내 일을 했다.
- Je n'ai rien fait. 나는 아무것도 안 했어요.
- Qu'est-ce que tu as fait avec Paul? 뽈과 뭘 했니?
- Nous avons fait une petite promenade. 우리는 산책을 좀 했어요.

❷ être를 조동사로 취하는 동사와 과거 분사

'오다, 가다, 도착하다, 떠나다, 들어가다, 나가다' 등과 같은 이른바 '왕래 발착'을 나타내는 자동사들은 être 동사를 조동사로 쓴다. 따라서 **être 동사의 직설법 현재 + 과거 분사(p.p)** 형태로 복합 과거 시제를 만든다.

■ être를 조동사로 취하는 동사와 과거 분사(p.p)

- Je suis allé(e). 나는 갔다. aller(가다) - allé(e)
- Je suie venu(e). 나는 왔다. venir(오다) - venu(e)
- Je suis parti(e). 나는 떠났다. partir(떠나다) - parti(e)
- Je suis arrivé(e). 나는 도착했다. arriver(도착하다) -arrivé(e)
- Je suis sorti(e). 나는 나갔다. sortir(나가다) - sorti(e)
- Je suis entré(e). 나는 들어왔다. entrer(들어가다) - entré(e)

■ Aller 동사의 복합 과거 시제 변화

Je suis allé(e)	Nous sommes allé(e)(s)
Tu es allé(e)	Vous êtes allé(e)s
Il est allé	Ils sont allés
Elle est allée	Elles sont allées

être + 과거 분사는 과거 분사를 형용사일 때와 마찬가지로 취급해 주어의 성·수에 일치시킨다는 점을 유의해야 한다.

- Je suis rentré(e) à la maison. 나는 집에 돌아왔다.
- Elle est partie il y a deux semaines. 그녀는 2주 전에 떠났다.
- Ils sont arrivés à Séoul. 그 남자들은 서울에 도착했다.
- Elles sont allées à la mer. 그녀들은 바다에 갔다.

Notez bien!

il y a + 시간은 '~전에', **dans + 시간**은 '~후에'이다.
il y a deux semaines : 2주 전에
dans deux semaines : 2주 후에
pendant + 시간은 '~동안', **depuis + 시간**은 '~이래로, ~전부터'이다.
pendant 1 an : 1년 동안
depuis 1 an : 1년 전부터

확인

1. 다음 동사들의 복합 과거 시제 변화를 완성해 보세요.

Faire 동사	Aller 동사	Venir 동사
J'ai fait du jogging	Je suis allé(e) au musée.	Je suis venu(e) en France.
Tu Il Elle Nous Vous Ils Elles	Tu Il Elle Nous Vous Ils Elles	Tu Il Elle Nous Vous Ils Elles

2. 다음 동사의 과거 분사를 써 보세요.

partir	arriver	voir
sortir	entrer	mettre
dormir	marcher	perdre
finir	tomber	prendre
venir	parler	
	monter	

회화

Track 71

Thérèse: Marie, qu'est-ce que tu as fait hier?

Marie: Je suis allée chez ma mère.
Et, j'ai déjeuné avec elle.

Thérèse: Ah oui! Qu'est-ce que tu as mangé avec elle?

Marie: On a mangé un bon cassoulet dans un restaurant.

Thérèse: Ta mère, elle a aimé ça?

Marie: Oui, elle a beaucoup aimé.
Et toi Thérèse, qu'est-ce que tu as fait hier?

Thérèse: Moi, j'ai eu beaucoup de travail au bureau.

떼레즈: 마리, 어제 뭐 했어?
마리: 어머니 댁에 가서 어머니와 점심을 같이 먹었어.
떼레즈: 그랬구나!
어머니와 뭐 먹었니?
마리: 레스토랑에서 맛있는 까술레를 먹었어.
떼레즈: 어머니가 좋아하셨어?
마리: 응 아주 좋아하셨어.
떼레즈는 어제 뭐 했어?
떼레즈: 나는 어제 사무실에 일이 아주 많았어.

어휘

- □ déjeuné 점심식사하다 (déjeuner 동사의 p.p)
- □ mangé 먹다 (manger 동사의 p.p)
- □ cassoulet m. 까술레: 랑그독(Languedoc) 지방의 스튜 요리
- □ travail m. 일
- □ bureau m. 사무실, 집무실, 책상

〈Le déjeuner des canotiers : 뱃놀이에서의 점심〉
Pierre-Auguste Renoir(피에르-오귀스트 르느와르), 1881년 작

동사의 과거 분사 만들기

❶ -er로 끝나는 동사의 경우 r을 빼고 e대신 é를 쓴다.

parler-parlé (말하다) manger-mangé (먹다) marcher-marché (걷다)
donner-donné (주다) continuer-continué (계속하다) fermer-fermé (닫다)
tomber-tombé (떨어지다) changer-changé (바꾸다) monter-monté (오르다)

❷ -ir로 끝나는 동사의 경우 끝에 r만 빼면 된다.

finir-fini (끝내다) sortir-sorti (나가다) partir-parti (떠나다)
mentir-menti (거짓말하다) dormir-dormi (자다) réussir-réussi (성공하다)
punir-puni (벌주다) grandir-grandi (자라다) sentir-senti (느끼다)

❸ 그 밖의 불규칙 동사의 경우 각각 다른 형태로 변하기 때문에 따로 외워야 한다.

être-été (~이다) avoir-eu (소유하다) faire-fait (하다)
vouloir-voulu (원하다) prendre-pris (취하다) mettre-mis (놓다)
pouvoir-pu (할 수 있다) savoir-su (알다) voir-vu (보다)
croire-cru (믿다) attendre-attendu (기다리다) dire-dit (말하다)
boire-bu (마시다) connaître-connu (알다) perdre-perdu (잃어버리다)

태어나다 : naître / 죽다 : mourir

naître (태어나다)와 mourir (죽다)는 조동사로 être를 쓴다. 과거 분사는 각각 né와 mort이다.

- Elle est née à Séoul en 1988. 그녀는 1988년에 서울에서 태어났다.
- Il est mort à l'âge de 80 ans. 그는 80살에 돌아가셨다.
- Nous sommes nés en France. 우리는 프랑스에서 태어났다.
- Ils sont morts pendant la Seconde Guerre mondiale. 그들은 2차 대전 중에 사망했다.

연습문제

1 다음을 듣고 빈칸을 채워 보세요. Track 72

1. Marion ______________ son parapluie hier.
2. Je ______________ à Paris depuis une semaine.
3. Philippe ______________ son travail vers minuit.
4. Vous ______________ en vacances le mois dernier?
5. Nous ______________ à Séoul en Corée.
6. Mon mari et moi, nous ______________ la cuisine ensemble.

2 다음 동사들을 활용해 바캉스 갔던 이야기를 세 문장으로 만들어 보세요.

aller　partir　arriver　faire　manger　voir　sortir　venir　boire

1. ______________________________
2. ______________________________
3. ______________________________

3 Jacques Prévert의 시 〈Déjeuner du matin〉의 일부입니다. 동사 부분을 알맞게 바꿔 보세요.

Il mettre le café dans la tasse 그는 잔에 커피를 넣었다.

Il mettre le lait dans la tasse de café 그는 커피 잔에 우유를 넣었다.

Il mettre le sucre dans le café au lait 그는 밀크커피에 설탕을 넣었다.

Avec la petite cuiller il tourner 작은 티스푼으로 잔을 저었다.

Il boire le café au lait 그는 밀크커피를 마셨다.

Et il resposer la tasse 그리고 잔을 내려놓았다.

4 '~하러 갔다'라는 표현을 써서 다음 문장을 완성하고 우리말로 옮겨 보세요.

1. Je suis allé(e) ______________ un café dans un café.
2. Elle ______________ du jogging dans un parc.
3. Nous ______________ manger du caviar dans un restaurant très chic.

Le Midi de la France et la mer Méditerranée

남프랑스와 지중해

Midi는 하루의 가운데, 즉 정오 또는 한낮을 가리키는 단어이다. 또 옛 프랑스어에서 le Midi는 Sud, 즉 남쪽을 뜻하는 말로 'le Midi de la France' 하면 '남프랑스'를 말한다. 이때는 첫 글자 M을 대문자로 쓴다. 흔히 '남프랑스'라고 하는 프랑스 남쪽 지방은 l'Occitan(옥시땅 : 프랑스 남쪽 지방 사투리) 악센트가 나타나기 시작하는 대략 위도 45도 아래 지역을 일컬으며 서쪽으로는 대서양을, 동쪽으로는 지중해를 접하고 있다. 프랑스 지중해 지역을 대표하는 도시로는 Nice(니스), Cannes(칸), Marseille(마르세유) 등이 있고, 이런 지중해 도시들의 풍광은 영화나 사진 속에 자주 등장해 남프랑스의 이미지를 대표하기도 한다.

남프랑스를 상징하는 것으로는 뜨거운 태양, 청명한 날씨, 포도밭, 올리브 나무 그리고 무엇보다 지중해를 꼽을 수 있다. 특히 프랑스 지중해를 접하고 있는 지역 가운데도 남동쪽 끝자락에서 이탈리아 접경 도시인 Menton(멍똥) 해안까지를 'la Côte d'Azur(꼬뜨 다쥐르)'라고 하는데 côte는 해안, azur는 쪽빛의 뜻이다. 지중해 연안 지역 가운데도 이곳이 특별히 태양이 찬란하고 바다 빛이 아름다워 'la Côte d'Azur' 즉 '쪽빛 해안'이라 불리고 있다.

LEÇON 18

근접과거와 근접미래

학습 목표

- 근접과거 표현
- 근접미래 표현
- 단순 가정 표현

대화 ①

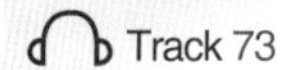

Je viens juste d'arriver ici. 이제 막 도착했어요.

Dans un taxi>

Touriste: Bonjour, Monsieur!
Je voudrais aller à la place de la Comédie,
s'il vous plaît!

Chauffeur de taxi: Bien, Monsieur.
Vous êtes venu faire du tourisme?

Touriste: Oui, je viens juste d'arriver ici.
Je viens passer une semaine de vacances.

Chauffeur de taxi: Ah bon?
Qu'est-ce que vous allez faire
dans la région?

Touriste: D'abord, je vais me reposer.
Après, je vais me baigner dans la mer.
Et je vais aussi faire de la pêche
en Méditerranée.

Chauffeur de taxi: Ah, c'est bien ça!

택시에서〉

관광객: 안녕하세요.
코메디 광장으로 가 주세요.
택시 기사: 알겠습니다. 관광하러 오신 건가요?
관광객: 네, 이제 막 여기 도착했어요.
여기서 바캉스 일주일을 보내러 온 겁니다.
택시 기사: 아 그렇군요! 이 지역에서 무엇을 하실 건가요?
관광객: 먼저 좀 쉬고요.
바다에서 수영을 하려고요.
그리고 지중해 바다낚시를 하러 갈 겁니다.
택시 기사: 아, 그거 좋죠!

어휘

- □ comédie f. 코메디
- □ touriste 관광객
- □ chauffeur m. 운전기사
- □ taxi f. 택시
- □ chauffeur de taxi m. 택시 기사
- □ viens 오다(inf. venir)
- □ juste 바로, 정확하게
- □ venir de + inf. 이제 막 ~하다, 방금 ~하다
- □ tourisme m. 관광
- □ passer 보내다
- □ semaine f. 주
- □ région f. 지역, 지방
- □ d'abord 우선
- □ me reposer 쉬다, 휴식을 취하다(inf. se reposer)
- □ me baigner 수영하다(inf. se baigner)
- □ mer f. 바다
- □ pêche f. 낚시
- □ pêche en mer f. 바다낚시
- □ Méditerranée f. 지중해

Je viens juste d'arriver ici.

Venir는 원래 '오다'라는 뜻의 동사인데 venir 뒤에 전치사 de가 붙고 동사 원형이 오면 '방금 ~했다, 막 ~했다'라는 근접과거 시제 표현이 된다.

- Elle vient de partir. 그녀는 막 떠났다.
- On vient de prendre le petit déjeuner. 우리는 방금 아침 식사를 했다.

Vous êtes venu faire du tourisme?

venir 뒤에 동사 원형이 오면 '~하러 오다'라는 표현이 된다. 따라서 faire du tourisme(관광하다)이 붙으면 '관광하러 오다'가 된다.

Je viens passer une semaine de vacances.

'지나가다, 통과하다'의 뜻인 Passer 동사는 뒤에 시간을 나타내는 말이 오면 '시간을 보내다'가 된다.

- On va passer un petit moment ensemble. 우리는 잠시 같이 시간을 보낼 거다.
- J'ai passé une heure dans un café. 나는 카페에서 한 시간을 보냈다.
- Nous avons passé 3 jours à Paris. 우리는 파리에서 3일을 보냈다.

Je vais me baigner dans la mer.

se roposer(휴식을 취하다), se baigner(수영을 하다) 모두 앞서 나온 대명동사이다. 이 같은 대명동사는 한 단어처럼 외우는 것이 좋다.

1. 다음 문장을 완성해 보세요.

❶ Je ________________ en France. 저는 지금 막 프랑스에 도착했어요.

❷ Je ________________ 3 jours à Paris. 저는 파리에서 3일을 보낼 거예요.

❸ Je ________________ à la maison. 저는 집에서 좀 쉴 거예요.

❹ Il ________________ avoir 17 ans. 그는 갓 17살이 되었다.

❺ Elle ________________ sortir de l'université. 그녀는 이제 막 대학을 나왔다.

대화 ②

Ça va être très cher!

꽤 비싸겠는데요!

Chauffeur de taxi: Vous êtes déjà venu dans la régoin?

Touriste: Non, c'est la première fois.
Donc, je ne connais pas bien la région.
Est-ce que vous connaissez
quelques restaurants sympas Monsieur?

Chauffeur de taxi: En centre ville, il y a quelques restaurants
étoilés du guide Michelin.
Si vous aimez la bonne cuisine,
vous pouvez y aller.

Touriste: Ah, mais, ça va être très cher!
N'est-ce pas?

Chauffeur de taxi: Ça dépend!

택시 기사: 이 지역에 와 보신 적 있나요?
관광객: 아니요, 이번이 처음이에요.
그래서 지역에 대해 잘 몰라요.
괜찮은 식당들 좀 알고 계신가요?
택시 기사: 시내 중심에 미슐랭 가이드 별을 딴 식당들이 있어요.
훌륭한 요리를 좋아하시면 거기가 보셔도 괜찮을 거예요.
관광객: 꽤 비싸겠는데요! 그렇지 않나요?
택시 기사: 꼭 그렇지는 않아요!

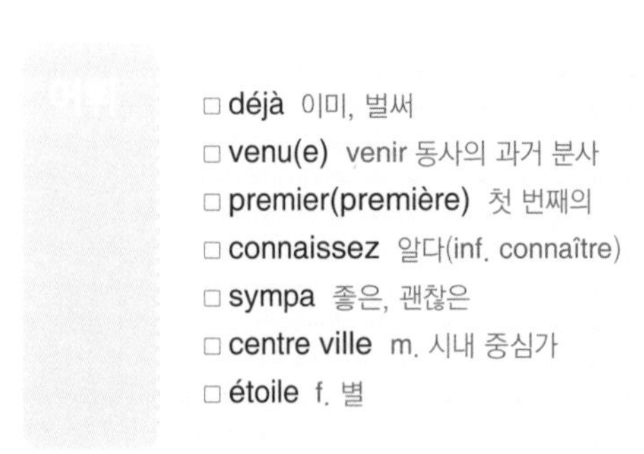

- □ **déjà** 이미, 벌써
- □ **venu(e)** venir 동사의 과거 분사
- □ **premier(première)** 첫 번째의
- □ **connaissez** 알다(inf. connaître)
- □ **sympa** 좋은, 괜찮은
- □ **centre ville** m. 시내 중심가
- □ **étoile** f. 별
- □ **étoilé** 별을 단, 별을 딴
- □ **guide** m. 가이드
- □ **guide Michelin** m. 미슐랭 가이드
- □ **si** ~라면
- □ **cher(ère)** 비싼
- □ **ça dépend!** 그때그때 (상황에 따라) 달라요!

Vous êtes déjà venu dans la régoin?

venir는 복합 과거 시제로 쓰일 때 être를 조동사로 취하므로 Vous êtes déjà venu가 된다. 여기서 주어 vous가 여성일 경우 venir의 과거 분사 venu는 여성형 venue가 돼야 한다.

- Il est déjà venu ici. 그는 이미 여기 와 본 적이 있다.
- Elle est déjà venue ici. 그녀는 이미 여기 와 본 적이 있다.

C'est la première fois.

fois는 '번, 회'의 뜻으로 앞에 서수를 붙여 première fois(첫 번째), deuxième fois(두 번째), troisième fois(세 번째)와 같이 말한다. 기수를 붙이면 une fois(한 번), deux fois(두 번), trois fois(세 번)이 된다.

Est-ce que vous connaissez quelques restaurants sympas?

connaître 동사는 '~을 잘 알다'의 뜻으로, 'Est-ce que vous connaissez + q·c~?'와 같이 물으면 그것에 대해 좀 알려 달라는 의미도 된다.

Si vous aimez la bonne cuisine~

Si(만약 ~라면)는 가정문을 이끄는 접속사로 쓰이는데, 단순한 가정을 표현할 때는 뒤에 직설법 현재 문장을 쓰면 된다.

- Je t'appelle, si je suis libre. 한가하면 전화할게.
- Si tu veux, tu peux venir me voir. 네가 원한다면 나를 보러 와도 된다.

Ça va être très cher!

'꽤 비쌀 것 같은데요?' 하는 표현을 근접미래 시제 **aller + 동사 원형**, 즉 '**Ça va être**~'로 표현한 것이다. 이렇게 흔히 예견되는 상황을 표현할 때도 근접미래 시제를 사용해 '~일 것 같다'와 같이 말할 수 있다.

- Ça va être très difficile. 매우 어려울 것 같다.
- Ça va être vraiment chic! 정말 멋지겠는걸!
- Ça va être délicieux! 맛있을 거야!

확인

1. 다음을 알맞게 완성해 보세요.

❶ Tu ________ déjà ________ ici? 너 여기 와 본 적 있어?

❷ Non, ________________. 아니, 이번이 처음이야.

❸ Oui, ________________. 응 이번이 두 번째야.

❹ Vous ________________ bien Montpellier? 몽뻴리에 잘 아세요?

❺ Non, ________________ bien Montpellier. 아니요. 저는 몽뻴리에에 대해 잘 몰라요.

문법

근접과거

가까운 과거 시점에 일어난 일들을 표현할 때 **'venir de + 동사 원형'**을 써서 '방금 ~했다, 막 ~했다'와 같이 말한다.

- Venir de + inf

막 도착했다

Je viens d'arriver	Nous venons d'arriver
Tu viens d'arriver	Vous venez d'arriver
Il/Elle vient d'arriver	Ils/Elles viennent d'arriver

- Je viens de prendre mon petit déjeuner. 나는 방금 아침식사를 했다.
- Elle vient de sortir de sa voiture. 그녀는 막 차에서 나왔다.
- Nous venons d'arriver en France. 우리는 이제 막 프랑스에 도착했어요.
- Ils viennent de partir par là. 그 남자들은 방금 저쪽으로 떠났어요.

근접미래

가까운 미래의 일에 대해 말할 때 또는 곧 예견되는 사건을 표현할 때 **'aller + 동사 원형'**을 써서 '곧 ~할 것이다'와 같이 말한다.

- Aller + inf

곧 떠날 것이다

Je vais partir	Nous allons partir
Tu vas partir	Vous allez partir
Il/Elle va partir	Ils/Elles vont partir

- Je vais prendre mon petit déjeuner. 나는 곧 아침 식사를 할 거야.
- Elle va sortir de sa voiture. 그녀가 곧 차에서 내릴 거야.
- Nous allons arriver en France. 우리는 곧 프랑스에 도착할 것입니다.
- Ils vont partir par là. 그 남자들은 곧 저쪽으로 떠날 것입니다.

단순 가정

Si 주어 + 동사(직설법 현재)는 '~이면 ~이다'의 뜻으로 앞으로의 일에 대한 단순한 가정을 나타낸다.

- Si vous êtes malade, restez à la maison. 아프면 집에 계세요.
- S'il fait beau demain, je vais à la mer. 내일 날씨가 좋으면 바다에 갈 거야.
- Si tu gagnes de l'argent, tu m'achètes une bague? 돈을 벌면 나에게 반지를 사 줄래?

단순 가정과 근접미래

확실치 않은 가까운 미래의 일에 대한 단순 가정 표현은 **Si 직설법 현재 + 근접미래**로 말할 수 있다. 그때의 가정은 실현 가능한 것이다.

- Si vous acceptez, je vais payer pour vous. 괜찮으시다면 제가 사 드리겠습니다.
- S'il pleut demain, je vais rester à la maison. 내일 비가 오면 집에 있을 거야.
- S'il part, elle va pleurer. 그가 떠나면 그녀는 울 것이다.

〈Une baignade à Asnières : 아스니르에서의 물놀이〉
Georges Seurat(조르쥬 쇠라), 1884년 작

회화

Track 75

Dans un tabac>

Client: Bonjour Madame!
Je voudrais le journal régional,
avec un paquet de cigarettes, s'il vous plaît!

Buraliste: Voilà, Monsieur. Vous êtes ici en touriste?

Client: Non, je viens de m'installer dans la régoin.
Je ne connais pas encore bien la région.

Buraliste: Ah! Vous venez de vous installer ici!
Avec le temps, vous allez apprendre
à connaître la région et les gens d'ici.

Client: Ça va prendre du temps quand même.
Mais cette région me plaît déjà beaucoup!

담배 가게에서〉

손님: 안녕하세요!
지역 신문 하나 주세요.
담배 한 갑 하고요.

담배 가게 주인: 여기 있습니다.
관광객이신가요?

손님: 아니요, 이 지역에 막 정착을 했습니다.
그래서 아직 지역에 대해 잘 몰라요.

담배 가게 주인: 아! 여기 이제 막 정착하시는 거군요.
하지만 시간이 가면서 지역과 이곳 사람들에 대해 알게 될 거예요.

손님: 그래도 시간이 좀 걸리겠죠.
하지만 벌써 이 지역이 아주 제 맘에 들어요.

어휘

- □ tabac m. 담배 가게
- □ buraliste 담배 가게 주인
- □ journal m. 일기, 신문
- □ paquet m. 갑, 포장, 묶음, 상자
- □ cigarette f. 담배
- □ m'installer 정착하다 (inf. s'installer)
- □ avec le temps 시간이 가면서
- □ apprendre 배우다, 터득하다
- □ gens (수가 정해지지 않은) 사람들, (총칭으로서의) 사람
- □ prendre du temps 시간이 걸리다
- □ quand même 그렇다 해도, 그렇지만

Ça va prendre + 시간 : 시간이 ~걸릴 것이다

prendre 동사는 뒤에 시간을 나타내는 말이 따라 올 때 '(시간이) ~걸리다'의 의미가 된다.
ça는 이미 알고 있는 상황을 가리킨다. va prendre처럼 근접미래 시제를 쓰면 예측, 예상의 뉘앙스로 '(시간이) ~ 걸릴 것이다'의 뜻이다.

- Ça va prendre combien de temps? 시간이 얼마나 걸릴까요?
- Ça va prendre une heure environ. 한 시간 정도 걸릴 것입니다.
- Ça va prendre beaucoup de temps. 꽤 많은 시간이 걸릴 거예요.

Ça prend + 시간 : 시간이 ~걸린다

prendre 동사를 현재 시제로 쓸 경우 '시간이 ~걸린다'가 된다.

- Ça prend combien de temps? 시간이 얼마나 걸려요?
- Ça prend une semaine environ. 일주일 정도 걸립니다.
- Ça ne prend pas beaucoup de temps. 오래 걸리지 않아요.

Ça prend 시간 + pour + 동사 원형 : ~하려면 시간이 ~걸리다

Ça prend + 시간 뒤에 전치사 pour + 동사 원형을 붙이면 '~을 하려면(~을 하기 위해) 시간이 ~걸리다'라는 표현을 만들 수 있다.

- Ça prend combien de temps pour arriver là-bas? 거기 도착하려면 시간이 얼마나 걸려요?
- Ça prend 10 heures pour arriver là-bas. 거기 도착하려면 열 시간이 걸립니다.
- Ça prend combien de temps pour apprendre le français?
  프랑스어를 배우려면 시간이 얼마나 걸리나요?
- Ça prend beaucoup de temps pour apprendre une langue étrangère.
  외국어를 배우는 데는 시간이 꽤 걸립니다.

연습문제

1 다음을 듣고 무슨 뜻인지 우리말로 써 보세요. Track 76

1 ______ 4 ______

2 ______ 5 ______

3 ______ 6 ______

2 다음을 근접미래 시제로 바꿔 써 보세요.

1 Je prends mon petit déjeuner. ______

2 Elle passe son examen. ______

3 Je visite Londres. ______

4 Nous achetons un billet d'avion. ______

5 Le train part. ______

6 Tu bois un café? ______

3 위의 문장을 근접과거 시제로 바꿔 써 보세요.

1 Je prends mon petit déjeuner. ______

2 Elle passe son examen. ______

3 Je visite Londres. ______

4 Nous achetons un billet d'avion. ______

5 Le train part. ______

6 Tu bois un café? ______

4 다음을 우리말로 옮겨 보세요.

1 Si je suis libre, je vais partir en vacances avec toi. ______

2 Je vais te téléphoner ce soir, si c'est possible. ______

3 Si vous ne travaillez pas aujourd'hui, pouvez-vous préparer le dîner pour nous?

______

4 Si tu es malade, tu restes à la maison. ______

Les Gaulois

프랑스인들의 조상, 골루아

골루아(Les Gaulois)는 지금의 프랑스와 인근 지역 일대에 원시시대부터 살던 켈트인을 가리키며 켈트와 동일 어원이다. 고대 로마인들은 이들을 '갈리아인'이라고 불렀고, 이들이 살던 지역을 '갈리아'라 칭했다. B.C 58~51년까지 갈리아 전쟁을 수행한 카이사르는 갈리아 전역을 평정하여 로마 영토로 만들었고, 갈리아는 그 후 로마화가 급속히 진행됐다. 이때부터 이 지역에 토착민들인 갈리아인의 문화와 지배 민족인 로마인의 문화가 혼합된 갈로-로망(Gallo-Romain) 문화가 형성되었다. 지금까지도 프랑스 남부의 지중해 근접 지역과 로마가 지배한 속주였던 지역에서는 수도교, 원형경기장, 원형극장 등 특히 건축, 토목 분야에 로마적인 색채가 강하게 남아 있는 것을 볼 수 있다.

프랑스 땅의 원주민 격인 골루아는 프랑스인들의 조상이며, 현재까지도 프랑스인들의 정체성의 상징이 되고 있다. 골루아들의 외모와 성격에 대한 일반적인 묘사는 푸른 눈에 양쪽으로 땋아 귀밑으로 내린 금발 또는 붉은 머리 모양, 그리고 유쾌하고 재치가 넘치며 용맹하고 예술적 감각이 돋보인다는 점 등이다. 만화와 영화로도 잘 알려진 'Astérix'에 나오는 인물들이 바로 골루아들이다.

CAPITOLIUM

LEÇON 19 비교 표현

학습 목표

- 우등 비교/열등 비교 표현하기
- 최상급 표현하기
- 형용사의 비교급/최상급 만들기

대화 ①

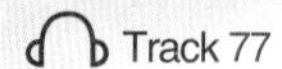

À mon avis, le bleu est mieux. 내 생각에는 파란색이 더 나아.

Dans un magasin>

Isabelle: Bonjour, on cherche un sac à dos pour garçons.

Vendeuse: D'accord, vous avez ici les sacs à dos pour enfants.

Isabelle: Lequel tu préfères, Anna? Le bleu ou le vert?

Anna: À mon avis, le vert est plus pratique et plus confortable.

Isabelle: Ah bon? Bon, on prend le vert alors. C'est combien Madame?

Vendeuse: C'est 46 euros.

Isabelle: Super! Il est moins cher en plus.

상점에서〉

이자벨: 남자아이용 배낭을 찾는데요.

판매원: 알겠습니다. 이쪽에 아이들용 배낭이 있어요.

이자벨: 어떤 것이 더 좋아? 파란색, 녹색?

안나: 내 생각에는 나는 녹색이 더 실용적이고 더 편할 것 같아.

이자벨: 그래? 그럼 녹색으로 하지 뭐. 얼마죠?

판매원: 46유로입니다.

이자벨: 훌륭한데! 게다가 가격도 더 싸네.

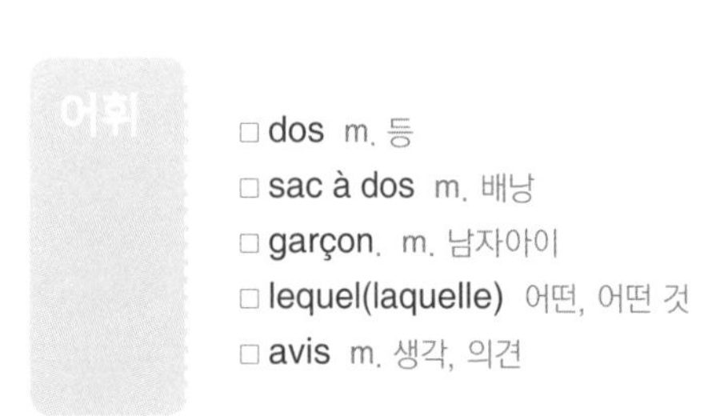

어휘

- □ dos m. 등
- □ sac à dos m. 배낭
- □ garçon. m. 남자아이
- □ lequel(laquelle) 어떤, 어떤 것
- □ avis m. 생각, 의견
- □ à mon avis 내 생각에는
- □ pratique 실용적인
- □ confortable 편안한
- □ moins 덜
- □ en plus 게다가, 더구나

On cherche un sac à dos pour garçons.

상점 같은 곳에 가서 '~을 좀 (사려고) 찾고 있습니다, ~을 좀 보고 싶습니다.'의 의미로 말할 때 chercher 동사를 써서 'Je cherche un pantalon noir(검은색 바지를 좀 찾고 있는데요).'와 같이 표현할 수 있다.

Il y a le bleu et le vert.

색깔을 나타내는 형용사 bleu, vert, rouge 등에 le bleu, le vert, le rouge와 같이 정관사를 붙이면 '파란 것, 녹색의 것, 빨간 것'과 같이 명사형이 된다.

Lequel tu préfères?

préférer 동사는 '~을 더 좋아하다'의 뜻이며, lequel(여성형 laquelle)은 주어진 여러 사람이나 사물 중 어떤 것인지, 무엇인지 물을 때 쓰는 말이다.

À mon avis~

À mon avis는 '내 생각에는', À ton avis는 '너의 생각에는', À votre avis는 '당신의 생각에는'이다.

Le vert est plus pratique et plus confortable.

plus는 형용사 앞에 쓰여 우등 비교급 형태를 만든다. 즉 '더 ~한'의 의미가 된다.

Il est moins cher.

moins은 형용사 앞에 쓰여 열등 비교급 형태를 만든다. 즉 '덜 ~한'의 의미가 된다.

확인

1. 다음을 알맞게 완성해 보세요.

❶ C'est ________ ________. 이것이 더 크다.

❷ C'est ________ ________. 이것이 더 예뻐요.

❸ C'est ________ ________. 이것이 더 작다.

❹ C'est ________ ________. 이것이 덜 비싸요.

2. 다음 내용에 알맞은 답을 써 보세요.

질문 Qu'est-ce que vous préférez? Le rouge ou le jaune?

답 ❶ 나는 노란 것이 더 좋아요. ________________

❷ 내 생각에는 빨간 것이 더 예뻐요. ________________

대화 ②

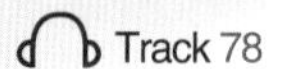

Track 78

Ça te va mieux. 너에게 더 잘 어울려.

Hélène: Philippe, qu'est-ce que tu penses de cette jupe noire? Elle me va bien?

Philippe: Euh… à mon avis, elle est un peu trop petite pour toi, et je n'aime pas trop cette couleur non plus.

Hélène: Cette jupe rouge alors?

Philippe: Oui, je pense que c'est mieux, chérie. La jupe rouge, elle est bien plus jolie et moins courte que l'autre. Ça te va mieux.

엘렌느: 필립, 이 검정 치마 어떻게 생각해? 나한테 잘 어울려?
필립: 으… 내 생각에는 자기한테 너무 작은 것 같아. 그리고 나는 검은색도 맘에 안 들어.
엘렌느: 그럼 이 빨간 치마는?
필립: 자기, 그게 나은 것 같아. 검정 치마보다 빨간 치마가 더 예쁘고 덜 짧아. 자기한테 더 잘 어울려.

어휘

- □ penses 생각하다(inf. penser)
- □ penser de~ ~에 관해 생각하다
- □ jupe f. 치마
- □ court(e) 짧은
- □ couleur f. 색깔
- □ rouge 붉은
- □ chéri(e) 사랑하는 사람
- □ autre 다른 것
- □ mieux 더 나은, 더 잘

표현

Qu'est-ce que tu penses de cette jupe noire?

동사 penser는 '생각하다'의 의미로 1군 규칙 동사이고 penser de~는 '~에 관해 생각하다', **Qu'est-ce que tu penses de + q·c**는 '~에 관해 어떻게 생각하느냐'는 질문이 된다.

Elle est un peu petite pour toi.

un peu/trop + 형용사 pour q·n은 '~에게 약간/너무 ~한'이다. 전치사 pour 뒤에는 사람 이름 또는 강세형 인칭 대명사가 온다.

- C'est un peu(trop) difficile pour moi. 이것은 내게 좀(너무) 어려워.
- Ce pantalon est un peu(trop) long pour ma fille. 이 바지는 내 딸에게 좀(너무) 길어.
- Cette maison est un peu(trop) grande pour nous. 이 집은 우리에게 좀(너무) 커요.

Je pense que c'est mieux

Je pense que~는 '나는 que~ 라고 생각해' 또는 '~인 것 같아'가 된다. c'est mieux는 c'est bien의 우등 비교급으로 '그것이 더 나아'의 의미이다.

- Je pense que tout va bien. 모든 것이 잘돼 가고 있다고 생각해.
- Je pense qu'il est un peu malade. 그가 좀 아픈 것 같아.

Elle est plus jolie et moins courte que l'autre.

형용사 앞에 plus를 붙이면 '더 ~한', moins을 붙이면 '덜 ~한'이 된다. 비교급 뒤에 비교의 대상이 나올 때는 'que + 비교의 대상'이 된다.

Ça te va mieux.

Ça는 문맥상 빨간 치마를 가리키고, te는 '너에게', va(aller 동사)는 여기서 '~에게 어울리다'의 뜻으로 쓰인 것이다. Ça te va bien은 '너에게 잘 어울리다'인데, bien의 비교급 mieux를 써서 '더 잘 어울리다'가 됐다.

1. 다음 내용에 알맞을 답을 써 보세요.

질문 Qu'est-ce que tu penses de ce pantalon.

답 Je pense que c'est ______________________

❶ 나는 그게 더 나은 것 같아.
❷ 나는 그게 너한테 좀 큰 것 같아.
❸ 나는 그게 너한테 잘 어울리는 것 같아.
❹ 나는 그게 너한테 너무 작은 것 같아.

문법

비교급 : 이것은 더 ~하다/저것은 덜 ~하다

우등 비교 '더 ~한'일 때는 형용사 앞에 plus를, 열등 비교 '덜 ~한'일 때는 형용사 앞에 moins을 쓴다. 비교급 뒤에 비교의 대상을 말할 때는 'que + 비교의 대상'으로 쓰면 된다.

❶ 우등 비교 : plus + 형용사/부사 + que~

❷ 열등 비교 : moins + 형용사/부사 + que~

- C'est plus cher. 이것이 더 비쌉니다.
- C'est moins cher. 이것이 덜 비쌉니다.

- C'est plus cher que ça. 이것이 저것보다 더 비쌉니다.
- C'est moins cher que ça. 이것이 저것보다 덜 비쌉니다.

- Il fait plus chaud aujourd'hui qu'hier. 오늘 날씨가 어제보다 더 덥습니다.
- Il fait moins froid aujourd'hui qu'hier. 오늘 날씨가 어제보다 덜 춥습니다.

- Ce train est plus rapide que cette voiture. 이 기차가 저 차보다 더 빠릅니다.
- Cette voiture est moins grande que ce camion. 이 차가 저 트럭보다 덜 큽니다.

단, bon의 우등 비교급은 plus bon이 아니라 meilleur이고 bien의 우등 비교급은 plus bien이 아니라 mieux이다.

- Elle chante bien. 그녀는 노래를 잘한다.
- Elle chante mieux que moi. 그녀는 나보다 노래를 더 잘한다.

- Ce pain au chocolat est bon. 이 초코 빵은 맛있다.
- Ce pain au chocolat est meilleur que cette tarte. 이 초코 빵은 저 타르트보다 더 맛있다.

❸ 동등 비교: aussi + 형용사/부사 + que~

동등 비교, 즉 '~만큼 ~한'일 때는 **aussi**를 쓴다.

- Ce gâteau est aussi bon que cette tarte. 이 케이크는 저 타르트만큼 맛있어요.
- Elle est aussi belle que sa sœur. 그녀도 그녀의 여동생만큼 예뻐요.

최상급 : 가장 ~하다

최상급, 즉 '가장 ~하다'는 **비교급 앞에 정관사**를 붙이면 된다. 이때 정관사는 형용사의 성·수에 일치시킨다.

- C'est cher. 이것은 비쌉니다.
- C'est plus cher. 이것이 더 비쌉니다.
- C'est le plus cher. 이것이 가장 비쌉니다.

- C'est moins cher. 이것이 덜 비쌉니다.
- C'est le moins cher. 이것이 가장 덜 비쌉니다.(가장 싸다.)

- Elle est belle. 그녀는 예쁘다.
- Elle est plus belle. 그녀가 더 예쁘다.
- Elle est la plus belle. 그녀가 가장 예쁘다.

- Il est grand. 그는 키가 크다.
- Il est plus grand. 그는 키가 더 크다.
- Il est le plus grand. 그는 키가 제일 크다.

1. 다음 문장을 각각 비교급/최상급으로 바꿔 보세요.

❶ Ce vin est bon.

비교급 ______________________________

최상급 ______________________________

❷ Elle est rapide.

비교급 ______________________________

최상급 ______________________________

❸ Il danse bien.

비교급 ______________________________

최상급 ______________________________

2. 다음을 완성해 보세요.

❶ Ce vin est ______________ ce champagne. 그 와인은 저 샴페인만큼 맛있다.

❷ Cette jupe est ______________ ce pantalon. 이 치마는 저 바지보다 덜 비싸다.

❸ Mon fils est ______________ moi. 내 아들은 나보다 키가 크다.

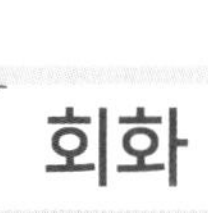

회화

Track 79

Thomas: Chérie, si on achète un animal de compagnie, tu voudrais un chat ou un chien?

Marion: Moi, je préfère un chat.
Parce que les chats, ils sont généralement plus propres et plus indépendents que les chiens.

Thomas: Moi, je préfère un chien à un chat.
Les chiens sont les meilleurs amis de l'homme depuis très longtemps, n'est-ce pas?

Marion: C'est vrai que parfois, les chiens sont aussi intelligents que les petits bébés.
Bon! Chéri, on va adopter un chien dans un refuge.

Thomas: Oui, c'est une très bonne idée!

또마: 만약 반려 동물을 산다면 고양이를 원해 아니면 개를 원해?
마리옹: 나는 고양이가 더 좋아. 왜냐하면 일반적으로 고양이가 개보다 더 깨끗하고 더 독립적이거든.
또마: 나는 고양이보다 개가 더 좋아.
개는 인간의 가장 좋은 친구잖아. 아주 오래 전부터, 안 그래?
마리옹: 그건 사실이지.
그리고 때로는 개가 어린 아기만큼 똑똑하기도 하고.
그럼 우리 보호소에 있는 강아지 한 마리 입양하자.
또마: 그거 아주 좋은 생각이야!

어휘

- □ chéri(e) 사랑하는 사람, 애인을 부르는 말
- □ achète 사다(inf. acheter)
- □ animal m. 동물
- □ compagnie f. 곁에 있음, 동행
- □ animal de compagnie 반려 동물
- □ propre 깨끗한
- □ indépendent(e) 독립적인
- □ meilleur(e) 더 좋은, 더 나은
- □ homme m. 남자, 인간
- □ longtemps 오래, 오랫동안
- □ n'est-ce pas? 그렇지 않나요? 안 그래?
- □ parfois 때때로
- □ aussi ~만큼
- □ intelligent(e) 똑똑한
- □ adopter 입양하다
- □ refuge m. 대피소, 은신처, 보호소

Qu'est-ce que tu penses de + q·c: ~에 대해 어떻게 생각해?

'~에 대해서 어떻게 생각하느냐'는 질문은 Qu'est-ce que vous pensez de + q·c로 하면 된다. Qu'est-ce que tu penses de mon pantalon?은 '내 바지 어떻게 생각해?', '내 바지 어떤 것 같아?'이다.

- Qu'est-ce que tu penses de ce film? 그 영화에 대해 어떻게 생각해?
- Qu'est-ce que tu penses de cette fille? 그 여자에 대해 어떻게 생각해?
- Qu'est-ce que vous pensez de cette voiture? 이 차에 대해 어떻게 생각하세요?
- Qu'est-ce que vous pensez de ces photos? 이 사진들에 대해 어떻게 생각하세요?

위치를 나타내는 전치사 : devant, dans, derrière, sous, sur

devant ~앞에, dans ~안에, 속에, derrière ~뒤에, sous ~아래, sur ~위에

dans

sous

sur

devant

derrière

sous

연습문제

1 다음은 함께 쇼핑을 간 두 친구의 대화입니다. 듣고 질문에 답해 보세요. Track 80

1 여자는 어떤 색이 더 낫다고 말했나요? ______________________

2 남자는 어떤 색이 어떤 색보다 더 좋다고 말했나요? ______________________

2 다음을 프랑스어로 옮겨 보세요.

1 이 치마는 나에게 너무 짧다. ______________________

2 나는 그것이 좀 비싸다고 생각한다. ______________________

3 이 책에 대해 어떻게 생각해? ______________________

4 내 생각에는 그것이 너에게 아주 잘 어울려. ______________________

5 이것이 더 예쁘고 가격은 덜 비싸다. ______________________

3 내용에 알맞게 빈칸을 채워 보세요.

A: Vous prenez quel t-shirt? Le bleu ou le blanc?
어떤 티셔츠로 하시겠어요? 파란 티셔츠 또는 하얀 티셔츠요?

1 B: ______________ que le blanc est ______________ le bleu.
저는 하얀 것이 파란 것보다 더 낫다고 생각해요.

2 A: ______________________ ce t-shirt rouge?
이 붉은 티셔츠에 대해서는 어떻게 생각하세요?

3 B: C'est bien. Mais, ______________ le blanc est ______________ le rouge.
괜찮네요. 그런데 내 생각에는 빨간 것보다 하얀 것이 더 나아요.

4 A: Alors, vous pensez que le blanc est ______________?
그러면 당신은 하얀 티셔츠가 가장 낫다고 생각하시는 거죠?

B: Oui. 네, 그렇습니다.

4 다음을 비교급과 최상급 문장으로 바꿔 보세요.

1 Ce champagne est cher.

비교급 ______________________ 최상급 ______________________

2 Cette baguette est longue.

비교급 ______________________ 최상급 ______________________

3 Ce vin blanc est bon.

비교급 ______________________ 최상급 ______________________

Marianne(마리안느)

프랑스를 상징하는 여성상

마리안느(Marianne)는 프랑스공화국을 상징하는 여성상으로, 1789년 프랑스 대혁명기에 프랑스, 자유, 평등, 공화정, 민중, 투쟁 등을 복합적으로 상징하는 표상으로 등장한 여인상이다. 1830년 들라크루아가 그린 '민중을 이끄는 자유의 여신(La liberté guidant le peuple)'에서 한 손에는 장총, 다른 손에는 삼색기를 들고 혁명의 선봉에 선 여신이 바로 마리안느의 이미지이다. 1848년에는 프랑스를 상징하는 여성상이 공포됐고, 거기에 '마리안느(Marianne)'라는 이름이 붙게 됐다. Marianne라는 이름은 당시 프랑스에서 가장 흔히 쓰이던 여성의 이름인 Marie와 Anne가 합쳐져 만들어진 것이다.

이후 지금까지 마리안느는 프랑스 공화국의 가치인 자유, 평등, 박애를 상징하는 인물로 프랑스 공공기관의 모든 공식 문서에 찍히는 로고에도 사용되고 있다. 또 전국의 시청이나 법원, 학교 등 관공서 입구마다 조각이나 액자 등으로 도처에서 볼 수 있다. 1886년 프랑스가 미국에 기증한 '자유의 여신상'도 마리안느의 분신인 셈이다.

〈La liberté guidant le peuple : 민중을 이끄는 자유의 여신〉
Eugène Delacroix(으젠 들라크루아), 1830년 작

LEÇON 20 명령 표현

학습 목표

- ~해라
- ~하세요
- ~하자/~합시다
- 동사의 명령형 만들기

대화 ①

Track 81

Suivez-moi! 저를 따라오세요!

M. Kim: Excusez-moi Monsieur!
Pour aller à la place de la Comédie,
s'il vous plaît.

Un passant: Ce n'est pas très compliqué.
D'abord, vous traversez la rue d'en face.
Ensuite, allez tout droit jusqu'au feu.
Et enfin, tournez à gauche.

M. Kim: Ah, donc je peux y aller à pied?

Un passant: Bien sûr! Ce n'est pas loin d'ici.

M. Kim: Oh, merci!
Mon hôtel est sur la place de la Comédie.
C'est pour ça.

Un passant: Ah bon! Mais attendez,
en fait, moi aussi je vais par là.
Suivez-moi!

M. 김: 실례합니다.
코메디 광장을 가려고 하는데요.
행인: 그리 복잡하지 않습니다.
우선 정면에 보이는 이 길을 건너세요.
그리고 신호등까지 직진하세요.
그 다음 마지막으로 왼쪽으로 도시고요.
M. 김: 그럼 걸어가도 되겠네요?
행인: 물론이죠! 여기서 멀지 않아요.
M. 김: 알겠습니다. 감사합니다!
제가 코메디 광장에 있는 호텔을 예약해서 그래요.
행인: 아, 그렇군요!
그럼 기다리세요. 실은 저도 그쪽 방향으로 갑니다.
저를 따라오세요.

어휘

- □ compliqué 복잡한
- □ traversez 건너다, 가로지르다(inf. traverser)
- □ rue f. 거리
- □ en face 정면에
- □ tout droit 직진해서
- □ feu m. 불, 신호등
- □ là-bas. 저기, 저쪽
- □ tournez 돌다(inf. tourner)
- □ en fin 마침내, 마지막으로
- □ à gauche 왼쪽으로
- □ à pied 걸어서
- □ loin de~ ~에서 먼
- □ sur ~위에
- □ par là 저쪽으로
- □ suivez 따라가다(inf. suivre)

Vous traversez la rue d'en face.

traversez(inf. traverser) 동사는 '~을 가로지르다, 넘어가다'의 뜻이다. Vous traversez~에서 2인칭 복수 주어 Vous를 빼면 traversez~가 되는데, 그러면 바로 '~하세요'라는 표현의 명령형 문장이 된다.

- Vous traversez la rue d'en face.
  → Traversez la rue d'en face. 정면에 있는 저 길을 건너가세요.

Allez tout droit jusqu'au feu.

이 문장 역시 2인칭 복수 주어 vous가 생략된 명령형 문장이다. 이처럼 주어만 빼면 명령형을 만들 수 있다.

- Vous allez tout droit jusqu'au feu.
  → Allez tout droit jusqu'au feu. 저기 신호등까지 직진해 가세요.

Tournez à gauche.

역시 'Vous tournez à gauche'에서 주어를 생략한 명령문 형태로 '왼쪽으로 도세요'를 의미한다.

Suivez-moi!

'나를 따라오세요!'라는 표현으로 영어의 'follow me!'에 해당한다.

1. 다음을 2인칭 복수 명령형으로 쓰고 우리말로 옮겨 보세요.

❶ Aller tout droit. ____________________

❷ Traverser cette rue. ____________________

❸ Réserver un hôtel. ____________________

❹ Tourner à gauche. ____________________

대화 ②

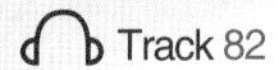

Laisse-moi un peu de temps! 시간 좀 주세요!

Chez Madame Chauvet>

Mme Chauvet: Allez, Nathan!
Il est déjà 7 heures et demie.
On se lève maintenant.

Nathan: Laisse-moi dormir un peu plus, maman!
Aujourd'hui on est dimanche.

Mme Chauvet: Mais, tu sais bien qu'on va à la montagne aujourd'hui.
Allez! Va prendre ta douche d'abord,
et prends ton petit déjeuner.

Nathan: Mais, maman!
Laisse-moi un peu de temps quand même!

Mme Chauvet: Mais, on n'a pas le temps.
Je te donne 10 minutes.
Allez, Nathan!

쇼베 부인의 집〉

Mme 쇼베: 자, 나떵!
벌써 7시 반이야.
이제 일어나.

나떵: 좀 자게 놔두세요, 엄마.
오늘은 일요일이잖아요.

Mme 쇼베: 그런데 오늘은 산에 간다는 거 너도 잘 알잖아.
자, 어서!
먼저 샤워하러 가고,
그리고 아침식사 해.

나떵: 하지만 엄마!
그렇다 해도 시간 좀 줘요.

Mme 쇼베: 그런데 시간이 없단다. 10분 줄게.
자, 어서 해!

- □ Allez! 자, 어서!(재촉할 때), 파이팅!(격려할 때)
- □ déjà 이미, 벌써
- □ demi(e) 절반
- □ se lève 일어나다, 기상하다(inf. se lever)
- □ laisse 놔두다, 내버려 두다(inf. laisser)
- □ quand même 그렇다 할지라도, 그렇지만
- □ donne 주다(inf. donner)
- □ vas-y! 어서 가라!, 어서 해라!

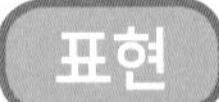

표현

Allez, Nathan!

Aller 동사의 2인칭 복수형인 Allez는 누군가를 재촉할 때, '자, 어서!', '자, 빨리!'의 의미로 쓰이기도 하고, 또 누군가를 격려, 응원할 때 '파이팅!', '잘해라!'라는 의미로도 쓰인다. 흔히 한국 사람들이 쓰는 말인 '파이팅!'의 의미가 프랑스어로는 'Allez!'에 해당된다.

- Allez, Les Bleus! Allez, Les Bleus! 프랑스 (축구 대표)팀 파이팅!

On se lève maintenant!

On은 여기서 '우리'의 뜻으로, On se lève는 '우리 일어나자'의 의미이다. se lève는 대명동사 se lever이다.

Laisse-moi dormir un peu plus.

Laisse-moi + inf는 '나를 ~하게 놔둬'이고, **Laissez-moi + inf**는 '나를 ~하게 내버려 두세요'이다.

- Laisse-moi danser. 나 춤 좀 출게.
- Laissez-moi partir. 떠나게 내버려 두세요.

Va prendre ta douche d'abord.

평서문에서 주어 Tu를 생략하면 바로 명령문이 될 수 있다. 단 vas는 명령형일 때 끝에 s가 빠지고 va가 되는 것에 주의한다.

- Tu vas te laver tout de suite.
- Va te laver tout de suite. 지금 바로 씻으러 가렴.

Prends ton petit déjeuner.

'Tu prends ton petit déjeuner.'에서 주어 Tu를 생략해 명령문을 만든 것이다.

Je te donne 10 minutes.

donner 동사는 1군 규칙 동사로 '~에게 ~을 주다'의 표현으로 쓰인다. 그래서 직역하면 '나는 너에게 10분을 주겠다.'가 된다. donner 동사의 명령형 표현으로 '~을 나에게 주세요' 는 'Donnez-moi~',이고 '나에게 ~을 줘'는 'Donne-moi~'이다. 뒤에는 목적어를 붙이면 된다.

- Donnez-moi ça. 그것 좀 줘.
- Donne-moi un peu d'argent. 돈 좀 줘.
- Donnez-moi plus souvent de vos nouvelles. 당신 소식 좀 더 자주 주세요.

확인

1. 다음을 프랑스어로 옮겨 보세요.

❶ 나 노래 좀 하게 놔둬.

____

❷ 나 좀 나가게 해 줘요.

____

❸ 나 일 좀 끝내게 두세요.

____

❹ 나 잠 좀 자게 놔둬.

____

2. 다음을 우리말로 옮겨 보세요.

❶ Donne-moi un peu de sel.

____

❷ Donnez-moi votre sac.

____

❸ Donne-moi ça.

____

❹ Donnez-moi votre carte d'identité.

____

문법

명령법

직설법 현재의 평서문에서 주어를 생략하면 바로 명령문이 된다. 주어 2인칭 단수가 생략되면 '~해라', 2인칭 복수가 생략되면 '~하세요', 그리고 1인칭 복수가 생략되면 '~합시다'이다.

- Tu vas prendre ta douche maintenant.
  → Va prendre ta douche maintenant. 지금 샤워하러 가라!
- Vous fermez la porte.
  → Fermez la porte. 문 닫으세요.
- Nous partons demain ensemble.
  → Partons demain ensemble. 내일 같이 떠납시다.

Tu에 대한 명령문, 즉 2인칭 단수 명령문에서는 동사 어미가 -es인 경우와, aller 동사 vas의 경우 끝에 s를 생략한다.

- Tu écoutes la radio.
  → Écoute la radio. 라디오를 들어 봐.
- Tu me prépares un café.
  → Prépare-moi un café. 커피 한 잔 타 줘.
- Tu vas dormir dans ta chambre.
  → Va dormir dans ta chambre. 네 방에 가서 자거라.

부정 명령문은 동사 앞뒤에 ne ~ pas를 넣으면 된다.

- 긍정 명령: Fermez la porte! 문을 닫으세요!
- 부정 명령: Ne fermez pas la porte! 문 닫지 마세요!
- 긍정 명령: Écoute la radio! 라디오를 들어!
- 부정 명령: N'écoute pas la radio! 라디오 듣지 마!
- 긍정 명령: Appelle-moi! 전화 줘!
- 부정 명령: Ne m'appelle pas! 전화하지 마!

긍정 명령인 경우 인칭대명사 me, te는 moi, toi가 돼서 다음과 같이 동사 뒤에 놓인다.

- Tu me regardes. → Regarde-moi. 나를 봐.
- Vous me téléphonez. → Téléphonez-moi. 나에게 전화 주세요.

대명동사의 명령형은 2인칭 단수에서 te는 toi로 바뀌고, 위치는 동사 뒤로 간다.

- Tu te lèves. → Lève-toi! 일어나!
- Vous vous levez. → Levez-vous! 일어나세요!
- Tu te dépêches. → Dépêche-toi! 서둘러!
- Vous vous dépêchez. → Dépêchez-vous! 서두르세요!

〈Moulin Rouge-La Goulue : 물랭 루즈-라 굴뤼〉
Henri de Toulouse-Lautrec (앙리 드 툴루즈-로트렉), 1891년 작

확인

1 다음 문장을 긍정 명령문과 부정 명령문 형태로 각각 써 보세요.

❶ Tu coupes les pommes de terre.

긍정 명령: ______________________

부정 명령: ______________________

❷ Vous mettez cette casserole sur le feu.

긍정 명령: ______________________

부정 명령: ______________________

❸ Tu vas prendre ta douche tout de suite.

긍정 명령: ______________________

부정 명령: ______________________

회화

Track 83

Madame kim: Madame Chauvet, j'aimerais apprendre la recette de votre gratin dauphinois.

Madame Chauvet: Pas de problème!
Je vais vous montrer. C'est très simple!
D'abord, vous lavez et coupez les pommes de terre en tranches fines.

Madame kim: Et, je mets le tout dans la casserole?

Madame Chauvet: Oui, avec un demi litre de lait, un peu de beurre, et une pincée de sel.
Vous portez à ébullition.
Puis baissez le feu.
Il faut Remuer de temps en temps, pendant 5 minutes.

Madame kim: Et, c'est prêt?

Madame Chauvet: Non, pas encore!
Vous ajoutez la crème fraiche et laissez cuire un peu.

Madame kim: Ah, maintenant c'est fini.

Madame Chauvet: Mais non, ce n'est pas encore fini!

Madame kim: Pas encore? Et bah dis donc!
Ce n'est pas si simple que ça.

Mme 김: 쇼베 부인, 당신의 도피네 지방식 그라탕 레시피 좀 배우고 싶어요.
Mme 쇼베: 문제없어요! 제가 보여 드릴게요.
아주 간단하거든요.
먼저 감자를 씻고 얇팍하게 자르세요.
Mme 김: 그리고 전부 냄비에 넣을까요?
Mme 쇼베: 네, 우유 500ml와 버터 약간하고 그리고 소금 한 꼬집이요.
그리고 한소끔 끓이세요. 그 다음에 불을 줄이고요.
가끔씩 저어 줘야 해요. 5분 동안.
Mme 김: 그러면 다 된 건가요?
Mme 쇼베: 아니요. 아직요!
생크림을 첨가해 주시고요. 조금 더 익게 두세요.
Mme 김: 아, 그럼 이제 끝나는 거군요.
Mme 쇼베: 아, 아니에요! 아직 안 끝났어요!
Mme 김: 아직도 아니에요?
세상에! 그리 간단한 게 아니네요.

On y va!: 가자!

다음은 Aller(가다) 동사와 중성 대명사 y(거기)를 이용한 간단한 표현이다. y는 보통 앞서 나온 어떤 장소를 대신 받아 '거기'의 뜻으로 쓰인다. 그러나 다음의 경우에는 앞서 지시된 장소가 딱히 없어도 y가 사용돼 간단한 관용 표현으로 쓰이고 있다. 그냥 통째로 외워 두는 것이 좋다.

- On y va ! 가자!
- Allons-y! 갑시다!
- Allez-y! 가세요. (또는 어서 하세요!)
- Vas-y! 가거라. (또는 어서 해라!)
- J'y vais! 갈게!

어휘

- □ recette f. 레시피, 조리법
- □ gratin m. 그라탕
- □ dauphinois(e) Dauphiné(도피네) 지역식의
- □ simple 간단한
- □ lavez 씻다, 닦다(inf. laver)
- □ coupez 자르다(inf. couper)
- □ pomme de terre f. 감자
- □ tranche f. 얇은 조각, 슬라이스
- □ fin(e) 가는, 섬세한
- □ mets 넣다(inf. mettre)
- □ casserole f. 손잡이 달린 냄비
- □ pincée f. 집게, 꼬집(요리 용어)
- □ sel m. 소금
- □ porter ~에 놓다, ~로 가져다가
- □ ébullition f. 끓음
- □ portez à ébullition 한소끔 끓이다
- □ baissez 낮추다, 내리다(inf. baisser)
- □ feu m. 불
- □ remuer 젓다
- □ de temps en temps 가끔씩, 때때로
- □ prêt(e) 준비된, 갖춘
- □ encore 아직, 여전히
- □ pas encore 아직 아닌
- □ ajoutez 첨가하다(inf. ajouter)
- □ crème f. 크림
- □ frais(fraîche) 신선한
- □ laissez 놔두다(inf. laisser)
- □ cuire 익히다
- □ Et bah dis donc! 이런, 세상에!

연습문제

1 다음을 듣고 명령형 문장으로 바꿔 쓰세요. Track 84

1 ________________ 3 ________________

2 ________________ 4 ________________

2 다음 대화에 적절하게 동사의 명령형을 써 보세요.

A: Pour aller à la place Bellecour, s'il vous plaît? 벨꾸르 광장에 가려고 하는데요.

B: D'abord ____________ cette rue. 먼저 이 길을 건너세요.

Et, ____________ à droite. 그리고 오른쪽으로 도세요.

Et ensuite ____________ jusqu'au feu. 그러고 나서 신호등까지 가세요.

Moi aussi, je vais par là. 저도 그리로 가는데요.

____________-moi! 저를 따라 오세요!

3 다음 명령 표현을 프랑스어로 옮겨 보세요.

1 서둘러! ____________

2 자, 파이팅! ____________

3 갑시다! ____________

4 가자! ____________

5 어서 하세요(그렇게 하세요)! ____________

6 그것 좀 주세요! ____________

4 다음은 보통 프랑스 사람들이 즐겨 먹는 고기 수프의 일종인 Pot-au-feu(뽀또푸)를 만드는 Recette(조리법)입니다. 동사 원형 부분을 2인칭 복수 명령형으로 바꿔 반복해 읽으며 조리법을 익혀 보세요.

Ingrédients(재료)

1.5 kg de boeuf, 2 os, 4 poireaux, 8 carottes, 6 navets,
2 oignons, 1 bouquet garni, sel, poivre

Recette(조리법)

1. Dans une marmite, mettre 4 litres d'eau froide, la viande, les os et une cuillère à soupe de sel.
2. Faire bouillir, puis baisser le feu et couvrir.
3. Laisser cuire 1 heure.
4. Pendant ce temps, mettre les poireaux et les oignons.
5. Au bout d'une heure, ajouter les carottes et le bouquet garni. 1/2 heure après, ajouter les poireaux, les navets, et le poivre.
6. Ajouter de l'eau.
7. Faire bouillir.
8. Servir avec de la moutarde, des cornichons, du gros sel.

Le coq Gaulois

골루아 수탉

마리안느(Marianne)가 '자유, 평등, 박애'라는 프랑스의 정신적 가치를 상징하는 인물상이라면, Le coq Gaulois, 즉 골루아 수탉 또는 갈리아 수탉은 프랑스 민족과 그 역사, 토지, 문화를 상징하는 동물이다.

Le coq Gaulois의 특징으로는 화려함과 위엄을 드러내는 깃털 장식, 그리고 새 아침의 시작과 어둠의 끝을 알리는 우렁찬 울음소리, 용맹함, 도전적인 성격, 자존심을 뽐내는 듯한 눈빛과 자태 등을 들 수 있다. 이는 곧 옛 골루아 전사들의 모습과 정신으로 나타내지기도 하며 오늘날까지도 프랑스를 상징하고 있다.

Marianne와 마찬가지로 프랑스 전국 관공서에서 Le coq Gaulois를 만날 수 있으며, 교회 종탑 위, 그리고 프랑스를 위해 목숨을 바친 사람들의 묘지에도 Le coq Gaulois가 함께 하고 있는 것을 볼 수 있다.

Le coq Gaulois는 프랑스 스포츠 팀의 앰블램으로도 다양하게 사용되고 있다.

대표적으로 프랑스 축구 대표팀을 들 수 있는데, 유니폼에도 Le coq Gaulois의 로고가 새겨져 있으며 프랑스축구연맹 FFF의 로고도 Le coq Gaulois로 멋지게 장식을 하고 있다.

이밖에도 럭비, 아이스하키, 핸드볼, 펜싱 등의 국가 대표팀 로고와 기업체 로고, 의류 등에 널리 애용되고 있다.

부록

- 정답
- 숫자 읽기 · 동사 변화

정답

LEÇON 01

대화 ① 확인

1.

❶ Enchanté(e)
❷ Je m'appelle
❸ Bonjour
❹ Bonsoir

2. Enchanté(e) Monsieur, je m'appelle ○○○.

대화 ② 확인

1. Bonjour! Je m'appelle ○○○.

2. tu t'appelles
Je m'appelle
mon prénom / mon nom de famille

연습문제

1

1 Bonjour Monsieur.
2 Bonsoir Madame Chauvet.
3 Enchanté(e) Madame.
4 Au revoir Michel.

2

1 Je m'appelle ______
2 Mon nom de famille est ______
3 Mon prénom est ______
4 Je m'appelle ______

3

1 Enchanté(e).
2 Bonjour Monsieur Kim!
3 Bonsoir Madame Lacroix!
4 Au revoir Marion!
5 À bientôt!
6 À demain!

4

1 Bonjour!
2 Bonjour Paul!
3 Au revoir Madame!
4 Bonsoir Monsieur!

LEÇON 02

대화 ① 확인

1.

❶ Je suis
❷ Vous êtes
❸ Vous êtes
❹ Je suis
❺ Vous êtes

대화 ② 확인

1.

❶ coréenne / je suis
❷ français(e)
❸ Vous êtes
❹ français(e) / je suis
❺ habitez à
❻ Non, j'habite à

2. Je m'appelle / Je suis coréen(ne) / Je suis / J'habite à

문법 확인

1.

Je suis	Nous sommes
Tu es	Vous êtes
Il/Elle est	Ils/Elles sont

2.

❶ Je suis coréen(ne).
❷ Tu es coréen(ne).
❸ Il est coréen.
❹ Elle est coréenne.
❺ Nous sommes coréens.
❻ Vous êtes coréens.
❼ Ils sont coréens.
❽ Elles sont coréennes.

회화 확인

A: Je suis anglaise et je suis étudiante.
Et vous, vous êtes chinois?
B: Oui, je suis chinois et je suis journaliste.

J'habite à Pékin. Vous habitez où?
Vous habitez à Londres?
A: Non. Moi, j'habite à Liverpool.

C: Je suis Italienne et je suis étudiante.
Et vous, vous êtes Japonais?
D: Oui, je suis Japonais et je suis journaliste.
J'habite à Tokyo. Vous habitez où?
Vous habitez à Rome?
C: Non. Moi, j'habite à Venise.

연습문제

1

1 Je suis coréen.
2 Elle est coréenne.
3 Vous êtes française?
4 Tu es français?
5 Je suis étudiante.
6 Il est étudiant.
7 J'habite à Paris.

2

1 J'habite à Séoul.
2 Vous êtes français?
3 Elle est japonaise.
4 Elles sont étudiantes.
5 Il est journaliste.
6 Nous sommes coréens.

3

1 Je suis coréen(ne).
2 J'habite à (도시 이름)
3 Non, je suis coréen(ne).
4 Oui, je suis coréen(ne).

4

1 Ils sont
2 Il est
3 Vous êtes
4 Elle est
5 Elles sont

LEÇON 03

대화 ① 확인

1.
❶ un
❷ une
❸ des
❹ des
❺ un / une
❻ frères / sœur

2.
❶ J'ai une sœur et un frère.
❷ J'ai deux sœurs et un frère.

대화 ② 확인

1.
❶ Vous avez / Avez-vous
❷ Voilà/Voici
❸ Voici/Voilà
❹ deux enfants / une / un

2.
❶ Je vous présente mon mari Daniel.
❷ Je vous présente ma femme Sophie.
❸ Je vous présente ma fille Léa.
❹ Je vous présente mon fils Nathan.

문법 확인

1.
❶ une / 꽃 한 송이
❷ des / 나무 여러 그루
❸ un / 책 한 권
❹ une / 차 한 대
❺ des / 치마 여러 개
❻ une / 집 한 채
❼ des / 자전거 여러 대
❽ un / 바지 한 벌

2.

J'ai	Nous avons
Tu as	Vous avez
Il/Elle a	Ils/Elles ont

3.
❶ J'ai un livre. / J'ai des livres.
❷ J'ai une sœur. / J'ai des sœurs.
❸ J'ai une maison. / J'ai des maisons.

연습문제

1

1 Suzi, tu as des frères?
2 Oui, j'ai deux frères.
3 M. Chauvet, avez-vous des enfants?
4 Oui, j'ai trois enfants. Et vous?
5 Moi, j'ai un enfant.
6 Bonjour Madame Kim, je vous présente mon mari Christian.
7 Bonjour M. Chauvet, voici, ma fille Mina.
8 Bonsoir Céline, je te présente ma sœur Léa.

2

1 Vous avez des enfants?
2 Oui, j'ai un fils et deux filles.
3 Tu as des frères?
4 Oui, j'ai un frère.
5 Vous avez des voitures?
6 Ils ont des livres.

3

J'ai un livre.	Nous avons une maison.
Tu as des enfants.	Vous avez un sac.
Il(Elle) a des fleurs.	Ils(Elles) ont des voitures.

4

1 mon fils ________
2 ma femme ________
3 mes parents ________
4 mes enfants ________

LEÇON 04

대화 ① 확인

1.
❶ Salut
❷ Salut
❸ ça va
❹ Ça va
❺ je vais très bein

2.

Je suis content(e)	Nous sommes contents/contentes
Tu es content(e)	Vous êtes content(e)/ contents(es)
Il est content	Ils sont contents
Elle est contente	Elles sont contentes

대화 ② 확인

1.
❶ allez-vous
❷ vais bien
❸ Vous allez bien
❹ vais très bien / va bien
❺ va très bien

2.

Je ne suis pas	Nous ne sommmes pas
Tu n'es pas	Vous n'êtes pas
Il n'est pas	Ils ne sont pas
Elle n'est pas	Elles ne sont pas

문법 확인

1.

Je vais à Séoul. 나는 서울에 간다.	Nous allons au café. 우리는 카페에 간다.
Tu vas à la maison. 너는 집에 간다.	Vous allez à l'aéroport. 당신은 공항에 간다.
Il va à l'école. 그는 학교에 간다.	Elles vont à l'hôtel. 그녀들은 호텔에 간다.

2.

Je ne vais pas à Séoul.	Nous n'allons pas au café.
Tu ne vas pas à la maison.	Vous n'allez pas à l'aéroport.
Il ne va pas à l'école.	Elles ne vont pas à l'hôtel.

3.

❶ toi
❷ Moi / toi
❸ vous
❹ Moi
❺ vous
❻ Nous

회화 확인

1.

❶ Salut!
❷ Comment allez-vous?
❸ Tu vas bien?
❹ Comment ça va?
❺ Vous allez bien?
❻ Je vais bien.
❼ Moi aussi, je vais bien.
❽ Je ne vais pas très bien.

연습문제

1

1 Oh! Salut Michel! Ça va bien?
2 Salut Anne! Je vais bien merci! Et toi?
3 Bonjour Monsieur! Vous allez où?
4 Moi, je vais à Londres. Et vous?
5 Moi, je ne vais pas à Londres. Je vais à Paris.

2

1 Pardon?
2 Votre femme va bien?
3 Oui, elle va très bien. Merci!
4 Tu vas à l'école?
5 Non, je ne vais pas à l'école.

3

Je vais à la maison.	Nous allons à Londres.
Tu vas où?	Vous allez à l'hôtel.
Il va au restaurant.	Elles vont au café.

4

감사: Merci! / Merci beaucoup!
사과: Pardon! / Je suis désolé(e)! / Excusez-moi!

LEÇON 05

대화 ① 확인

1.

❶ des baguettes
❷ des fleurs
❸ un foulard
❹ des chaussures
❺ la Tour Eiffel

대화 ② 확인

1.

❶ Il est très grand et beau.
❷ Il a les yeux bleus.
❸ Il a les cheveux châtain.

2.

❶ C'est ma petite amie.
Elle a les cheveux longs et noirs.
Elle a les yeux marron.

❷ C'est mon petit ami.
Il est blond. (또는 Il a les cheveux blonds)
Il est très drôle.

문법 확인

1.

❶ belle
❷ mignonne
❸ heureuse

2.

❶ belle
❷ nouvel
❸ noirs
❹ françaises
❺ courageux
❻ active

연습문제

1

1 Qu'est-ce que c'est?
2 C'est une bouteille de parfum.
3 Qui est-ce?
4 C'est mon petit ami.
5 Il est comment ton petit ami?
6 Il est très gentil!

2

1 Il est noir et blanc.
Il est petit.
Il est gentil.
2 Elle est blonde.
Elle a les yeux bleus.
Elle est mignonne.

3

1 Cet
2 Cette
3 Ces
4 Ce

4

1 Ce petit chien est très gentil.
2 Tu as une amie française?
3 Elles sont très heureuses.
4 C'est une vieille maison.
5 C'est ma nouvelle voiture.
6 Ses enfants sont mignons.

LEÇON 06

대화 ① 확인

1.

❶ Je veux manger un croissant.
❷ Je veux dormir.
❸ Je veux voir la Tour Eiffel.

2.

❶ Je voudrais aller aux Champs-Élysées.
❷ Je voudrais du vin blanc, s'il vous plaît.
❸ Je voudrais réserver une chambre, s'il vous plaît.

대화 ② 확인

1.

❶ Je voudrais boire de l'eau.
❷ Tu aimes la musique classique?
❸ J'aimerais bien voir un film coréen.
❹ Tu veux aller en France?

문법 확인

1.

❶ J'aime faire du tennis.
❷ Tu aimes le café?
❸ Vous aimez la France?
❹ Ils aiment la Tour Eiffel.
❺ Il aime les romans de Victor Hugo.

연습문제

1

1 Il aime le champagne.
2 Elle adore faire la cuisine.
3 Nous allons voir la Tour Eiffel.
4 J'aime regarder la télévision.

5 Vous voulez de l'eau?
6 Ils aiment écouter la radio.

2
1 On va au cinéma.
2 J'aime faire du vélo.
3 Je vais faire un tour gastronomique.
4 Ils veulent boire de l'eau.

3
1 un
2 du
3 la
4 du
5 une

4
1 J'aime le football.
2 J'aime la musique classique.
3 J'aime la cuisine coréenne.
4 J'aime lire des romans.
5 Je veux voyager en France.

LEÇON 07

대화 ① 확인

1.
❶ Que
❷ vais prendre
❸ avez
❹ prends
❺ voudrais

대화 ② 확인

1.
❶ 3 personnes
❷ conseiller
❸ le menu
❹ à la carte
❺ comme dessert

연습 문제

1
1 좋아하는 것 : 생선, 치즈, 과일, 차
2 좋아하지 않는 것 : 초콜릿 빵, 맥주, 고기

듣기 지문
J'aime le poisson.
Je n'aime pas le pain au chocolat.
J'adore le fromage.
Je n'aime pas la bière.
J'adore les fruits.
Je n'aime pas la viande.
J'adore le thé.

2
Je voudrais une salade niçoise,
avec un sandwich aux 3 fromages.
Et puis, je vais prendre un café comme boisson.

3
1 Je vais prendre le menu.
2 Je vais prendre à la carte.
3 Je voudrais un gâteau au chocolat comme dessert.
4 On voudrait une table pour 3 personnes.
5 Qu'est-ce que vous me conseillez?
6 C'est combien en tout?
7 C'est très bon!

LEÇON 08

대화 ① 확인

1.
❶ 저랑 같이 가실래요?
❷ 이번 주말에 나는 일을 하러 가야 해.
❸ 볼 것이 많습니다.

2.
❶ viens
❷ aimerais / peux
❸ dois

정답

대화 ② 확인

1.

❶ Au printemps, il fait beau.
❷ En été, il fait chaud.
❸ En automne, il fait clair.
❹ En hiver, il fait froid.

2.

❶ Il pleut souvent à Paris.
❷ Ça dépend des saisons.

문법 확인

1.

❶ peux / 나는 운전을 할 수 있습니다.
❷ peux / 너는 지금 떠나도 돼.
❸ pouvez / 담배 피우셔도 됩니다.
❹ peut / 그녀는 프랑스어로 말할 수 있다.
❺ pouvons / 우리는 이번 주말에 산에 갈 수 있다.
❻ peuvent / 그들은 걸을 수 없나요?

2.

❶ dois / 나는 저녁을 준비해야 한다.
❷ dois / 너는 피곤하겠구나.
❸ doit / 그는 좀 자야 해.
❹ devons / 우리는 먹을 것을 좀 사야 한다.
❺ devez / 나가시면 안돼요.
❻ doivent / 그녀들은 일을 끝내야만 한다.

연습문제

1

A: Demain c'est dimanche.
Qu'est-ce que tu vas faire?
B: S'il fait beau, je vais à la montagne.
S'il fait mauvais je vais au cinéma.
Tu viens avec moi?
A: Oui, je veux bien mais je ne peux pas.
Je dois rester à la maison.
B: Tu as quelque chose à faire à la maison?

2

1 Je suis libre ce weekend.
2 J'ai beaucoup de choses à faire.
3 Ça dépend des saisons.
4 Vous pouvez m'aider?
5 Tu dois travailler ce samedi?

3

A: Tu peux parler anglais?
너 영어로 말할 수 있니?
B: Non, je ne peux pas parler anglais.
아니, 나 영어 할 줄 몰라.
Je dois apprendre l'anglais.
나 영어 배워야 해.
Mais, ça doit être difficile.
그런데 어려울 것 같아.
A: Si tu veux, je peux t'apprendre.
원한다면 내가 너에게 가르쳐 줄 수 있어.

4

1 Il est ________ heures ________.
2 On est ________.
3 Il fait ________.

LEÇON 09

대화 ① 확인

1.

❶ Pour aller à la Tour Eiffel, s'il vous plaît!
❷ Je dois prendre quelle ligne pour aller à l'hôtel de ville, s'il vous plaît?
❸ Je voudrais aller au marché aux puces.
❹ Ce bus va à l'aéroport Charles de Gaulle.

대화 ② 확인

1.

❶ voudrais aller
❷ prendre
❸ prend
❹ faut

2. Je veux voir la Tour Eiffel.
Je voudrais aller à l'Arc de Triomphe.
J'aimerais bien visiter la cathédrale de Notre-Dame de Paris.
Je veux voir la mer Méditerranée.
Je voudrais aller aux Alpes.

문법 확인

1.

❶ à manger
❷ à apprendre
❸ à faire
❹ à visiter

2.

❶ Il faut du temps.
❷ Je dois apprendre le français.
❸ Il faut prendre l'avion.
❹ Il faut aller à l'office du tourisme.
❺ Vous devez partir en Corée.

연습 문제

1

1 Cinéma Gaumont 영화관
2 버스
3 콩코드 광장 다음 정거장

듣기 지문

여: Excusez-moi Monsieur!
Pour aller au cinéma Gaumont, s'il vous plaît!
Est-ce qu'on peut prendre le taxi?
남: Oui... Mais vous pouvez prendre le bus aussi, ici. Ce n'est pas loin.
여: Ah bon? On doit descendre où?
남: Ce n'est pas compliqué
C'est l'arrêt après la place de la Concorde.
여: D'accord. Merci beaucoup Monsieur!
남: De rien.

2

1 à pied
2 en avion
3 en bateau
4 en train
5 en voiture

3

1 de l'argent
2 faire attention
3 aller tout droit
4 quelque chose à manger
5 apprendre le français
6 tourner à gauche

4

1 Il y a deux chats sur la table.
2 Il y a une fille.
3 Il y a beaucoup de livres.
4 Il y a beaucoup de fleurs.
5 Il y a trois baguettes.

LEÇON 10

대화 ① 확인

1.

❶ de moins cher
❷ de spécial
❸ de joli
❹ de bizarre

대화 ② 확인

1.

❶ peux essayer
❷ Bien sûr, pas de problème!
❸ Ça va
❹ me plaît beaucoup
❺ la taille
❻ un peu petit pour moi

문법 확인

1.

❶ pense
❷ pensez
❸ penses
❹ pense
❺ pense
❻ pensent

연습문제

1

1 흰 셔츠와 넥타이
2 파란색과 녹색
3 파란색

듣기 지문
A: Bonjour M.! Vous désirez?
B: Bonjour! Il me faut une chemise blanche et une cravate aussi.
A: D'accord, Je vais vous montrer.
Voici, une chemise blanche.
Et, pour la cravate, vous préférez quelle couleur?
Il y a la bleue et la verte.
B: Je préfère la bleue à la verte.

2
1 J'ai besoin de quelque chose de spécial. / 나는 뭔가 특별한 게 필요해.
2 Il cherche une cravate en soie. / 그는 실크 넥타이를 찾고 있다.
3 Tu pesnses que c'est trop petit pour moi? / 이게 나한테 너무 작다고 생각하니?
4 Je préfère le pizza au sandwich. / 나는 샌드위치보다 피자가 좋아.

3
1 Je pense, donc je suis.
2 Qu'est-ce que tu en penses?
3 Je pense que ça te va bien.
4 Ça te plaît?
5 Ça me plaît beaucoup.

4
1 Je préfère la montagne à la mer. / Je préfère la mer à la montagne.
2 Je préfère le thé au café. / Je préfère le café au thé.
3 Je préfère le tennis au football. / Je préfère le football au tennis.
4 Je préfère le poisson à la viande. / Je préfère la viande au poisson.

LEÇON 11

대화 ① 확인

1.
❶ Je voudrais
❷ Je voudrais / avec vue
❸ Je voudrais / avec douche
❹ Pour combien de
❺ Pour

2.
❶ à partir de / jusqu'à
❷ avec
❸ pour

대화 ② 확인

1.
❶ deux lits et une salle de bain avec baignoire.
❷ au premier étage.
❸ 95 euros la nuit.

문법 확인

1.
❶ pour 3명 앉을 테이블을 원합니다.
❷ pour 당신을 위해 제가 저녁 식사를 준비할게요.
❸ pour 그녀는 오늘 한국으로 떠나요.
❹ pour 그들은 마르세유 가는 표 두 장을 삽니다.

2.
❶ Elle espère que tu vas bien.
❷ J'espère te voir.
❸ Il faut espérer.
❹ J'espère que ça te plaît.

연습문제
1
1 ○
2 3일
3 두 개
4 90 euros
5 ×

듣기 지문

남: Bonsoir.
J'ai réservé une chambre au nom de Jiho Kim.

여: Oui, Monsieur. Nous avons votre réservation pour 3 nuits.
C'est une chambre avec 2 lits. C'est bien ça?

남: Oui, c'est ça.

여: La chambre est à 90 euros la nuit.
Vous voulez prendre le petit déjeuner, Monsieur?

남: Est-ce que le petit déjeuner est compris dans le prix de la chambre?

여: Non, Monsieur. C'est en plus.

2

1 너 바캉스 얼마 동안이나 가니?
2 오늘 저녁 파리로 가는 비행편은 없어.
3 나는 내 여자 친구를 위해 꽃을 산다.
4 그는 정치적인 이유들로 조국을 떠난다.

3

1 de / à
2 entre / moi
3 à partir de / jusqu'à

4

1 J'ai besoin de votre aide.
2 Tu as besoin d'argent?
3 Vous avez besoin d'eau chaude?
4 Elle a besoin de toi.
5 J'espère que oui.
6 J'espère que non.
7 J'espère que ça vous plaît.
8 J'espère que tu vas bien.

LEÇON 12

대화 ① 확인

1.

❶ J'ai mal aux yeux.
❷ Elle a mal aux pieds.
❸ Tu as mal au ventre?
❹ Vous avez mal aux jambes?

2.

❶ 아플 때 답 : Si, j'ai mal à la tête.
안 아플 때 답 : Non, je n'ai pas mal à la tête.
❷ 아플 때 답 : Si, j'ai mal au bras.
안 아플 때 답 : Non, je n'ai pas mal au bras.

대화 ② 확인

1.

❶ Je me sens bien.
❷ Je me sens beaucoup mieux.
❸ Je ne me sens pas bien.

문법 확인

1.

❶ sort /우리는 오늘 저녁 친구들끼리 외출을 한다.
❷ sors / 나는 자주 외출하지 않는다.
❸ sors / 너 언제 나가니?
❹ sortir / 그녀는 외출하는 것을 좋아하나요?

2.

❶ Ma femme a mal au ventre.
❷ Mes enfants sont malades depuis ce matin.
❸ Vous avez besoin de médicaments?
❹ Il vous faut du repos.
❺ Il a mal aux jambes.
❻ Il me faut des médicaments.

연습문제

1

1 머리와 목
2 아내
3 알약과 시럽
4 7 euros 50

듣기 지문

남: Bonjour!
J'ai besoin de quelque chose pour le mal de tête.
Et, il me faut aussi quelque chose pour le mal de gorge, s'il vous plaît.

여: D'accord! C'est pour vous M.?

남: Non, C'est pour ma femme.
여: Ah D'accord! Je pense qu'elle est enrhumée.
Elle a de la fièvre aussi?
남: Oui.
여: D'accord, je vais vous donner des comprimés et du sirop.
남: C'est combien en tout?
여: C'est 7 euros 50.

2
[1] le bras [2] la jambe [3] le pied [4] la tête
[5] les yeux [6] le nez [7] la main [8] le ventre

3
답 1: Si, je me sens bien.
답 2: Non, je ne me sens pas très bien.

4
[1] J'ai soif.
[2] J'ai sommeil.
[3] Tu as peur?
[4] Vous avez faim?
[5] J'ai froid.

LEÇON 13

대화 ① 확인

1.
❶ Quelle est votre profession?
❷ Qu'est-ce que vous faites dans la vie?

2.
❶ en / à / en 저는 지금 파리에서 바캉스 중이에요.
❷ dans 직업이 무엇인가요?
❸ de / en 그는 한국에서 고등학교 선생님이셔.
❹ en 그녀는 법대생입니다.

문법 확인

1.
❶ quel / 당신 나이가 어떻게 되시나요?
❷ Quelle / 당신 직업이 무엇인가요?
❸ Quel / 얼마나 행복한지!
❹ quelles / 어떤 꽃 좋아하세요?
❺ Quelles / 와 정말 예쁜 신발이네!
❻ Quel / 성이 어떻게 되시나요?

2.
❶ Qu'est-ce que
❷ Qu'est-ce que
❸ Qu'est-ce que

연습문제

1
[1] M. Kim est professeur de lycée.
Il travaille au lycée.
[2] Mina est étudiante en médecine.
Elle fait ses études à l'université.
[3] Jean est boulanger.
Il travaille à la boulangerie.
[4] Christian est banquier.
Il travaille à la banque.

2
[1] Quelle
[2] Que
[3] dans la vie
[4] quelle

3
[1] en / 당신은 문학도인가요?
[2] à l', en / 뒤부아 부인은 프랑스에서 대학 교수입니다.
[3] après / 학업 후에 무엇을 하고 싶으신가요?
[4] à / 우리는 파리에서 식당을 열 것입니다.

4
[1] Elle s'appelle Marion Lacroix.
Elle est française.
Elle habite à Lyon.
Elle est peintre.
Elle a 31 ans.

[2] Il s'appelle Jin-sou Lee.
Il est coréen.
Il habite à Séoul.
Il est journaliste

Il a 45 ans.

LEÇON 14

대화 ① 확인

1.

❶ changer de l'argent
❷ besoin de votre passeport
❸ Pourquoi
❹ Parce que

2.

❶ présenter votre passeport.
❷ changer 100 dollars en euros.
❸ est à combien.

대화 ② 확인

1.

Je mets	Nous mettons
Tu mets	Vous mettez
Il/Elle met	Ils/Elles mettent

2.

❶ mettre combien de
❷ fait combien
❸ aux États-unis par
❹ de l'argent liquide

문법 확인

1.

❶ Pourquoi 왜 떠나려고 하시나요?
❷ Parce que 제 남편이 기다리고 있거든요.
❸ pourquoi 그는 성공했는데 당신은 왜 안 되겠어요!
❹ Pourquoi 너 왜 그걸 하니?
❺ Parce que 좋으니까

연습문제

1

[1] 유로 → 달러
[2] 300유로
[3] 여권
[4] 1달러 = 1.2유로

듣기 지문

Client: Bonjour Monsieur. Je voudrais changer de l'argent. 300 euros en dollars américains.
Employé de banque: D'accord, j'ai besoin de votre passeport, s'il vous plaît.
Client: Voici, mon passeport. Le dollar est à combien aujourd'hui?
Employé de banque: Un dollar américain fait 1,2€ au taux du jour.

2

[1] argent liquide / retirer / avec / il y a
[2] envoyer / en / mettre combien de / faut mettre

3

[1] Parce que je ne veux pas sortir.
[2] Parce que j'ai sommeil.
[3] Parce que j'aime la France.

4

[1] Ce livre est à moi.
[2] Nous avons rendez-vous à 9 heures.
[3] Pourquoi elle va à Londres?
[4] Parce qu'elle veut apprendre l'anglais.

LEÇON 15

대화 ① 확인

1.

❶ J'ai envie de voir un film français.
❷ J'ai envie de manger quelque chose.
❸ J'ai envie de faire du shopping.
❹ J'ai envie d'aller au cinéma.

2.

❶ au / 나는 주말마다 축구를 한다.
❷ du / 그녀는 바이올린을 연주한다.
❸ aux / 그들은 거실에서 카드놀이를 한다.
❹ de l' / 아코데온 연주하시나요?

정답

대화 ② 확인

1.

❶ Bienvenue en Corée!
❷ Bienvenue à Séoul!
❸ Bienvenue chez moi!
❹ Bon anniversaire!
❺ Merci pour votre invitation!

문법 확인

1.

❶ connaissez
❷ connais
❸ ne connais pas
❹ sais
❺ sais
❻ ne sais pas

연습문제

1

1 J'ai envie de rester à la maison. (집에 있기)
2 J'ai envie de me promener un peu. (산책하기)
3 J'ai envie d'écouter la radio. (라디오 듣기)
4 J'ai envie de sortir en ville. (시내 외출하기)

2

여: Qu'est-ce que tu as envie de faire ce weekend?
J'ai envie d'aller voir un film.
남: Moi aussi, je veux bien.
Et puis le soir, on va dîner dans un restaurant?
여: Avec plaisir!
Et après le dîner, on va prendre un verre.
Je connais un pub irlandais très sympa!
남: Pourquoi pas!
여: Je t'invite.

3

1 connaissez / 프랑스에 대해 좀 아시나요?
2 connais / 네, 프랑스에 대해 잘 압니다.
3 sais / 너 피아노 칠 줄 알아?
4 ne sais pas / 아니, 피아노 칠 줄 몰라.

4

1 Vous êtes libre ce soir?
2 C'est un cadeau pour toi.
3 Je voudrais vous inviter à dîner.
4 Je suis vraiment desolé(e), je suis occupé(e).
5 Joyeux Noël!
6 Bonne année!

LEÇON 16

대화 ① 확인

1.

❶ me lève
❷ te couches
❸ me couche
❹ me promène
❺ me lave / m'habille

대화 ② 확인

1.

❶ Ce café ouvre jusqu'à quelle heure?
❷ Ce restaurant ferme entre 14 heures 30 et 17 heures.
❸ Ce restaurant ouvre à partir de 11 heures.

2.

❶ 우리 언제 집에 가?
❷ 네가 원할 때 가.
❸ 나는 시간이 있을 때 조깅을 한다.
❹ 무지함이 끝날 때 자유는 시작된다.

연습문제

1

1 7시 반
2 7~8시
3 21시
4 23시
5 자정

듣기 지문

Philippe: Suzi, tu dînes à quelle heure, en général?

Suzi: Normalement je dîne entre 7 heures et 8 heures.
Philippe: Et, tu te couches à quelle heure?
Suzi: Le soir après dîner, je regarde la télévision jusqu'à 21 heures.
Ensuite, je surfe sur internet.
Et puis je me couche vers 23 heures.
Philippe: Moi, je me couche vers minuit.
Suzi: Tu te lèves tôt le matin?
Philippe: Je me lève à 7 heures et demie.

2
Je me lève à 8 heures.
Je me lave vers 8 heures et demie.
Je me promène le soir après dîner.
Je me couche vers minuit.

3
1 ouvert jusqu'à quelle heure
2 ferme
3 Quand
4 peux / quand / veux
5 vous couchez à quelle heure
6 me couche quand

4
1 Roméo et Juliette s'aiment beaucoup.
2 Il part en France dans un mois.
3 J'apprends le français depuis deux ans.
4 On se voit samedi soir.

LEÇON 17

대화 ① 확인

1.
❶ perdu
❷ pris
❸ passé
❹ posé
❺ fini
❻ parlé

대화 ② 확인

1.
❶ es parti(e)
❷ suis allé(e)
❸ as fait
❹ ai visité
❺ suis allé(e)
❻ suis tombé(e)

문법 확인

1.

Faire 동사	Aller 동사	Venir 동사
J'ai fait du jogging Tu as fait Il a fait Elle a fait Nous avons fait Vous avez fait Ils ont fait Elles ont fait	Je suis allé(e) au musée Tu es allé(e) Il est allé Elle est allée Nous sommes allés(es) Vous êtes allé(e/s/es) Ils sont allés Elles sont allées	Je suis venu(e) en France. Tu es venu(e) Il est venu Elle est venue Nous sommes venus(es) Vous êtes venu(e/s/es) Ils sont venus Elles sont venues

2.
partir-parti
sortir-sorti
dormir-dormi
finir-fini
venir-venu
arriver-arrivé
entrer-entré
marcher-marché
tomber-tombé
parler-parlé
monter-monté
voir-vu
mettre-mis
perdre-perdu
prendre-pris

연습문제

1
1 Marion a perdu son parapluie hier.
2 Je suis arrivé(e) à Paris depuis une semaine.
3 Philippe a fini son travail vers minuit.
4 Vous êtes parti(e/s/es) en vacances le mois dernier?

[5] Nous sommes nés(es) à Séoul en Corée.
[6] Mon mari et moi, nous avons fait la cuisine ensemble.

2
[1] Je suis allé(e) en France.
[2] J'ai vu des monuments historiques.
[3] J'ai fait un tour gastronomique.

3
Il a mis le café
Dans la tasse
Il a mis le lait
Dans la tasse de café
Il a mis le sucre
Dans le café au lait
Avec la petite cuiller
Il a tourné
Il a bu le café au lait
Et il a reposé la tasse

4
[1] suis allé(e) boire / 나는 커피를 한 잔 마시러 카페에 갔다.
[2] est allée faire / 그녀는 조깅을 하러 공원에 갔다.
[3] sommes allé(s/es) manger / 우리는 캐비아를 먹으러 아주 고급 식당에 갔다.

LEÇON 18

대화 ① 확인

1.
❶ Je viens d'arriver en France.
❷ Je vais passer 3 jours à Paris.
❸ Je vais me reposer à la maison.
❹ Il vient d'avoir 17 ans.
❺ Elle vient de sortir de l'université.

대화 ② 확인

1.
❶ es / venu(e)
❷ c'est la première fois.
❸ c'est la deuxième fois.
❹ connaissez
❺ je ne connais pas

연습문제

1
[1] Elle vient de sortir de la maison.
그녀는 막 집을 나섰다.
[2] Je vais faire du yoga.
나는 요가를 할 것이다.
[3] Nous allons voir un concert ce soir.
우리는 오늘 저녁 콘서트를 보러 갈 것이다.
[4] Vous venez d'arriver à Paris?
지금 막 파리에 도착하셨나요?
[5] Tu vas apprendre le français?
너 프랑스어 배울 거니?
[6] Ils viennent de finir le travail.
그들은 방금 일을 끝냈다.

2
[1] Je vais prendre mon petit déjeuner.
[2] Elle va passer son examen.
[3] Je vais visiter Londres.
[4] Nous allons acheter un billet d'avion.
[5] Le train va partir.
[6] Tu vas boire un café?

3
[1] Je viens de prendre mon petit déjeuner.
[2] Elle vient de passer son examen.
[3] Je viens de visiter Londres.
[4] Nous venons d'acheter un billet d'avion.
[5] Le train vient de partir.
[6] Tu viens de boire un café?

4
[1] 시간이 나면 너와 함께 바캉스를 떠날게.
[2] 가능하면 오늘 저녁에 너에게 전화할게.
[3] 오늘 일 안 하시면 우리를 위해 저녁식사 준비를 해 주실 수 있나요?
[4] 너 아프면 집에 머물러 있어.

LEÇON 19

대화 ① 확인

1.

❶ plus grand
❷ plus joli
❸ plus petit
❹ moins cher

2.

❶ Je préfère le jaune.
❷ À mon avis, le rouge est plus joli.

대화 ② 확인

1.

❶ Je pense que c'est mieux.
❷ Je pense que c'est un peu grand pour toi.
❸ Je pense que ça te va bien.
❹ Je pense que c'est trop petit pour toi.

문법 확인

1.

❶ Ce vin est meilleur.
Ce vin est le meilleur.
❷ Elle est plus rapide.
Elle est la plus rapide.
❸ Il danse mieux.
Il danse le mieux.

2.

❶ aussi bon que
❷ moins chère que
❸ plus grand que

연습 문제

1

[1] 파란색
[2] 녹색이 파란색보다 좋다

듣기 지문

남: Qu'est-ce que tu penses de ce chapeau?
Il me va bien?
여: Je pense que c'est un peu petit pour toi.
Et puis, je n'aime pas la couleur.
C'est un peu triste, le gris.
남: Alors, le bleu?
Qu'est-ce que tu en penses?
여: J'aime bien.
À mon avis, c'est mieux le bleu.
남: Mais... je préfère le vert, moi.

2

[1] Cette jupe est trop courte pour moi.
[2] Je pense que c'est un peu cher.
[3] Qu'est-ce que tu penses de ce livre.
[4] À mon avis, ça te va très bien.
[5] C'est plus joli et moins cher.

3

[1] je pense / mieux que
[2] Qu'est-ce que vous pensez de
[3] à mon avis / mieux que
[4] le mieux

4

[1] Ce champagne est plus cher.
Ce champagne est le plus cher.
[2] Cette baguette est plus longue.
Cette baguette est la plus longue.
[3] Ce vin blanc est meilleur.
Ce vin blanc est le meilleur.

LEÇON 20

대화 ① 확인

1.

❶ Allez tout droit. 직진해 가세요.
❷ Traversez cette rue. 이 길을 건너가세요.
❸ Réservez un hôtel. 호텔을 예약하세요.
❹ Tournez à gauche. 왼쪽으로 도세요.

대화 ② 확인

1.

❶ Laisse-moi chanter.
❷ Laissez-moi sortir.
❸ Laissez-moi finir mon travail.

❹ Laisse-moi dormir un peu.

2.

❶ 소금 좀 줘.
❷ 당신 가방을 제게 주세요.
❸ 그것 좀 줘.
❹ 당신 신분증 좀 주세요.

문법 확인

❶ 긍정 명령 : Coupe les pommes de terre.
부정 명령 : Ne coupe pas les pommes de terre.
❷ 긍정 명령 : Mettez cette casserole sur le feu.
부정 명령 : Ne mettez pas cette casserole sur le feu.
❸ 긍정 명령 : Va prendre ta douche tout de suite.
부정 명령 : Ne va pas prendre ta douche tout de suite.

연습문제

1

1 Allez finir votre travail.
2 Prends ton sac.
3 Apprenez le français.
4 Regarde la télévision.

듣기 지문

1 Vous allez finir votre travail.
2 Tu prends ton sac.
3 Vous apprenez le français.
4 Tu regardes la télévision.

2 traversez / tournez / allez / Suivez

3

1 Dépêche-toi!
2 Allez, allez!
3 Allons-y!
4 On y va!
5 Allez-y!
6 Donnez-moi ça!

4

1 mettez
2 Faites / baissez / couvrez
3 Laissez
4 mettez
5 ajoutez / ajoutez
6 Ajoutez
7 Faites
8 Servez

숫자 읽기 • 동사 변화

숫자 세기

	기수(0~29)	서수(첫 번째~스물아홉 번째)
0	zéro	
1	un	unième/premier(ère)
2	deux	deuxième/second(e)
3	trois	troisième
4	quatre	quatrième
5	cinq	cinquième
6	six	sixième
7	sept	septième
8	huit	huitième
9	neuf	neuvième
10	dix	dixième
11	onze	onzième
12	douze	douzième
13	treize	treizième
14	quatorze	quatorzième
15	quinze	quinzième
16	seize	seizième
17	dix-sept	dix-septième
18	dix-huit	dix-huitième
19	dix-neuf	dix-neuvième
20	vingt	vingtième
21	vingt et un	vingt et unième
22	vingt-deux	vingt-deuxième
23	vingt-trois	vingt-troisième
24	vingt-quatre	vingt-quatrième
25	vingt-cinq	vingt-cinquième
26	vingt-six	vingt-sixième
27	vingt-sept	vingt-septième
28	vingt-huit	vingt-huitième
29	vingt-neuf	vingt-neuvième

기수

- 왼쪽의 기수 1부터 20까지는 위와 같이 각각의 단어로 암기하면 된다.
- 21부터는 20과 1(이 경우 vingt(20)과 un(1) 사이 et가 붙는 것에 유의한다), 20에 2, 20에 3, 20에 4, 20에 5, 20에 6, 20에 7, 20에 8, 20에 9와 같이 센다.

서수

- 오른쪽의 서수는 '~번째'로 해석되는데, 기본적으로 기수에 '-ième'를 붙여 만든다.
- 첫 번째, 두 번째 같은 경우 premier(ère)와 second(e)를 쓸 수도 있다.
- '-e'로 끝난 서수는 끝에 e를 생략하고 '-ième'를 붙인다.

douze - douzième
treize - treizième
quatorze - quatorzième

- cinq는 'q' 뒤에 'u'를 삽입해서 cinquième로 쓴다.
- neuf는 끝의 '-f'를 '-v'로 고친 뒤 ième를 붙여 neuvième가 된다.
- 날짜를 말할 때 매달 첫날은 항상 서수로 표현한다.

1월 1일 - Le premier janvier
5월 1일 - Le premier mai

Notez bien!

□ cinq, six, huit, dix의 마지막 자음은 발음이 된다. 하지만 뒤에 자음으로 시작되는 단어가 따라올 경우 발음되지 않는다.

예 cinq personnes, six tickets, huit femmes, dix commandements (이 경우 -q, -x, -t, -x는 발음되지 않음)

□ sept, neuf의 경우 마지막 자음 -t와 -f는 항상 발음된다.

서수(30~1000.000)deux	
30 trente	31 trente et un
32 trente-deux	40 quarante
41 quarante et un	42 quarante-deux

50 cinquante	51 cinquante et un
52 cinquante-deux	60 soixante
61 soixante et un	62 soixante-deux
70 soixante-dix	71 soixante et onze
72 soixante-douze	80 quatre-vingts
81 quatre-vingt-un	82 quatre-vingt-deux
90 quatre-vingt-dix	91 quatre-vingt-onze
92 quatre-vingt-douze	100 cent
101 cent un	102 cent deux
200 deux cents	201 deux cent un
202 deux cent deux	1000 mille
1001 mille un	1002 mille deux
10.000 dix mille	100.000 cent mille
1000.000 million	

- 서수 30, 40, 50, 60은 개별적으로 암기한다.
  70은 60에 10을 더해 soixante-dix,
  80은 20을 네 번 곱해 quatre-vingts,
  90은 80에 10을 더해 quatre-vingts-dix와 같이 암기한다.
  이것은 프랑스에서 20진법을 사용하던 흔적이 남은 것이다.
- 31, 41, 51, 61은 각각 30, 40, 50, 60 뒤에 et를 쓰고 un을 붙이면 된다. 71은 60에 11을 더해 soixante et onze이다. 81은 80 뒤에 et 없이 un만 붙인다. 91은 80에다 et 없이 11을 더해 quatre-vingt-onze가 된다.
- 32, 42, 52, 62는 각각 30, 40, 50, 60 뒤에 deux를 붙이면 된다. 72는 60에 12를 더해 soixante-douze이다. 82는 80에 2를 더해 quatre-vingt-deux, 92는 80에 12를 더해 quatre-vingt-douze가 된다.
- 100은 cent이고 101, 102, 103, …은 뒤에 숫자만 붙여 주면 된다. 200은 백이 두 번 곱해진 것이므로 deux cents이다.

Notez bien!

- □ vingt과 cent은 앞에 2 이상의 숫자가 있을 경우 복수형으로 수의 일치를 시켜 준다.
  따라서 quatre-vingts(80), deux cents(200)과 같이 끝에 '-s'를 붙여 준다. 하지만 뒤에 다른 숫자가 붙을 경우 quatre-vingt-un(81), deux cent un(201)처럼 복수의 '-s'는 사라진다.
- □ mille은 단수와 복수가 동일하다. 따라서 mille(1000), mille un(1001), deux mille(2000), dix mille(10.000)처럼 언제나 mille이다.

과별 동사 변화형

LEÇON 01

s'appeler 동사 : ~라고 불리다 (p.p : appelé)

je m'appelle	nous nous appelons
tu t'appelles	vous vous appelez
il(elle) appelle	ils(elles) s'appellent

être 동사 : ~이다, ~이 있다 (p.p : été)

je suis	nous sommes
tu es	vous êtes
il(elle) est	ils(elles) sont

LEÇON 02

habiter 동사 : 살다, 거주하다 (p.p : habité)

j'habite	nous habitons
tu habites	vous habitez
il(elle) habite	ils(elles) habitent

LEÇON 03

avoir 동사 : 가지다, 소유하다 (p.p : eu)

j'ai	nous avons
tu as	vous avez
il(elle) a	ils(elles) ont

présenter 동사 : 소개하다 (p.p : présenté)

je présente	nous présentons
tu présentes	vous présentez
il(elle) présente	ils(elles) présentent

LEÇON 04

aller 동사 : 가다 (p.p : allé)

je vais	nous allons
tu vas	vous allez
il(elle) va	ils(elles) vont

voir 동사 : 보다 (p.p : vu)

je vois	nous voyons
tu vois	vous voyez
il(elle) voit	ils(elles) voient

LEÇON 05

montrer 동사 : 보여 주다 (p.p : montré)

je montre	nous montrons
tu montres	vous montrez
il(elle) montre	ils(elles) montrent

vouloir 동사 : 바라다, 원하다 (p.p : voulu)

je veux	nous voulons
tu veux	vous voulez
il(elle) veut	ils(elles) veulent

chercher 동사 : 찾다, 모색하다 (p.p : cherché)

je cherche	nous cherchons
tu cherches	vous cherchez
il(elle) cherche	ils(elles) cherchent

LEÇON 06

manger 동사 : 먹다 (p.p : mangé)

je mange	nous mangeons
tu manges	vous mangez
il(elle) mange	ils(elles) mangent

faire 동사 : 하다, 행동하다 (p.p : fait)

je fais	nous faisons
tu fais	vous faites
il(elle) fait	ils(elles) font

aimer 동사 : 사랑하다, 좋아하다 (p.p : aimé)

j'aime	nous aimons
tu aimes	vous aimez
il(elle) aime	ils(elles) aiment

adorer 동사 : 아끼다, 사랑하다 (p.p : adoré)

j'adore	nous adorons
tu adores	vous adorez
il(elle) adore	ils(elles) adorent

voyager 동사 : 여행하다 (p.p : voyagé)

je voyage	nous voyageons
tu voyages	vous voyagez
il(elle) voyage	ils(elles) voyagent

partir 동사 : 떠나다, 출발하다 (p.p : parti)

je pars	nous partons
tu pars	vous partez
il(elle) part	ils(elles) partent

boire 동사 : 마시다 (p.p : bu)

je bois	nous buvons
tu bois	vous buvez
il(elle) boit	ils(elles) boivent

dormir : 자다 (p.p : dormi)

je dors	nous dormons
tu dors	vous dormez
il(elle) dort	ils(elles) dorment

marcher 동사 : 걷다 (p.p : marché)

je marche	nous marchons
tu marches	vous marchez
il(elle) marche	ils marchent

écouter 동사 : 듣다 (p.p : écouté)

j'écoute	nous écoutons
tu écoutes	vous écoutez
il(elle) écoute	ils(elles) écoutent

lire 동사 : 읽다 (p.p : lu)

je lis	nous lisons
tu lis	vous lisez
il(elle) lit	ils(elles) lisent

LEÇON 07

désirer 동사 : 원하다, 바라다 (p.p : désiré)

je désire	nous désirons
tu désires	vous désirez
il(elle) désire	ils(elles) désirent

prendre 동사 : 잡다, 취하다 (p.p : pris)

je prends	nous prenons
tu prends	vous prenez
il(elle) prend	ils(elles) prennent

conseiller 동사 : 권하다, 조언하다
(p.p : conseillé)

je conseille	nous conseillons
tu conseilles	vous conseillez
il(elle) conseille	ils(elles) conseillent

commencer 동사 : 시작하다
(p.p : commencé)

je commence	nous commençons
tu commences	vous commencez
il(elle) commence	ils(elles) commencent

regarder 동사 : 보다, 바라보다 (p.p : regardé)

je regarde	nous regardons
tu regardes	vous regardez
il(elle) regarde	ils(elles) regardent

continuer 동사 : 계속하다 (p.p : continué)

je continue	nous continuons
tu continues	vous continuez
il(elle) continue	ils(elles) continuent

inviter 동사 : 초대하다 (p.p : invité)

j'invite	nous invitons
tu invites	vous invitez
il(elle) invite	ils(elles) invitent

accepter 동사 : 받아들이다, 승낙하다
(p.p : accepté)

j'accepte	nous acceptons
tu acceptes	vous acceptez
il(elle) accepte	ils(elles) acceptent

LEÇON 08

venir 동사 : 오다 (p.p : venu)

je viens	nous venons
tu viens	vous venez
il(elle) vient	ils(elles) viennent

pouvoir 동사 : ~할 수 있다 (p.p : pu)

je peux	nous pouvons
tu peux	vous pouvez
il(elle) peut	ils(elles) peuvent

devoir 동사 : ~해야 한다 (p.p : dû)

je dois	nous devons
tu dois	vous devez
il(elle) doit	ils(elles) doivent

travailler 동사 : 일하다, 공부하다 (p.p : travaillé)

je travaille	nous travaillons
tu travailles	vous travaillez
il(elle) travaille	ils(elles) travaillent

rester 동사 : ~있다, 머무르다, 계속 ~상태로 있다 (p.p : resté)

je reste	nous restons
tu restes	vous restez
il(elle) reste	ils(elles) restent

parler 동사 : 말하다 (p.p : parlé)

je parle	nous parlons
tu parles	vous parlez
il(elle) parle	ils(elles) parlent

réussir 동사 : 성공하다, 잘 해내다 (p.p : réussi)

je réussis	nous réussissons
tu réussis	vous réussissez
il(elle) réussit	ils(elles) réussissent

entrer 동사 : (장소에) 들어가다 : (p.p : entré)

j'entre	nous entrons
tu entres	vous entrez
il(elle) entre	ils(elles) entrent

s'asseoir 동사 : 앉다 (p.p : assis)

je m'assois	nous nous assoyons
tu t'assois	vous vous assoyez
il(elle) s'assoit	ils(elles) s'assoient

aider 동사 : 돕다 (p.p : aidé)

j'aide	nous aidons
tu aides	vous aidez
il(elle) aide	ils(elles) aident

conduire 동사 : 운전하다 (p.p : conduit)

je conduis	nous conduisons
tu conduis	vous conduisez
il(elle) conduit	ils(elles) conduisent

préparer 동사 : 준비하다, 마련하다 (p.p : préparé)

je prépare	nous préparons
tu prépares	vous préparez
il(elle) prépare	ils(elles) préparent

acheter 동사 : 사다, 구입하다 (p.p : acheté)

j'achète	nous achetons
tu achètes	vous achetez
il(elle) achète	ils(elles) achètent

sortir 동사 : 나가다, 외출하다 (p.p : sorti)

je sors	nous sortons
tu sors	vous sortez
il(elle) sort	ils(elles) sortent

apprendre 동사 : 배우다, 습득하다 (p.p :appris)

j'apprends	nous apprenons
tu apprends	vous apprenez
il(elle) apprend	ils(elles) apprennent

LEÇON 09

descendre 동사 : 내려가다, 내려오다 (p.p : descendu)

je descends	nous descendons
tu descends	vous descendez
il(elle) descend	ils(elles) descendent

ouvrir 동사 : 열다 (p.p : ouvert)

j'ouvre	nous ouvrons
tu ouvres	vous ouvrez
il(elle) ouvre	ils(elles) ouvrent

changer 동사 : 바꾸다, 교환하다 (p.p : changé)

je change	nous changeons
tu changes	vous changez
il(elle) change	ils(elles) changent

arriver 동사 : 도착하다, 이르다 (p.p : arrivé)

j'arrive	nous arrivons
tu arrives	vous arrivez
il(elle) arrive	ils(elles) arrivent

visiter 동사 : 방문하다 (p.p : visité)

je visite	nous visitons
tu visites	vous visitez
il(elle) visite	ils(elles) visitent

pleurer 동사 : 울다, 눈물을 흘리다 (p.p : pleuré)

je pleure	nous pleurons
tu pleures	vous pleurez
il(elle) pleure	ils(elles) pleurent

dire 동사 : 말하다, 이야기하다 (p.p : dit)

je dis	nous disons
tu dis	vous dites
il(elle) dit	ils(elles) disent

tourner 동사 : 돌다, 회전하다 (p.p : tourné)

je tourne	nous tournons
tu tournes	vous tournez
il(elle) tourne	ils(elles) tournent

régler 동사 : (문제 따위를) 해결하다 (p.p : réglé)

je règle	nous réglons
tu règles	vous réglez
il(elle) règle	ils(elles) règlent

envoyer 동사 : 보내다, 발송하다 (p.p : envoyé)

j'envoie	nous envoyons
tu envoies	vous envoyez
il(elle) envoie	ils(elles) envoient

LEÇON 10

penser 동사 : 생각하다, 사고하다 (p.p : pensé)

je pense	nous pensons
tu penses	vous pensez
il(elle) pense	ils(elles) pensent

préférer 동사 : 더 좋아하다, 선호하다 (p.p : préféré)

je préfère	nous préférons
tu préfères	vous préférez
il(elle) préfère	ils(elles) préfèrent

essayer 동사 : 시험 삼아 ~해 보다, 시도하다 (p.p : essayé)

j'essaie	nous essayons
tu essaies	vous essayez
il(elle) essaie	ils(elles) essaient

accompagner 동사 : 동행하다, 동반하다 (p.p: accompagné)

j'accompagne	nous accompagnons
tu accompagnes	vous accompagnez
il(elle) accompagne	ils(elles) accompagnent

baisser 동사 : 내리다, 낮추다 (p.p : baissé)

je baisse	nous baissons
tu baisses	vous baissez
il(elle) baisse	ils(elles) baissent

écrire 동사 : 쓰다, 적다 (p.p : écrit)

j'écris	nous écrivons
tu écris	vous écrivez
il(elle) écrit	ils(elles) écrivent

voter 동사 : 투표하다, 표결하다 (p.p : voté)

je vote	nous votons
tu votes	vous votez
il(elle) vote	ils(elles) votent

LEÇON 11

espérer 동사 : 희망하다, 기대하다 (p.p : espéré)

j'espère	nous espérons
tu espères	vous espérez
il(elle) espère	ils(elles) espèrent

réserver 동사 : 예약하다 (p.p : réservé)

je réserve	nous réservons
tu réserves	vous réservez
il(elle) réserve	ils(elles) réservent

quitter 동사 : 떠나가다, 헤어지다 (p.p : quitté)

je quitte	nous quittons
tu quittes	vous quittez
il(elle) quitte	ils(elles) quittent

LEÇON 12

donner 동사 : 주다, 제공하다 (p.p : donné)

je donne	nous donnons
tu donnes	vous donnez
il(elle) donne	ils(elles) donnent

dîner 동사 : 저녁 식사하다 (p.p : dîné)

je dîne	nous dînons
tu dînes	vous dînez
il(elle) dîne	ils(elles) dînent

se sentir 동사 : 느끼다 (p.p : senti)

je me sens	nous nous sentons
tu te sens	vous vous sentez
il(elle) se sent	ils(elles) se sentent

savoir 동사 : (학습을 통해) 알다 (p.p : su)

je sais	nous savons
tu sais	vous savez
il(elle) sait	ils(elles) savent

se reposer 동사 : 쉬다, 휴식을 취하다 (p.p : reposé)

je me repose	nous nous reposons
tu te reposes	vous vous reposez
il(elle) se repose	ils(elles) se reposent

calmer 동사 : 가라앉히다, 진정시키다 (p.p : calmé)

je calme	nous calmons
tu calmes	vous calmez
il(elle) calme	ils(elles) calment

LEÇON 13

ouvrir 동사 : 열다, 개점하다 (p.p : ouvert)

j'ouvre	nous ouvrons
tu ouvres	vous ouvrez
il(elle) ouvre	ils(elles) ouvrent

se marier 동사 : 결혼하다 (p.p : marié)

je me marie	nous nous marions
tu te maries	vous vous mariez
il(elle) se marie	ils(elles) se marient

enseigner 동사 : 가르치다, 교육하다 (p.p : enseigné)

j'enseigne	nous enseignons
tu enseignes	vous enseignez
il(elle) enseigne	ils(elles) enseignent

choisir 동사 : 고르다, 선택하다 (p.p : choisi)

je choisis	nous choisissons
tu choisis	vous choisissez
il(elle) choisit	ils(elles) choisissent

LEÇON 14

attendre 동사 : 기다리다 (p.p : attendu)

j'attends	nous attendons
tu attends	vous attendez
il(elle) attend	ils(elles) attendent

mettre 동사 : 놓다, 넣다, 착용하다 (p.p : mis)

je mets	nous mettons
tu mets	vous mettez
il(elle) met	ils(elles) mettent

payer 동사 : 돈을 내다, 지불하다 (p.p : payé)

je paie	nous payons
tu paies	vous payez
il(elle) paie	ils(elles) paient

retirer 동사 : 꺼내다, 빼내다 (p.p : retiré)

je retire	nous retirons
tu retires	vous retirez
il(elle) retire	ils(elles) retirent

déjeuner 동사 : 점심 식사를 하다 (p.p : déjeuné)

je déjeune	nous déjeunons
tu déjeunes	vous déjeunez
il(elle) déjeune	ils(elles) déjeunent

rouler 동사 : 구르다, 바퀴를 굴리고 가다, 달리다 (p.p : roulé)

je roule	nous roulons
tu roules	vous roulez
il(elle) roule	ils(elles) roulent

LEÇON 15

connaître 동사 : 알다 (p.p : connu)

je connais	nous connaissons
tu connais	vous connaissez
il(elle) connaît	ils(elles) connaissent

jouer 동사 : 놀다, 장난하다 (p.p : joué)

je joue	nous jouons
tu joues	vous jouez
il(elle) joue	ils(elles) jouent

tenir 동사 : 잡다, 쥐다 (p.p : tenu)

je tiens	nous tenons
tu tiens	vous tenez
il(elle) tient	ils(elles) tiennent

apporter 동사 : 가져오다, 지참하다 (p.p : apporté)

j'apporte	nous apportons
tu apportes	vous apportez
il(elle) apporte	ils(elles) apportent

LEÇON 16

se lever 동사 : 일어나다 (p.p : levé)

je me lève	nous nous levons
tu te lèves	vous vous levez
il(elle) se lève	ils(elles) se lèvent

se laver 동사 : 씻다 (p.p : lavé)

je me lave	nous nous lavons
tu te laves	vous vous lavez
il(elle) se lave	ils(elles) se lavent

s'habiller 동사 : 옷 입다 (p.p : habillé)

je m'habille	nous nous habillons
tu t'habilles	vous vous habillez
il(elle) s'habille	ils(elles) s'habillent

se coucher 동사 : 눕다, 잠자리에 들다 (p.p : couché)

je me couche	nous nous couchons
tu te couches	vous vous couchez
il(elle) se couche	ils(elles) se couchent

rentrer 동사 : 다시 돌아오다, 되돌아오다 (p.p : rentré)

je rentre	nous rentrons
tu rentres	vous rentrez
il(elle) rentre	ils(elles) rentrent

se promener 동사 : 산책하다, 거닐다 (p.p : promené)

je me promène	nous nous promenons
tu te promènes	vous vous promenez
il(elle) se promène	ils(elles) se promènent

fermer 동사 : 닫다, 폐쇄하다 (p.p : fermé)

je ferme	nous fermons
tu fermes	vous fermez
il(elle) ferme	ils(elles) ferment

téléphoner 동사 : 전화하다 (p.p : téléphoné)

je téléphone	nous téléphonons
tu téléphones	vous téléphonez
il(elle) téléphone	ils(elles) téléphonent

tomber 동사 : 넘어지다, 떨어지다, ~의 상태가 되다 (p.p : tombé)

je tombe	nous tombons
tu tombes	vous tombez
il(elle) tombe	ils(elles) tombent

allumer 동사 : 불을 붙이다 (p.p : allumé)

j'allume	nous allumons
tu allumes	vous allumez
il(elle) allume	ils(elles) allument

reposer 동사 : (본래의 장소로) 도로 갖다 놓다 (p.p : reposé)

je repose	nous reposons
tu reposes	vous reposez
il(elle) repose	ils(elles) reposent

croire 동사 : 믿다, ~라고 생각하다 (p.p : cru)

je crois	nous croyons
tu crois	vous croyez
il(elle) croit	ils(elles) croient

LEÇON 17

perdre 동사 : 잃다, 상실하다 (p.p : perdu)

je perds	nous perdons
tu perds	vous perdez
il(elle) perd	ils(elles) perdent

finir 동사 : 끝내다, 마치다 (p.p : fini)

je finis	nous finissons
tu finis	vous finissez
il(elle) finit	ils(elles) finissent

monter 동사 : 오르다, 올라가다 (p.p : monté)

je monte	nous montons
tu montes	vous montez
il(elle) monte	ils(elles) montent

LEÇON 18

passer 동사 : 지나가다, 통과하다, 보내다 (p.p : passé)

je passe	nous passons
tu passes	vous passez
il(elle) passe	ils(elles) passent

se baigner 동사 : 수영하다, 물에 몸을 담그다 (p.p : baigné)

je me baigne	nous nous baignons
tu te baignes	vous vous baignez
il(elle) se baigne	ils(elles) se baignent

goûter 동사 : 맛보다, 먹어 보다 (p.p : goûté)

je goûte	nous goûtons
tu goûtes	vous goûtez
il(elle) goûte	ils(elles) goûtent

s'installer 동사 : 정착하다, 자리 잡다 (p.p : installé)

je m'installe	nous nous installons
tu t'installes	vous vous installez
il(elle) s'installe	ils(elles) s'installent

gagner 동사 : 돈을 벌다, 따다, 얻다 (p.p : gagné)

je gagne	nous gagnons
tu gagnes	vous gagnez
il(elle) gagne	ils(elles) gagnent

accepter 동사 : 받아들이다, 수락하다 (p.p : accepté)

j'accepte	nous acceptons
tu acceptes	vous acceptez
il(elle) accepte	ils(elles) acceptent

LEÇON 19

porter 동사 : (옷, 안경, 반지 등을) 입다, 착용하다 (p.p : porté)

je porte	nous portons
tu portes	vous portez
il(elle) porte	ils(elles) portent

adopter 동사 : 입양하다 (p.p : adopté)

j'adopte	nous adoptons
tu adoptes	vous adoptez
il(elle) adopte	ils(elles) adoptent

chanter 동사 : 노래하다 (p.p : chanté)

je chante	nous chantons
tu chantes	vous chantez
il(elle) chante	ils(elles) chantent

danser 동사 : 춤추다 (p.p : dansé)

je danse	nous dansons
tu danses	vous dansez
il(elle) danse	ils(elles) dansent

LEÇON 20

traverser 동사 : 횡단하다, 건너다 (p.p : traversé)

je traverse	nous traversons
tu traverses	vous traversez
il(elle) traverse	ils(elles) traversent

suivre 동사 : 따라가다, 쫓아가다 (p.p : suivi)

je suis	nous suivons
tu suis	vous suivez
il(elle) suit	ils(elles) suivent

laisser 동사 : 남기다, 내버려 두다 (p.p : laissé)

je laisse	nous laissons
tu laisses	vous laissez
il(elle) laisse	ils(elles) laissent

se dépêcher 동사 : 서두르다 (p.p : dépêché)

je me dépêche	nous nous dépêchons
tu te dépêches	vous vous dépêchez
il(elle) se dépêche	ils(elles) se dépêchent

couper 동사 : 자르다, 베다 (p.p : coupé)

je coupe	nous coupons
tu coupes	vous coupez
il(elle) coupe	ils(elles) coupent

porter 동사 : 들다, 가져오다(가다) (p.p : porté)

je porte	nous portons
tu portes	vous portez
il(elle) porte	ils(elles) portent

remuer : 젓다 (p.p : remué)

je remue	nous remuons
tu remues	vous remuez
il(elle) remue	ils(elles) remuent

ajouter 동사 : 덧붙이다, 첨가하다 (p.p : ajouté)

j'ajoute	nous ajoutons
tu ajoutes	vous ajoutez
il(elle) ajoute	ils(elles) ajoutent

cuire 동사 : 익히다, 굽다, 삶다 (p.p : cuit)

je cuis	nous cuisons
tu cuis	vous cuisez
il(elle) cuit	ils(elles) cuisent

couvrir 동사 : 덮다, 가리다 (p.p : couvert)

je couvre	nous couvrons
tu couvres	vous couvrez
il(elle) couvre	ils(elles) couvrent

servir 동사 : (음식 등을) 차리다, 내놓다, 접대하다 (p.p : servi)

je sers	nous servons
tu sers	vous servez
il(elle) sert	ils(elles) servent

착! 붙는
프랑스어
독학 첫걸음

초판 인쇄	2024년 5월 20일
초판 발행	2024년 5월 27일
저자	임한나
편집	권이준, 김아영
펴낸이	엄태상
디자인	권진희, 이건화
표지 일러스트	eteecy
조판	이서영
콘텐츠 제작	김선웅, 장형진
마케팅	이승욱, 왕성석, 노원준, 조성민, 이선민
경영기획	조성근, 최성훈, 김다미, 최수진, 오희연
물류	정종진, 윤덕현, 신승진, 구윤주
펴낸곳	시사북스
주소	서울시 종로구 자하문로 300 시사빌딩
주문 및 교재 문의	1588-1582
팩스	0502-989-9592
홈페이지	http://www.sisabooks.com
이메일	book_etc@sisadream.com
등록일자	1977년 12월 24일
등록번호	제300-2014-92호

ISBN 978-89-402-9400-0 (13760)